AMAR
SIN CICATRICES

Diseño de cubierta
ISAAC GIMENO (lanada.org)

Responsable editorial:
EVA MARGARITA GARCÍA

Primera edición, marzo 2025

Valentín Beato, 21. 28037 Madrid
info@kitaerulibros.com
Depósito legal: M-25 332-2024
ISBN: 978-84-10428-11-9

PAPEL DE FIBRA
CERTIFICADA

Ciara
Molina

AMAR
SIN CICATRICES

**Nadie dijo que sería fácil amar
después de tantas heridas,
pero sí es posible.**

kitaeru

A nuestros hijos Ainara, Noé y Olivia.
Amor y motor de nuestras vidas.
Nuestros grandes maestros.

Índice

El punto de partida

EL PUNTO DE PARTIDA

He de reconocer que me siento algo nerviosa al comenzar a escribir este, mi quinto libro, seguramente el más especial de todos. En él, expongo mi alma de manera honesta y genuina, sin filtros, lo cual siempre produce un poco de vértigo. Pero, sobre todo, este libro es especial porque lo comparto con mi pareja, a quien agradezco su enorme generosidad. Juntos, con la intención de ayudar a otros a sanar sus heridas emocionales, derivadas de relaciones insanas anteriores, contamos nuestra propia historia, esperando que les sirva de faro o guía.

Cuando vienes de vínculos afectivos donde predomina el cansancio, el desgaste, la fatiga, en definitiva, un agotamiento emocional profundo, lo que menos te planteas es empezar una nueva relación. Sientes una sensación de irrealidad donde te desconectas de todo con facilidad, tu irritabilidad y tus cambios de humor se convierten en tus fieles compañeros de viaje, empiezas a presentar problemas de sueño, dificultad para concentrarte y, claro, esto no resulta muy atractivo para los demás, ¿verdad? Así que acabas aislándote socialmente. Con este panorama, todo parece carecer de motivación.

El miedo, la culpa y la vergüenza se convierten en un Triángulo de las Bermudas del que cuesta zafarse. Es en ese momento cuando nos percatamos de que existen patrones de comportamiento tan arraigados en nosotros que, aun siendo conscientes de que nos perjudican y dañan a la persona que amamos, no sabemos cómo escapar de ellos. Mecanismos de defensa y lealtades ciegas nos condenan a un malestar emocional que impide avanzar hacia la construcción de una relación nueva, sana y consciente.

El primer paso siempre será el autoconocimiento y, dentro de este, la identificación de las heridas emocionales que llevamos dentro, heridas que siguen sangrando, aunque pensemos que ya estaban cerradas o, en algunos casos, que ni siquiera existían. Rechazo, abandono, humillación, traición e injusticia son las cinco heridas principales a destacar, cada una con sus máscaras, miedos, actitudes y comportamientos propios, lo que convierte su recuperación en un proceso lento y tedioso. Sin embargo, cuando finalmente cicatrizan, cada una de esas cicatrices nos recuerda que las hemos superado y nos brindan la base idónea para reconstruirnos y renacer a un nuevo comienzo emocional.

Un despertar en el que la aceptación de lo vivido nos ayuda a avanzar; donde la regulación emocional, tanto de lo propio como de lo compartido, nos enseña a respetarnos a nosotros mismos. Un compromiso de amar conscientemente, a través del reconocimiento de la responsabilidad afectiva en relación con el vínculo que tenemos con nuestra nueva pareja. Un proceso en el que potenciar la intimidad emocional nos permite conectar profundamente el uno con el otro y crecer juntos sin perder nuestra identidad. El amor actúa como un efecto curativo, y valores como la bondad, la compasión, la gratitud y el perdón se convierten en pilares sobre los que sostenerse. Además, el poder sanador del lenguaje y la importancia de contar con una red de apoyo que nos escuche y sostenga cuando no encontramos la salida son fundamentales.

En *Amar sin cicatrices* encontrarás, sobre todo, amor en su máxima expresión, con sus altibajos, sus momentos de rendirse y sus «lo intentaré una vez más». Una casa japonesa tradicional, construida principalmente con materiales naturales y ligeros que permiten adaptarse a las condiciones climáticas del país, como los frecuentes terremotos y la humedad (madera, papel de arroz, bambú, tatami y tejas de barro). Quizás te preguntes lo mismo que yo la primera vez que escuché a Juan, mi pareja, decir que éramos como una de esas casas. Le respondí: «Con esos materiales, se vienen abajo; no sé si es un buen símil». A lo que él contestó: «Sí, pero sobrevive la familia».

La historia antes de la historia

LA HISTORIA ANTES DE LA HISTORIA

Para poder entender una herida, es necesario saber cómo se ha originado. Por eso, Juan y yo compartiremos nuestras historias contigo, ofreciéndote un marco que te permita identificar ese primer rasguño que, con el tiempo, se convierte en una herida abierta, sangrante, que supura, duele y resulta difícil de cicatrizar.

Para ello, nos hemos ayudado escribiéndonos una carta el uno al otro, buscando que nuestras emociones más puras afloren y conectar, así, con nuestros recuerdos de una manera más genuina. Debemos admitir que no ha sido nada fácil: la mente se llena de pensamientos y sensaciones que, en muchos momentos, resultan abrumadores. Sin embargo, creemos firmemente que ha valido la pena, tanto para nosotros, a modo de catarsis, como para ti, a quien esperamos inspirar a sumergirte en tu propio mar emocional e identificar tus heridas, para luego poder sanarlas. ¡Ánimo! Sabemos que esta travesía no es sencilla, pero te aseguramos que vale muchísimo la pena.

CIARA

Hola, cariño:

Es curioso escribirte una carta mientras te escucho jugar con los niños en la piscina de casa. El despacho se llena con vuestras risas, y eso me hace tan feliz. Sin embargo, este escrito tiene más sombras que luces, pero debo recordarme que ambas se complementan. Dicen que no se puede apreciar la luz sin antes haber conocido la oscuridad, o que en la más profunda oscuridad es donde la luz brilla con más intensidad. Y eso es lo que has sido para mí: mi estrella.

Si echo la vista atrás y tengo que buscar cuál creo que fue mi primera herida emocional, la tengo clara: sucedió a los ocho años. Por motivos laborales de mi padre, nos tuvimos que mudar de Barcelona a Brenes (Sevilla). Recuerdo perfectamente la despedida de Nochevieja en casa de mis abuelos paternos. Los Reyes, adelantados, me habían traído una muñeca, con el pelo rojo y muy cabezona, y un carrito para llevarla durante nuestro viaje en tren.

El primer impacto lo sentí nada más llegar a la capital hispalense. Al salir de la estación, alguien identificó de dónde éramos y nos dijo: «Barcelona es bona si la bolsa sona» (Barcelona es buena si la bolsa suena). Vamos, que teníamos fama de agarrados, y eso me impactó. No sé muy bien por qué; era solo una niña, pero el caso es que recuerdo con nitidez la cara de esa persona.

En ese momento no entendía muy bien lo que estaba sucediendo. Supongo que porque mis padres trataron de hacer que todo pareciera lo más «divertido y emocionante» posible, intentando evitarnos un disgusto. Sin embargo, la realidad fue muy distinta. Llegó el primer día de colegio y yo sentía una ansiedad enorme, un miedo atroz a no ser aceptada, a que nadie quisiera jugar conmigo, a ser rechazada... Y no iba tan desencaminada, la verdad. Exceptuando a dos niñas, Rosana y Ángela, ningún otro niño se me acercó. A los pocos meses de mi llegada, empezaron a cantarme una canción que aún resuena en mi cabeza cuando siento que la gente no me quiere. Decía así: «Pavofrío la Ciara, asquerosa catalana, que se vaya a Cataluña, que aquí no la queremos más».

Tenía solo ocho inocentes años y ya estaba siendo rechazada por venir de otra comunidad, sin que siquiera me hubieran dado la oportunidad de conocerme. Fue duro.

El tiempo fue pasando y lo cierto es que logré integrarme muy bien. Hice amigos y sentía más libertad que cuando vivía en la ciudad. Podría decirse que tuve una infancia feliz hasta que, a los 11 años, mi vida emocional cambió drásticamente: me arrancaron la inocencia de cuajo, sin anestesia, sin empatía, sin compasión. Ya sabes de lo que te hablo, ¿verdad, mi amor? Del abuso sexual que sufrí por parte de una persona del círculo de confianza de mi familia. No voy a entrar en detalles, porque no aportan a la historia y porque quiero aliviar el dolor que esta experiencia genera en mis padres, personas que me aprecian y, por supuesto, en ti. Solo diré que esta herida emocional, la injusticia, ha sido una compañera de viaje muy fiel, pero que la cicatriz que me dejó me recuerda que debo cuidarme y amarme, porque no fui culpable de lo que pasó. Comencé siendo víctima mientras sucedía, pasé a sobreviviente cuando cesó, y finalmente me convertí en superviviente cuando me permití sanar.

A los quince años, la vida me puso nuevamente frente a una nueva mudanza. La empresa de mi padre cerró, y tanto él como mi madre decidieron que volviéramos a Barcelona para empezar de cero, junto con nuestra familia y amigos, a quienes echábamos mucho de menos. Fue un golpe duro; sentí que me arrancaban un pedazo de mí, y volví a experimentar esa sensación de injusticia al tener que dejar atrás a todos mis amigos y esos «primeros amores» que mis hormonas adolescentes tanto disfrutaban.

De nuevo, cambio de colegio, esta vez en el instituto, con el hándicap de tener que aprender catalán. Antes, se empezaba a estudiar el idioma en tercero de primaria, justo el curso en el que me mudé a Sevilla. A pesar de que mi abuela Carmen, para no perder el contacto con el idioma, me grababa en cintas Beta o VHS los dibujos de «Candy, Candy», «Dr. Slump» (conocido como Arale) y «Bola de Drac» (Bola de Dragón), entré en pánico el primer día cuando me hicieron rellenar una ficha y no entendía algo tan básico como COGNOM (apellido). Dado que lo que precedía era NOM (nombre), palabra que sí conocía, te puedes imaginar el estado de nervios en el que me encontraba. De nuevo, volvía a ser «la de fuera», la ajena al mundo en el que vivían todos los demás, y la sensación de rechazo se hacía cada vez más intensa. Además, sentía que mis padres me habían abandonado al no respetar mi deseo de no mudarme y no atender mis emociones. La injusticia, mi fiel compañera, seguía rondando por mi cabeza.

La adaptación nuevamente en Barcelona ya no fue tan sencilla. En plena adolescencia, los grupos ya estaban formados y me resultó muy complicado que la gente me acogiera, lo que hizo que me volviera cada vez más introvertida. Disfrutaba de actividades que podía hacer sola, como leer, una de mis grandes pasiones. Casi me convertí en un ratón de biblioteca, seguramente porque eso me aportaba seguridad. Llamaba a mi habitación «mi cueva», mi refugio, y pasaba las horas muertas allí. Los amigos de mis padres, que tenían hijos de mi edad, hicieron lo posible para que me integrara en sus respectivos grupos, pero no hubo manera, eso nunca ocurrió. Yo lo percibía como si fuera la intrusa, esa «prima del pueblo» que te encasquetan, pero con la que no quieres estar.

Posteriormente, lo intenté con los amigos de mi prima Susana, quienes eran, como mínimo, un año mayor que yo. No es que me fuese del todo mal, pero en ese entonces era «la peque», y ese rol nunca me gustó. Me veían como la pava, la que no tomaba alcohol, la tímida... Cierto es que el alcohol nunca me ha gustado, pero tampoco me consideraba una persona tímida; simplemente la vida «desenfrenada» que ellos disfrutaban no era algo con lo que yo me identificara. Así que, con frecuencia, tenía que escuchar cómo le decían a mi prima comentarios como: «Qué aburrida es tu prima» o «Qué mojigata». Una vez más, esa herida del rechazo se hacía presente, y ya había cumplido 17 años. Me preguntaba: ¿alguna vez alguien me querrá y aceptará por quien soy?

Cuando llegó el momento de escoger carrera universitaria, me decidí por Psicología. Fui la única en todo mi instituto que la eligió, lo cual, la verdad, no me abrumó demasiado. Sin embargo, recuerdo claramente las palabras de mi profesor de Literatura Castellana, a quien consideraba una buena referencia: «¿Por qué vas a desperdiciar tu talento para ser filóloga estudiando una carrera como esa? Piensa bien si no te estás equivocando». O las de mi padre: «De todas las carreras que podrías escoger, ¿eliges una que no tiene valor ni futuro?». No se puede negar que ambos tenían un talento especial para la validación positiva, si se me permite la ironía. ¿Reconoces la herida? Exacto: una vez más, el rechazo.

Y llegó el tiempo de la universidad, una etapa inicialmente confusa, ya que me encontré con una carrera que no se parecía en nada a lo que había proyectado en mi mente. Me enfrenté a una realidad curricular que distaba mucho de mis excelentes calificaciones anteriores. Recuerdo perfectamente el primer día de clase, a primera hora de la mañana, en la asignatura de Psicofisiología. Nos hicieron un examen diagnóstico para evaluar nuestro nivel y, viniendo de un bachillerato sociohumanístico, saqué un 0,2, el primer suspenso de mi vida. Fue un golpe terrible, lo viví como una humillación, una vergüenza extrema que me hizo sentir indigna de mí misma. Tenía unas ganas inmensas de huir de allí. Empecé a pensar que, tal vez, los demás tenían razón y yo me había equivocado. Afortunadamente, con el paso de las semanas, pude gestionar la ansiedad y acabé disfrutando de esta fantástica profesión.

Sin embargo, a pesar de haber hecho amigos durante esos años, volví a verme inmersa en una dinámica social que no me gustaba. Mis amigos eran de los que salían viernes, sábados, domingos, y solo porque los lunes no se podía. Yo «me obligaba» a salir los sábados, simplemente para socializar un poco y no volver a ser etiquetada como la rarita del grupo. ¡Cuántas noches habré aguantado música heavy en Sr. Lobo, que no me gustaba, o llevado a todos borrachos a sus casas porque era la única que tenía carné de conducir y, además, no bebía! Llegó un punto en que me dije: Pero ¿qué estás haciendo? ¿Es esta la vida que quieres? La respuesta fue no. Entonces intenté proponerles otros planes: cenas, viajes, excursiones... Aunque compartimos algunas de estas cosas, no era lo que realmente les gustaba. Y había que respetarlo, pero también tenía que empezar a respetarme a mí misma y ser más coherente con lo que quería. Un día, descubrí en la Barceloneta un café-librería que me encantó, y fue en ese momento cuando decidí dejar de obligarme a socializar para ser aceptada, y empezar a ser yo misma, que tampoco estaba tan mal.

Te habrás dado cuenta de que hasta ahora no te he hablado de ninguna pareja, más que mencionar amores adolescentes y puros que no pasaron de la inocencia de unos niños que se gustaban y de vez en cuando jugaban a sentirse mayores.

Mi primer amor llegó a los 19 años: un gaditano guapísimo que se parecía a Pep Guardiola y que residía en Sevilla, el Sr. G. Ya supiste de él al leer mi libro **Si aprieta, no es de tu talla**. Menudo personaje, ¿verdad? Sin embargo, fue un amor no correspondido que me acompañó durante 25 años, convirtiéndose en un amor envenenado, manipulador, hostil y denigrante, un maltratador psicológico... Una persona carente de moral, con quien viví algunas de las humillaciones más grandes de mi vida.

A mis 22 años, por fin viví un amor correspondido, conocido por todos los lectores del libro anteriormente mencionado como «Mr. M.». Con él conocí la herida de la traición. Era una persona egoísta, inconformista y narcisista, que solo pensaba en su propio bienestar, sin importarle dejarme a través de una llamada telefónica a mi padre, después de años de convivencia juntos. Mientras «el cadáver», es decir, yo, aún caminaba triste por la terminal del aeropuerto, donde acababa de despedirlo con amor antes de su viaje de trabajo a Alemania.

Soy una suertuda, ¿verdad? Voy a hacer un pleno en cuanto a heridas emocionales se refiere. ¡Oye! Al menos me servirán para ayudar a otras personas a identificarlas, tratando así de sanarlas o evitarlas en la medida de lo posible. Pero también me han ayudado a valorar lo que tengo hoy contigo: un amor sano, consciente, puro... un amor en mayúsculas que, si bien no es perfecto, es lo mejor que me ha pasado en la vida.

La ruptura con Mr. M. me dejó derrotada, pero no hundida. Poco después conocí al que, en pocos meses, se convertiría en mi marido: Gandhi. ¿Por qué lo llamo Gandhi? Por la forma en que ha luchado, tanto dentro como fuera de la relación, una lucha que, aunque se presentaba bajo la careta de pacifista, terminó siendo pasivo-agresiva. Algo que, lamentablemente, bien conoces, porque la has sufrido conmigo.

Gandhi, para mí, comenzó siendo un salvavidas: una persona humilde, sencilla, no muy comunicativa, pero sí muy servicial. Me sentía escuchada, respetada y amada. Me ofreció un entorno familiar que, en ese momento, me hizo sentir como parte de su clan, brindándome todo lo que necesitaba para sanar mis heridas anteriores. Viéndolo con la perspectiva del tiempo, fue una relación a la que me aferré porque no podía soportar el dolor de la ruptura con quien, hasta ese momento, consideraba el amor de mi vida. Era una relación cómoda, fácil de llevar, que me sacó del vaivén constante de mi relación anterior. Así que, cuando me pidió matrimonio, no lo dudé;

me lancé de cabeza. No puedo decir que no me casé enamorada, porque sí lo estaba, y sé el momento exacto en el que me di cuenta de que estaba tomando la decisión correcta.

Unas semanas antes de casarme, Mr. M. me llamó. Se había enterado de mi inminente boda y me pidió que no me casara. No sabría describirte cómo me sentía: si feliz, triste, rabiosa o una mezcla de todas esas emociones a la vez. Mi cabeza era un torbellino de preguntas: ¿qué hago? ¿Quiero volver con Mr. M.? ¿me arrepentiré de dejar a Gandhi? Sentí que lo más honesto era hablar con mi futuro marido sobre lo que estaba pasando, y su respuesta inclinó la balanza: «Ciara, si quieres averiguar lo que sientes, ve a ver a Mr. M. a Inglaterra. Debes buscar tu felicidad. Si decides volver, yo te estaré aquí esperando». Una frase que marcó el rumbo de mi vida con él, y que nunca volví a escuchar algo similar durante todo mi matrimonio. Ni siquiera un «te quiero» en 20 años.

No puedo decirte que haya sido una pareja ideal, porque te mentiría, pero tampoco puedo afirmar que fue un calvario tenerlo como compañero de vida. Fue una persona que me apoyó mucho cuando caí en depresión debido a la falta de aceptación de mi familia hacia nuestro matrimonio. Estuve separada de ellos cinco largos años, un período en el que sufrí muchísimo, y él siempre estuvo ahí, animándome y diciéndome que el día en que mi padre le diera la mano, él estaría listo para recibirla. Y, efectivamente, así fue, y eso siempre se lo agradeceré.

Sin embargo, nuestra relación era poco pasional; no diría que era asexuada, pero sí lo rozaba. Esto me hacía sufrir, ya que soy una persona muy sexual y sentía que no valía lo suficiente para él. No me sentía deseada, y no me gustaban sus besos ni su forma de tocarme. En mi cabeza se repetía una escena de mi pareja anterior, en la que, tras meses sin contacto, lo encontré masturbándose en el salón pensando que yo dormía. Me sentí muy mal, no porque se masturbara, que es una práctica sanísima, sino porque sí tenía apetito sexual, pero no lo compartía conmigo. Años después me enteré de por qué: se tiraba a toda la que se dejaba. Pero bueno, volvamos a Gandhi. Esa desconexión física y su escasa comunicación fueron haciendo mella en la relación. Aun así, me sentía tranquila y segura con él; me cuidaba, me quería y no discutíamos, así que, en general, no se vivía tan mal.

Al año y poco de casarnos, decidimos ser padres. Lo que comenzó como una gran ilusión se convirtió en un camino de peregrinaje. Tardé ocho años en conseguir quedarme embarazada, con muchos intentos, frustraciones y una desesperanza que me hundía cada vez más en un lodo del que no lograba salir. Finalmente, llegó la feliz noticia: estaba embarazada, o eso decía mi prueba de embarazo. Sin embargo, cuando llegué a la primera ecografía, la ginecóloga me informó que tenía un «huevo huero», es decir, vacío; dentro no había nada. No podía dar crédito a lo que escuchaba y las cuentas que ella me daba no me cuadraban, así que le pedí esperar quince días más para volver a hacerme la ecografía. Su respuesta fue: «Tú misma, a veces hay que aceptar que las cosas no siempre salen como una quiere». Pero yo estaba segura de que mi bebé estaba ahí.

Pasé unos quince días horribles en reposo absoluto, aterrada por el resultado. Por supuesto, cambié de ginecóloga y, en la siguiente ecografía, ahí estaba mi pequeña, latiendo fuerte en el monitor. Eso nos unió mucho; lo habíamos conseguido, y el embarazo, a pesar de que tuve diabetes gestacional, fue quizás la etapa más hermosa que vivimos como pareja.

Durante los años de convivencia, siempre fue un excelente papá: amoroso, cuidadoso y siempre pendiente de su hija. La llevaba a todos lados, le encantaba compartir momentos con ella en el parque y presumir de lo guapa que era. En definitiva, era un padre orgulloso de su pequeña, y ella le adoraba. Sin embargo, hay personas que no te quieren perder, pero se les olvida cuidarte, y así no funciona. Eso es lo que le sucedió a él conmigo, se olvidó de que tenía una pareja, por lo que por su cabeza no pasaba que yo también necesitaba de su amor, su cariño y su atención.

Yo le reclamaba presencia, pero para él eso significaba que yo lo viese pulular por la casa, viendo la tele o haciendo cualquier otra cosa, sin nunca sentarnos juntos a ver algo, sin abrazos, caricias o conversaciones. El contacto más íntimo que teníamos era el sexual, y, tirando de mi memoria generosa, esto ocurría menos de una vez al mes. Así que me fui desconectando emocionalmente de él y me volqué en mi hija y en mi carrera profesional, y así fueron pasando los años: tantos como once, aunque no nos separamos hasta siete años después.

Y a esto le unimos que su familia resultó ser un lobo con piel de cordero, unas personas a las que solo les interesaba el dinero que podían sacar de mí, que nunca me quisieron y que jamás ayudaron a su hijo a sentirse cómodo y feliz en su matrimonio, siempre tuvo que mentir u ocultar lo que hacíamos o dejábamos de hacer, tratando así de evitar los conflictos. Conflictos que llegaron a tal punto de recibir insultos por parte de una de sus hermanas, denigraciones por parte de su madre, y él diciéndome como respuesta que le dejase arreglarlo a su modo. ¿Y cuál era su modo? No hacer nada.

La sensación de abandono por su parte era tan grande que lo único que quería era que saliese de mi vida. Sin embargo, el haberle mantenido diez años económicamente —primero porque tomamos la decisión familiar de cuidar de nuestra hija estando uno de los dos progenitores en casa, que en este caso fue él, y luego porque se acomodó y se vivía muy bien sin dar un palo al agua— me hacía caer en un sentimiento de culpa, por si le estaba jodiendo la vida al decirle que se fuese de casa. Esta empatía y compasión hacia él me condenó a seguir conviviendo siete años más, donde hubo dos rupturas: una al año de tener a la niña, de la que retomamos la relación y corregimos ciertas cosas por ambas partes tratando de salvar nuestro matrimonio, y otra, cuando la pequeña tenía 4 años. Después de pasar unos meses en Suiza con su familia, vino para celebrar el cumpleaños de la niña y, sin haberlo consultado conmigo, dijo que no se iba de casa. Esto provocó una discusión enorme y su promesa de que empezaría a buscar trabajo para poder buscarse un piso.

Pocos meses después decretaron la pandemia, lo que hizo que nos tuviésemos que confinar en casa. No había trabajo al que poder asistir; el mercado se resintió, y para él fue la excusa perfecta para seguir chupando del bote. Llegamos al punto de que tuve que mudarme porque vendían el piso de alquiler donde estábamos, y me lo llevé conmigo por pena de no dejarle en la calle. Ahí sí empezó a ver que la cosa se ponía seria y encontró trabajo. Eso sí, pese a que hacía mucho que ni compartíamos cama, seguía sin irse de casa, hasta que me harté.

El punto de inflexión para mí fue ver que mi hija, a diferencia de las otras ocasiones, ya estaba preparada para la separación. Así que le puse una fecha límite para que se marchase de casa. Fecha que, por supuesto, no respetó, lo que me llevó a presentarle una propuesta oficial de divorcio que recibió como el que oye llover. Hasta que un día de mayo entré en cólera ante tanto toreo y le empecé a tirar al suelo todas sus cosas. Era tanta mi rabia que me acerqué a él gritándole, le empujé levemente, con la mala suerte de que se cayó en el sofá y le arañé con mis uñas al intentar evitar la caída. Ese mismo día, él le enseñó esos arañazos a nuestra hija, diciéndole que mamá le había agredido.

Ahí lo tuve claro: o se iba de casa él, o me iba yo, porque acabaría cometiendo una locura de tanta impotencia que sentía, y al final mi hija se quedaría sin madre por no hacerle pasar el trago de ir a visitarme en prisión. Él tardó un mes más en irse, y yo vivía recluida entre el despacho y la habitación que compartía con la niña, para evitar un mal mayor. Aquí se me juntaron todas las heridas: rechazo, abandono, traición, humillación e injusticia. Había llegado al que yo creía mi límite, pero aún la vida junto a esta persona tenía otras sorpresas que depararme. Un periplo de mentiras, ausencias en la comunicación con la niña y la amenaza de una demanda por alienación parental, tratando de demostrar que yo no era apta para tener la custodia de mi hija. Custodia a la que él renunció desde el minuto uno, pero que pretendía disfrutar sin asumir sus responsabilidades como padre, ni emocionales ni, por supuesto, económicas. Se convirtió para mí en un desconocido; no quedaba nada del hombre con el que un día me casé. Qué rápido pasas a ser la mala cuando dejas de ser la tonta.

Y, de repente, entre todo este torbellino de emociones, heridas sangrantes, y una profunda necesidad de paz interior y calma vital, apareciste tú, mi vida, para «moverme el piso». Una sacudida emocional envuelta en atracción, sorpresa y confusión. Tú dices que pusiste mi vida «patas arriba», como si hubieras llegado para desestabilizarla, pero no te dabas cuenta, cariño, de que ese «revolcón» me ayudó a sanar mi alma, a encontrar mi valor y a disfrutar de lo verdaderamente importante: el amor y el cariño de la familia.

Lo cierto es que nuestra historia es, cuando menos, peculiar, y esta será la primera vez que exponemos públicamente la realidad de cómo nos conocimos. No es que mintiéramos a la gente de nuestro entorno; digamos que solo contamos toda la verdad a las personas que fueron cómplices de nuestros inicios.

Fue un día de agosto cuando recibí un correo electrónico en el que te identificabas como amigo de mi amigo José Luis y me solicitabas día y hora para empezar terapia. Ni siquiera me dijiste cómo te llamabas, pero por la forma de hablar y porque claramente tu dirección electrónica te delataba, supe que eras Juan. Uno de sus mejores amigos. No suelo atender a amigos de amigos, pero él es tan importante y especial para mí, y ha estado a mi lado tanto en los buenos momentos como, sobre todo, en los malos, que decidí aceptarte como paciente, puesto que tú y yo no nos conocíamos, y no había razón para que se perdiera la imparcialidad.

¿Quién me iba a decir a mí que te convertirías en mi persona despertador? Aquella con la que me di cuenta de que empezaba a sentir algo, y que mi relación, que llevaba años muerta, ya no tenía ninguna posibilidad de resucitar. Sin buscarlo, desearlo ni pretenderlo, comencé a sentir atracción por ti. Despertaste en mí sensaciones que creía olvidadas o que pensé que nunca volvería a sentir, y de repente me sentí viva de nuevo.

Congeniamos desde el primer minuto; la conversación fluía con facilidad y me sentía muy cómoda ayudándote en tu proceso. Como paciente, me parecías un caso muy interesante, dada tu mente privilegiada, por lo que disfrutaba muchísimo nuestras sesiones.

Fueron pasando los meses, y empecé a darme cuenta de que me encantaba ver tu sonrisa y esa mirada de «gato con botas» que enternece a cualquiera. La forma en que me mirabas me ponía nerviosa; me daba pena que se acabaran las sesiones. Poco a poco, esas conversaciones se fueron volviendo más personales. Trataba de ponerte como último paciente del día, deseando extender el tiempo todo lo posible, y tú siempre te mostrabas cómodo. A veces hablábamos de cosas que teníamos en común; otras, me enseñabas tu casa a través de la cámara, y muchas veces terminábamos riéndonos con ese sentido del humor tan tuyo. Recuerdo cuando me preguntaste en qué zona de Barcelona vivía. Como buena barcelonesa, mencioné las calles cercanas a la mía. Te dije que vivía en una calle peatonal, entre Mallorca y Valencia. Muy serio me contestaste: «Imposible». Sorprendida, te pregunté: «¿Por qué?». Y morí de risa con tu respuesta: «Porque entre Mallorca y Valencia solo hay agua».

La complicidad era más que evidente; deseaba que llegara el momento de volver a verte. Así que, nerviosa por cómo estaba siendo mi reacción emocional, hablé con José Luis. Le mandé un WhatsApp mientras él estaba de guardia en el hospital y le dije: «Houston, tenemos un problema, creo que me gusta Juan». Él no daba crédito, jamás lo hubiese imaginado. Empezó a decirme que estaba emocionado con la idea, y yo le respondí: «¿Pero estás loco? Es mi paciente, no es ético, voy a tener que derivarlo, no puedo seguir siendo su terapeuta». Inmediatamente, al leer eso en la pantalla de su móvil, me llamó para decirme que era una pena que lo derivara, que le estaba ayudando mucho, que se le veía avanzar. Me contó que tú hablabas mucho de mí y que, en lo particular, él estaba muy emocionado con la posibilidad de que llegáramos a ser pareja, porque éramos dos de las personas que más quería en este mundo. Hubo una frase que recuerdo con nitidez por cómo las lágrimas corrían por mi cara al escuchársela decir: «Él merece una persona buena, que lo entienda, lo quiera y le dé su espacio, y tú mereces un hombre cariñoso que te haga sentir cada día lo mucho que vales».

Me debatí varias semanas entre derivarte o tratar de dejar a un lado los sentimientos que se despertaron en mí, para no perjudicar a tu proceso terapéutico. Me sentía realmente mal con la situación. Mis valores profesionales me decían que tenía que soltarte, pero ¿cómo planteártelo sin hacerte daño? Así que decidí quedar con Alicia, una amiga y colega, quien me ayudó mucho a expresar todo ese torbellino emocional que tenía revoloteando en mi cabeza. Ella me dijo: «Tienes que bajar la relación a la realidad». Y yo le pregunté: «¿Y eso cómo se hace?». A lo que respondió: «Dile que no puedes seguir con las sesiones porque te sientes identificada con parte de su historia y no quieres que se pierda la objetividad del proceso».

Unos días después, tras un mensaje espontáneo que me mandaste una mañana, viniendo de llevar a mi peque al cole, te lo dije. Me sentía serena. La decisión era coherente y sensata. No había miedo alguno a perderte porque, en realidad, por mucho que me gustases y que mi intuición me dijera que yo te gustaba a ti —por la forma en que te quedabas embobado mirándome tras la cámara—, estaba dispuesta a dejarte ir.

Tu respuesta me sorprendió, fue casi instantánea: «Si crees que lo mejor es derivarme, hazlo, pero no quiero perder el contacto contigo». Ahí el corazón me dio un vuelco enorme. No era un «a mí también me gustas», pero se le parecía bastante. Respondí que estaría ahí como amiga cuando quisieras y que ya iríamos hablando.

Dos horas más tarde me hiciste la mujer más feliz del mundo, a la vez que casi me da un patatús al leerte. Escribiste: «¿Te atreverías a quedar conmigo el próximo fin de semana en Barcelona?». No dudé ni un solo minuto: «Por supuesto que sí».

Recuerdo ese primer día, estaba supernerviosa; no sabía cómo iba a reaccionar al verte. Pero al salir del metro, te vi ahí plantado, con una rosa en la mano y una sonrisa enorme. Me acerqué a ti y lo primero que hiciste fue besarme. No sabría cómo describir esa sensación; fue algo mágico, una conexión que nunca había tenido con nadie. El día pasó volando: paseamos, hablamos, nos reímos... Parecía que nos conocíamos de toda la vida, que lleváramos mucho tiempo saliendo. Y al día siguiente, tumbados los dos en el césped del Parc de la Ciutadella, me dijiste tu primer «te quiero».

Un inicio de relación precioso, que se fue oscureciendo por momentos debido a nuestras propias situaciones personales y al descubrimiento de heridas emocionales muy abiertas en ambos. Esto nos hizo estar montados en una montaña rusa durante bastante tiempo. A pesar de ello, ha sido la mejor historia de amor que he vivido, y espero compartirla contigo el resto de mi vida.

Te quiero.

JUAN

Hola, bonita:

Sentarme a escribir mi trayectoria emocional, cuando en mi mente predomina la razón y la resolución de problemas, supone todo un reto. Un reto que deseo compartir contigo de la mano, para mi propio proceso de sanación, pero también para seguir disfrutando juntos de este fantástico viaje llamado vida.

Tú y yo no lo hemos tenido fácil, pero el hecho de haber llegado hasta el momento de encontrarnos y sanar nuestras heridas juntos ha hecho que todo lo anterior haya valido la pena.

¿Por dónde empezar? Quizás por el principio: mi invisibilidad ante las mujeres.

De adolescente, yo era muy bajito y, desde los 16 años, soy calvo («se te ve el cartón», me decían). Empecé a afeitarme la barba más o menos a esa edad. En resumen, mi genética no era la más deseada por las mujeres. Ni la natación ni las pesas lograban esculpir un cuerpo atlético en mí. Mi barriga siempre fue mi fiel compañera y, si a eso le sumamos cierta ginecomastia, me consideraba el anti-Adonis de la época. Para más inri, era un «empollón», según la clasificación de los institutos americanos, así que tenía la firme creencia de que no podía esperar gran cosa.

Las pocas veces que me gustó una chica, y cuando sucedía era con bastante intensidad, dar el paso de buscar el contacto ya me costaba. Alguna vez que me atreví a pedir salir a alguien, con esa inocencia que a lo mejor ya ni me tocaba, el resultado solía ser «te aprecio como amigo». Excepto una vez que salió corriendo a tal velocidad que, si hubiera hecho los dos recorridos de ida y vuelta reglamentarios, sería el récord Guinness de velocidad en tierra, ya que superó los 1446 km/h.

Mi primer beso fue con una chica de la pandilla de Ciudad Rodrigo, una cosa adolescente de verano, pero lo recuerdo con cariño. Ya en la universidad, comprobé que, mientras la mayoría de mis amigos follaban todo lo que querían, con unas y con otras, o con varias a la vez, yo no iba a correr esa suerte. Llegué a tener una relación casi platónica con una chica muy cristiana y, después, con otra que me gustaba un montón y ella lo sabía. Me usaba de paño de lágrimas, ya que salía con malotes que la trataban como un trapo. Esta chica me dijo una vez: «Eres un chico para casarse, no para salir», y yo pensaba: «Para llegar a casarse, habrá que empezar por salir». Pero está claro que mi lógica no era la de ella.

Durante mucho tiempo estuve convencido de ser invisible, hasta el punto de decir que, si entraba en un banco donde todo el personal (incluido el segurata) fuera mujer, podría llevarme la caja sin que se dieran cuenta de que había pasado.

Perdí la virginidad ya en cuarto de carrera, en un intercambio de estudiantes que hice en el Mount Sinai Hospital, con una chica austríaca, también del intercambio, que vino a una fiesta en mi apartamento y se quedó hasta después de que todos se hubieran marchado. Menos mal que ella tomó toda la iniciativa, porque yo ni me daba cuenta de su interés por mí. Tú y yo sabemos que en eso no es que haya mejorado mucho, ¿verdad? Me imagino tu sonrisa reflejada en tu cara al leerlo. Sí, lo sé, las señales «luminosas» no son lo mío.

Ya en el MIR, hice dos intentos más: con una estudiante de enfermería y con una MIR más joven. Pero, como era mi tónica habitual, fueron calabazas. Las señales eran claras: debía encontrar más pasiones, y una de las más grandes en aquella época eran las motos.

Y allí, en el mundo del motor, coincidí con Michelle (nombre escogido, respetando su intimidad, en honor a Michelle Mouton, expilota francesa de rally, ganadora de cuatro campeonatos mundiales). Era lo que podríamos llamar un pibón, la tía buena del motoclub, la última persona que pensaba que se fijaría en mí. Esto mejoró mi autoestima; sin embargo, en lo sexual no fue bueno y en lo afectivo fue casi una montaña rusa emocional.

Ella había sido víctima de malos tratos en su anterior matrimonio, llegando a apuntarse a taekwondo para justificar los moratones. La comunicación, inicialmente buena, se fue deteriorando. Tal vez yo no estaba preparado y ella cargaba con una gran mochila emocional. Si a esto añadimos que mi madre se mostró incapaz de tolerar a ninguna pareja que tuviera hasta la fecha, todo esto llevó a semanas de discusiones, regresos, reconciliaciones transitorias y más discusiones, hasta que por la salud mental de ambos decidimos dejarlo del todo.

Después de años sin pareja estable y de tener incluso dudas sobre mi capacidad para realmente tener una, empecé a entrar en la red social Meetic para intentar conocer gente. Allí encontré a una persona con la que compartía intereses como la montaña, los animales y las películas de espías. Estuvimos chateando un tiempo, aunque ella no quería enviarme una foto ni darme su nombre real. Ante mi insistencia, me respondió: «Me ves a menudo, noches alternas en la planta de Cirugía», y me confesó que estaba detrás de mí desde hacía tiempo, pero no se atrevía a dar el paso.

La sensación era rara, ya que me gustaba, pero no estaba perdidamente enamorado o atraído como lo había estado por Michelle. Sin embargo, había **feeling** y me sentía a gusto con ella. Poco a poco, al irnos conociendo, fueron surgiendo los sentimientos y las sensaciones. Lo que nunca imaginé fue que pasarían del amor al miedo, la decepción, la depresión, la desilusión, la ansiedad, la angustia, la desesperanza, la asfixia... todo con la misma persona. Su nombre en clave es Otto, por Otto Skorzeny, leyenda del sabotaje y las operaciones tras las líneas enemigas.

Al principio fue bonito; ella era tímida y yo trataba de hacerla sentir cómoda. Empecé a sentirme ilusionado y feliz, y mis miedos comenzaron a disiparse. Una chica estaba enamorada de mí y me sentía seguro en mis relaciones sexuales, llevando la iniciativa, disfrutando y haciendo disfrutar a mi pareja.

Esos primeros meses de relación fueron casi a distancia, ya que ella trabajaba de noche en la planta del hospital como auxiliar y estudiaba enfermería por las mañanas. Esto nos daba mucho espacio, especialmente a mí, pues gracias a sus turnos disponía de mucho tiempo para mis hobbies.

Pocos meses después decidimos vivir juntos. Su apartamento era muy pequeño, así que empezó a dejar cosas en mi casa hasta que terminó por instalarse definitivamente. En las largas conversaciones que teníamos, hablamos de nuestras ideas sobre la familia, los hijos y la educación, y coincidíamos completamente en todo. Por lo tanto, parecía el paso más natural a dar. Fue algo espontáneo, natural y bonito.

Pero ya se sabe que todo lo que sube, baja, y menuda hostia me di. Un dato para ir abriendo boca: el día de mi boda, mi suegro, que en paz descanse, les dijo a mis padres: «Cuidado, que no es lo que parece; es egoísta, vaga y manipuladora». Y cuánta razón tenía.

A los dos años, nos casamos por la iglesia, en una ermita que para ella era especial por estar al lado de la casa de sus padres y tíos. La celebración tuvo lugar en un restaurante de 2 estrellas Michelin, con casi doscientos invitados, regalos y músicas personalizadas, etc. Los preparativos de la boda, que pagué yo íntegramente, ya fueron causa de discusiones importantes y el inicio de un abuso económico, que no percibí como tal hasta muchos años después.

Al año o así de casados, cuando ya se empezaba a hablar de tener hijos, llega a nuestras vidas Troya (preservaré su nombre real, pobrecita mía, es mejor que se mantenga en el anonimato por su propia integridad, ya que resultó ser un regalo envenenado, como descubrirás más adelante). Troya es una perra mitad pastor alemán y mitad collie, que Otto se encontró abandonada en el aparcamiento del supermercado. Intentó llevarla a la protectora, aunque no con demasiado empeño, ya que finalmente decidió adoptarla porque decía sentir un vínculo especial con ella. Le recordaba a una perra que tuvo de niña.

El problema fue que no era una perra adecuada para tener en un piso del centro, por lo que comenzamos a buscar una casa de campo, chalé o similar donde poder vivir con ella.

Siempre me interesó la economía y nunca quise tener una casa en propiedad; era una idea muy arraigada en mí, o al menos eso creía. Sin embargo, una vez más accedí a otro de los «caprichos» caros de «mi flor de Otto». Dada la escasa disponibilidad y la mala relación calidad-precio de lo poco que encontrábamos para alquilar, acabé comprando, yo solo, con mis ahorros, un terreno en la urbanización más de moda del pueblo.

La construcción de la casa fue un infierno para mí. Empecé pagando a dos arquitectos, en lugar de uno, debido a la mala comunicación y gestión de mi señora esposa, a quien no le dolía gastar mi dinero a raudales. ¡Ojo! Soy responsable de mis decisiones. Tonto, pero comprometido con la causa afectiva como el que más.

Había discusiones continuas con los profesionales y mal ambiente con el contratista de interiores, en gran parte debido a las faltas de respeto y malos modales de Otto, quien no entendía los márgenes comerciales, lo que provocaba «incendios» que yo posteriormente tenía que apagar. Y oye, era una situación de alto riesgo, ya que mi casa es de madera.

Acabar la obra fue económicamente muy difícil. El banco tasó el proyecto por lo bajo, nos dio el 80 %, y de eso, un 20 % no se cobraría hasta tener los papeles de fin de obra, que tardaron muchísimo debido a problemas con el arquitecto al tener que llevarlo a juicio. Pero, claro, mientras tanto, los que venían a la obra querían cobrar y se pidieron dos préstamos puente para acabar: uno mío de 40 000 € y otro de ella de 16 000 €, que se usaron para pagar los acabados finales e instalaciones de la casa. Y ahora dirás: «¡Hombre, Juan, entonces ella sí que pagó parte de la casa!». No, hijo/a, no. ¡Atención, **spoiler**! Cuando nos divorciamos, ella se obsesionó con operarse de aumento de pecho y, para poder **acometer** tal menester, me exigió la devolución de ese préstamo, que paradójicamente era el mismo importe que el de su intervención.

Para mí, esa casa que nunca quise tener, que tantos problemas me había dado y me había dejado endeudado hasta el cuello, era un infierno, un lugar que aborrecí y que nunca consideré hogar. Con el tiempo entendí que el hogar no son las paredes sino las personas que viven en él y en eso, mi amor, has tenido mucho que ver.

Pero sigamos con el relato.

La llegada de nuestro primer hijo fue muy emocionante para mí; vino casi al primer intento, en un momento en que todo era ilusión y positividad: recién casados, ella había obtenido el título de enfermera y la casa ya estaba en marcha. Sin embargo, a medida que avanzaba el embarazo, la ganancia de peso de Otto fue muy considerable y le afectó mucho tanto física como, sobre todo, mentalmente, llevándola a entrar en depresión.

Procuré darle todo mi apoyo, entendía lo que era una depresión postparto, por lo que el niño siempre estaba bajo mi cuidado o el de la niñera, quien hoy en día es madrina de mi hija y una de mis mejores amigas. Sin embargo, lo que empezó siendo un problema emocional acabó convirtiéndose en una costumbre o hábito arraigado. Excepto cuando yo estaba de guardia —soy cirujano— o el niño dormía, el niño era mío. El resto de las horas las cubría la niñera, ya que Otto dormía o salía a pasear a la perra. Me sentía hasta explotado, ya que todo mi tiempo se repartía entre el trabajo y el cuidado del pequeño. Si el niño lloraba de noche, me levantaba yo para darle un biberón o cambiarlo, mientras ella estuvo casi un año de baja maternal atendiendo sus propias «necesidades» y obviando las del resto: dormir, descansar, comer, no destripar a un paciente en la mesa de quirófano...

A esto le sumé que hubo un cambio de jefe en el hospital, lo que me llevó a verme inmerso en una situación de acoso laboral que me hizo dudar de mi calidad como profesional y me relegó a tareas cada vez más secundarias.

El servicio cambió mucho desde mi llegada. Pasó de ser un equipo veterano, en el que claramente entendía mi rol como residente recién terminado (realizar guardias, pasar consulta y hacer papeleo), con un jefe que era una persona de gran inteligencia y cultura, un TDAH sin tratar, que se veía reflejado en mí y me trataba, al menos al principio, como a un hijo, a, con el tiempo, la jubilación de algunos de los más veteranos y la llegada de personas más jóvenes, todas mujeres, con caracteres fuertes y seguras de sí mismas.

Con una de ellas hice amistad (e incluso coqueteamos antes de conocer a Otto), teníamos buena química y formábamos un buen equipo. Sin embargo, causaba muchos problemas con enfermería y Urgencias, ya que siempre respondía de manera agresiva al busca, como se hace en los hospitales grandes.

En el servicio había dos cirujanos «del seguro», externos al equipo: uno dedicado al SEM y otro que operaba en una clínica concertada cercana. Durante los recortes, el jefe se confundió con las cuentas y los trajo al hospital, ya que le contaban como personal suyo. Sin embargo, no estaban actualizados ni adaptados, y las cosas no fueron bien. Además, el que operaba en la clínica tenía un Asperger bastante severo y un carácter peculiar, y mis compañeras lo trataban con absoluto desprecio, algo que no ocurría entre los varones.

Una serie de complicaciones y malos resultados, incluyendo dos lesiones seguidas de la vía biliar en colecistectomías (una de las cuales terminó en un trasplante hepático) y una tercera que me atribuyeron, aunque ocurrió durante mis vacaciones, minaron mi confianza profesional y me relegaron a tareas secundarias, junto con los otros varones.

Mi humanidad en el trato con pacientes y familiares fue criticada y ridiculizada, y mi buen trato con enfermería y Urgencias se consideraba una debilidad y falta de carácter. En esa época, el jefe era un fan de Rajoy, aplicando su sistema de meter los problemas en un cajón y hacer como que no pasaba nada.

Uno de mis mejores amigos se encontraba mal, con unas décimas de fiebre que no se iban desde hacía días, así que lo cité una mañana que yo estaba de guardia, lo exploré y le pedí un TAC. El TAC tardó mucho en hacerse y se informó por la tarde. Llamaron al busca, que ya no llevaba yo, y la compañera de guardia, a quien debieron despertar de la siesta, montó un escándalo, primero en Urgencias y luego en la sesión de la mañana, acusándome de ver cosas que no me correspondían y de ir pescando pacientes por ahí. Nadie se preocupó de que el resultado del TAC fuera un linfoma de Hodgkin ni de que el paciente tuviera 41 años y fuera amigo mío.

En otra ocasión, hubo una lesión de la vía biliar, con una fuga persistente y una familia que exigía explicaciones. El jefe me llamó un domingo por la tarde para que subiera a dar la cara, ya que era una complicación atribuida a mí. Así lo hice, di la cara y puse en marcha las medidas necesarias, que culminaron con un CPRE y una endoprótesis biliar. El lunes, fui duramente criticado en la sesión por este tema. Aun así, seguí atendiendo a esa paciente durante todo su proceso, y aún hoy me saludan si me ven por la calle.

Semanas después, hablando con los compañeros varones más sensatos y también víctimas de **mobbing**, aunque en menor medida, nos dimos cuenta de que esa paciente había sido operada durante una semana en la que yo estaba de vacaciones, ni siquiera estaba en el país.

En otra ocasión, operé una hernia inguinal en un señor de 90 años. Todo fue bien y se fue de alta el mismo día. Cuatro días después, ingresó y fue reoperado con un gran hematoma, la malla arrancada y todo destrozado.

Las que lo reoperaron decían que era un carnicero y cuestionaban qué le había hecho al paciente. Cuando fui a dar la cara a la habitación (algo que nunca dejé de hacer), la familia me contó que el señor se fue al huerto, cogió la azada y se puso a cavar una zanja para llevar agua a las lechugas. Evidentemente, mis compañeras no me creyeron ni cambiaron su versión.

Días más tarde, en una operación de hernia en la que estuve más lento, la cirujana, supuesta amiga-coqueteo, que me ayudaba, me dijo que estaba perdido y no sabía lo que hacía, y me quitó del quirófano para operar ella. Para no crear un conflicto en el quirófano (el paciente estaba despierto, con anestesia raquídea), no me opuse mucho, pero luego hablé con la jefa, quien, evidentemente, no me defendió.

Como me decía un compañero para animarme respecto a los errores médicos en las sesiones: «El problema no es el qué, sino el quién». Por ejemplo, en el servicio había una cirujana que era un desastre, muy desordenada, con cursos sin escribir, familias sin informar, tratamientos sin cambiar, pruebas sin pedir, pero a ella no la criticaban públicamente. Es más, la premiaron con la gestión de una unidad.

Llegó un momento donde la situación era insostenible. La jefa me dijo que las compañeras no tenían confianza en mis diagnósticos ni en mis acciones, que nadie (excepto los varones) quería operar conmigo y que no se fiaban de lo que hiciera en mis guardias. Me revisaban los tratamientos como si fuera un residente, no solo a mí, sino también a los otros tres varones.

Finalmente, tras la jubilación de los dos veteranos del seguro, pasé a asumir sus funciones de pasar visita en el ambulatorio, lo cual me aliviaba, pero me relegaba a los ojos de los demás. Cada salida de guardia era una pesadilla; siempre había cometido algún error o dejado de hacer algo que se exponía en la sesión.

Cuando llegó una nueva jefa, la situación se volvió insostenible y empecé a encadenar bajas por depresión, excepto una, que fue por una fractura del 5º metacarpiano tras darle un puñetazo a un parquímetro que se tragó la moneda, cuando ya estaba colapsado emocionalmente, tanto en casa como en el trabajo.

Asistí por orden del jefe «Rajoy» al PAIM, el programa de atención psiquiátrica al médico enfermo, en la Clínica Galatea de Barcelona. Allí se me diagnosticó Asperger (aunque leve) y TDAH, y se me prescribió medicación para ello, pero no se abordó el tema del **mobbing**.

La persona a cargo de Salud Laboral intentó ayudarme, pero me advirtió sobre las consecuencias de demandar.

Por un militar amigo de mis padres, supe que, cuando en el Ejército ocurre algo así, se retira a la persona víctima del **mobbing** de la unidad y se la vigila estrechamente. Si el mismo problema aparece en la nueva unidad, se la cataloga como la causante del conflicto. Al mismo tiempo, se pone bajo observación la unidad antigua para ver si los problemas persisten. Pues bien, después de mi partida, el servicio se dividió en dos, echaron a la jefa y se fueron las personas más recientes, así que no toda la culpa era mía.

Por mis contactos en el hospital, sé que durante mucho tiempo la situación fue insostenible, con las chicas inaguantables, hasta el punto de quejas constantes por parte del servicio de Urgencias y de asignación de sus quirófanos a las enfermeras instrumentistas a modo de «castigo».

Se me ofrece desde Sanidad una solución a mi situación laboral, irme a un hospital comarcal más pequeño y tranquilo para empezar de nuevo, ya que allí hacía tiempo les faltaba un cirujano y la mayoría del equipo se acercaba a la edad de jubilación. Acepté, sin renunciar a mi plaza en el ICS (estoy cedido, como los futbolistas) y no me arrepiento de haberlo hecho porque gané en paz mental y calidad de vida.

Otto al principio me apoyaba y me daba ánimos, pero dejó de tener tiempo para mí, el apoyo era cada vez menor y finalmente solo le importaba que no dejara de ganar dinero ni le afectara a su posición socioeconómica. Uno de los motivos: quería volver a ser madre.

Para empezar, yo no quería tener otro hijo en ese momento. Se llevaría mucho tiempo con su hermano (cinco años), mi situación laboral y anímica no eran buenas, y no me sentía en condiciones para asumir más responsabilidades. Sin embargo, ella insistió y yo, una vez más, cedí. Siempre he sostenido el lema: «yo soy feliz si tú eres feliz». Quizás debería empezar a revisarlo, ¿no?

Esto se relacionó con mis problemas para alcanzar el orgasmo durante las relaciones sexuales, que en esa época tenían un propósito claro: quedarse embarazada. Recuerdo una ocasión en que realmente fue especial y ambos llegamos al orgasmo casi al mismo tiempo. Otto dijo: «Esta vez hemos hecho a la niña», y así fue.

Pero no solo engendramos a una niña; ese fue el comienzo del declive, el Apocalipsis, la destrucción total —como quieras llamarlo— de nuestra relación y de mí como persona.

Yo me encargaba de los niños siempre que no estuviese trabajando, estuvieran con niñeras o con las abuelas. A toda actividad social en la que participaran niños, como cumpleaños y eventos similares, iba yo solo con los dos. Tenía tan poco tiempo libre que llegué a crear una nueva variable: TSN (Tiempo Sin Niños), que, como puedes imaginar, era escaso o inexistente. Por eso, opté por reducir horas de sueño, tratando de evadirme, desconectar o quizás reconectar conmigo mismo, quién sabe. Pero no fue suficiente. Cada día me sentía más agotado, más abatido, más hundido.

Cuando la peque tenía cerca de un año, nos fuimos de vacaciones una semana a Menorca, a un hotel de esos de «todo incluido». Sin embargo, fue un infierno: no dormí nada, apenas pude dejar a la niña en la guardería en contadas ocasiones, y tardé tres días en poder dormir algo. Las discusiones y el «Sí, Bwana» fueron constantes. Mis amigos me vieron tan mal que un día dijeron: «No vayamos al faro ese que tiene acantilados, o Juan se tirará». Viéndolo en retrospectiva, tendría que haberme divorciado en cuanto bajamos del ferry.

Llevaba años en los que mi única preocupación era dormir, cumplir con mis tareas sin problemas y sobrevivir. No había espacio para las emociones, como si fuera un prisionero de un campo de concentración, convertido en un robot.

La convivencia era insostenible. Me sentía como un soldado del Ejército Rojo, sin capacidad para discutir ni tomar decisiones, arrastrado por las órdenes caprichosas de una persona caótica y desequilibrada. Aguantaba porque creía que, si lograba que aceptara ayuda profesional, mejoraría y podría recuperarla.

En un mismo día, los planes podían cambiar hasta tres veces. Por ejemplo, un domingo, cuando los niños estaban conmigo porque ella había trabajado de noche, el plan era ir a casa de las abuelas maternas, comer todos juntos allí y luego ir con los amigos a algún lugar. Sin embargo, de repente, el plan cambiaba a sacar a pasear a la perra con los niños, irme yo solo con ellos a casa de las abuelas y comer allí, mientras ella prometía que se uniría más tarde. Luego decía que no vendría a la comida, pero sí con los amigos, para finalmente decidir no venir a nada y dejarme a mí con todo. Evidentemente, todos esos cambios implicaban su progresiva desaparición y más tareas para mí o para terceros.

Un ejemplo concreto fue cuando planeamos ir al musical de «Encanto» en Tarragona. Inicialmente, iba a quedarme yo con la niña y ella iría con el niño al musical. Después cambió a que ella se quedaba con la niña y yo iba con el niño al musical. Finalmente, fui yo con el niño tras dejar a la niña con su tía.

Los amigos eran conscientes de toda esta situación, me apoyaban y ayudaban en lo posible, ya que salir a comer fuera con dos niños, uno de ellos un bebé, era terrible. Aunque ella decía que se uniría a las comidas, ya ni la incluíamos en las reservas o en los cálculos, y nunca nos equivocamos.

Mi forma de sobrevivir a esto fue aplicar el principio chino de «el junco flexible se dobla ante la corriente, pero no se rompe»: no hacer ningún plan y adaptarme a sus innumerables cambios.

En un momento dado, le pedí que aplicáramos la «Auftragstaktik», una táctica militar alemana en la que los subordinados disponen de cierta autonomía operativa para cumplir la misión, algo que incluso Rusia está utilizando en Ucrania actualmente. Sin embargo, se lo tomó como un insulto y, evidentemente, no lo aplicó.

Básicamente, a un teniente alemán solo se le indicaba que tomara un pueblo, y él se las arreglaba con lo que tenía. En cambio, a un oficial ruso se le da un plan detallado, y pobre de él si se desvía del plan, aunque sea absurdo y lo deje atascado en un río.

En Nochebuena de 2022, me comunica, bastante tranquila, que quiere el divorcio y que, desde entonces, ya no somos nada más que cuidadores de niños, que en ese momento tenían seis y un años. Cogí mi almohada y me fui a dormir al altillo, donde tenía una cama. La convivencia ya se había reducido a la mínima expresión desde hacía semanas, así que ni se notó.

Para mí no fue un disgusto, sino un alivio. Me habían «licenciado», o eso creía, ya que seguían enviándome recaditos que no eran ni para la casa ni para los niños. Yo le contestaba: «Le recuerdo, señora, que ha despedido a los criados», pero de poco servía, ya que en lo operativo cambiaba poco la cosa.

Recuerdo la noche de Reyes: decidimos ir juntos a la cabalgata y luego salir a cenar con otros padres y amigos de los niños. Se le llenaba la boca diciendo que era una supermadre y que los importantes eran los niños. ¿La realidad? No vino a la cabalgata y, al acercarse al restaurante donde había prometido a los niños que cenaríamos, al ver que estaba tan lleno, se fue a los diez minutos, dejándome allí con ellos. No daba crédito, pero decidí quedarme para que mis hijos aprendieran el valor de la palabra dada, ya que su madre no lo tiene. Gracias a las personas a mi alrededor y a una amiga que, casualmente, «pasaba por ahí» y me ayudó con los niños ese rato, salimos del paso. En ese momento me di cuenta de que no podía contar con ella para nada, aunque lo dijera de boquilla, ni siquiera para ayudarme con los niños. También me di cuenta de que tengo amigos que son amigos de verdad.

Tras meses de discusiones con abogados, conseguimos firmar un convenio de «casa nido», en el cual los niños y los animales permanecen en la casa con el progenitor que le toque según los turnos laborales de ambos. Yo soy cirujano con guardias, y ella es enfermera de noche.

Aunque al principio hubo buen entendimiento, este duró poco. El desorden de ella y lo desigual del reparto de tareas enrarecieron nuevamente la relación. Mi vida transcurría entre el hospital y los niños, mientras que ella, debido a sus turnos de noche y a la reducción de jornada por maternidad, disponía de un montón de tiempo libre para hacer las tareas del hogar, dormir, descansar o dedicarse a sus **hobbies**, algo que yo ya no podía hacer.

Ella empezó a ser un caos, cambiando los turnos constantemente, lo que afectaba a mi vida profesional, ya que tenía que modificar mis guardias. No podía planificar con antelación porque ella podía cambiar el turno de los niños de un día para otro. Además, hubo un constante acoso por WhatsApp, el único medio de comunicación entre nosotros, ya que solía llamarme al trabajo para ponerme nervioso o adrede durante la siesta para que no pudiera descansar, desestabilizándome. Parecía que se había propuesto arruinarme la vida, tanto personal como profesionalmente, y lo expresaba abiertamente, tanto de viva voz como por escrito:

«Inútil, hijo de la gran puta, te odio a rabiar», «Eres la peor lacra que puedo tener el resto de mi vida, que te den por culo», «A ver si te follan bien e irás bien relajado por la vida», «Supermédico, supermierda», «Estoy por pedir la total, que lo sepas, que no sé si voy a firmar el convenio», «Cállate, bocazas», «Que sepas que en el hospital nuevo tampoco te quieren. ¿Dónde vas a ir a parar? ¿Barcelona? ¿Valencia? Payaso», «Si no te adaptas a los cambios, métete más medicación para tu Asperger o ve más a la psicóloga», «Que baje tu vieja a ayudarte, capullos tú y ella. Más ella que tú. Venga, va, que os den».

Aquí tienes algunas de las lindezas que me lanzaba día sí y día también. Pero la cosa no quedaba ahí; también lo hacía con personas de mi entorno de manera mezquina y cruel. Por ejemplo, escribió a mi madre para decirle que ojalá me hubiese abortado, o a la Tata (madrina de la peque) para comentarle que deseaba que llegase el día en que me matase en la carretera.

Todos estos improperios fueron en ascenso, hasta el punto que mi abogada me sugirió denunciarla por maltrato, cosa que en ese momento decidí no hacer, pensando que las cosas se calmarían. Lamentablemente, una vez más, no fue así.

En esa época, yo tenía una relación, más bien de «follamigos», con una chica angoleña, a quien conocí en una página de contactos que, digamos, era más directa que Meetic. Conocerla fue un subidón en un momento en el que mi autoestima estaba por los suelos. Acostarme con una mujer así, que además era una bestia sexual sin complejos, pues imagínate. Sin embargo, la relación era básicamente sexual; ella tenía una niña de un año y yo solo tenía un fin de semana realmente libre al mes, lo que hacía que coordinarlo todo fuera un estrés. Eso sí, los encuentros eran maratones de horas de sexo con todas las variaciones posibles; fue la primera persona que no se quejó ni de mi duración ni de mi tamaño.

Cuando Otto se enteró, me revisó el móvil y empezó a hacer pantallazos de mis conversaciones con Angie, para luego mandárselos a la Tata encolerizada, insultándola además por ser negra. La relación no prosperó por distintos motivos, pero entre ellos, los ataques de Otto me afectaban y desestabilizaban mucho. Si había estado recibiendo series de WhatsApps agresivos, que normalmente llegaban por la mañana, yo me sentía triste y afectado todo el día, por lo que, si era un fin de semana en el que podía quedar con Angie, se me notaba.

Ella sabía (y lo digo en pasado) cómo presionarme, incluso con pequeñas cosas, para sacarme de mis casillas, y lo lograba. Vivía en un constante estado de nerviosismo, lo que hizo que mi falta de control sobre los impulsos comenzara a manifestarse. Estaba desbordado, superado, agotado... Durante las Navidades, llegué a mi punto más bajo: ya me daba igual todo. Me planteaba lanzarme contra el primer camión que viera de frente o huir a un país sin extradición, como Rusia, y dejarlo todo atrás: los niños, las deudas, el hospital, todo. Cuando le dije que estaba de acuerdo con cederle todo, que todo fuera para ella, su discurso cambió por completo, porque en realidad nunca lo quiso. Empezó a llamarme «superpapá», a decir que los niños me querían, que estaba preocupada por mí... pero esa actitud le duró poco, hasta que llegó el día del juicio final.

En un momento de máxima tensión durante uno de los berrinches del niño, le lancé unos **tuppers** vacíos, un impulso derivado de una frustración mal gestionada de la que no me siento orgulloso, pero en la que en ningún momento pretendía agredirle. Cuando ella llamó, el niño se lo contó; lo que él quería era que ella le diera la razón, nada más. Sin embargo, ella vino a buscarlo y lo llevó al CAP (Centro de Atención Primaria) para que le hicieran un parte de lesiones. Tuvo buen cuidado de no ir a Urgencias del hospital, porque allí podría haberlo atendido alguien que nos conoce, especialmente a mí.

El parte dice poco o nada, pero no descarta lesiones, y los Mossos actuaron de oficio. Consulté con mi abogada y con mi amigo, el del linfoma y que ahora es caporal de los Mossos, y ambos me aconsejaron que me personara en comisaría para dar mi versión. No obstante, ella ya había interpuesto una demanda por maltrato y no pude hacerlo. Como dato curioso, no se llevó a la niña; la noche de los hechos durmió conmigo, lo que demuestra lo poco que temía por la seguridad de sus hijos. Una vez más, su único objetivo era destrozarme la vida y evitar que pudiera volver a ejercer como médico.

El día del juicio, curiosamente, estaba muy tranquilo; podría decirse que hasta lo disfruté, aunque pueda parecer contradictorio. Había estado más nervioso cuando el jefe me llamaba a su despacho en mis tiempos de residente.

Fue un juicio rápido, y todos esperábamos en el pasillo a ser llamados a la sala. Durante esa espera, el niño «agredido» estuvo todo el tiempo en mi regazo y no quiso saber nada de su madre. Le hicieron declarar en el estrado, en la sala de vistas, no en una sala aparte como indica el protocolo, pero no dijo nada, solo que no se acordaba, como si fuera un convergente cualquiera. Después supe que, a pesar de todo, para él había sido una experiencia traumática, ya que pocos días después tuvo miedo de decirme que había ido con su mamá al pediatra, por temor a que eso me metiera en un nuevo problema y me alejara de él.

Mi declaración fue digna de una película. Ella había aportado cosas banales que habían ocurrido hasta dos años antes, y mentiras. Al escuchar mi versión, todos movían la cabeza, tanto la jueza como los abogados de las partes. Cuando dejé claro que yo tenía a los niños la mayor parte del tiempo y que ella cambiaba los planes, se quedaron atónitos. Además, al describir las lesiones, arañazos en lugar de punciones, la jueza comentó: «Este señor sabe describir lesiones; hace unos partes de lesiones muy buenos, doy fe».

El juicio fue desestimado, lo que es menos incluso que ser absuelto sin cargos. Desde entonces, mi relación con ella cambió drásticamente; pasó a ser «el enemigo», pero un enemigo que tenía acceso a mi casa y a mi vida, un saboteador en retaguardia.

Meses antes del fatídico incidente, mientras hablaba con mi amigo José Luis sobre lo mal que me encontraba y lo insatisfecho que estaba con la psicóloga a la que acudía desde hacía años, no solo porque también atendía a Otto, sino porque era bastante «blandita» y hacía tiempo que sentía que no me estaba ayudando mucho, especialmente durante la separación, cuando adoptó una posición demasiado neutra a pesar de conocer el maltrato que sufría, él me habló de ti y de tus sesiones. Me dijo que estabas en Barcelona, pero que también atendías online. Así que, si él te recomendaba como profesional, habiendo pasado por experiencias tan similares a las mías (relaciones tóxicas con parejas desequilibradas y tiránicas, acoso laboral...), a mí también me tendría que ir bien.

La verdad es que lo noté desde las primeras sesiones: me sentía cómodo, veía que avanzábamos, y se iba al grano, algo que agradecí mucho. Resultaba mucho más fácil para mi mente procesar lo que íbamos trabajando.

Aunque normalmente se recomienda empezar por el valle y escalar la montaña poco a poco, nosotros comenzamos a solo 50 metros de la cima: la relación con mis padres, y en especial con mi madre. A pesar de haber sido un apoyo, su manera de hacerlo era exigiendo, culpabilizando e imponiendo su opinión. Mi hermano dice que pedirles ayuda a ellos es como pedírsela a los yanquis; tal vez vengan e intervengan, pero cómo quede el país cuando se vayan es harina de otro costal (véase Afganistán, Irak, entre otros). Un mes después de haber iniciado la terapia, alcanzamos la cúspide cuando comenzamos a preparar el afrontamiento de la demanda por malos tratos que me había interpuesto la madre de mis hijos. Me sentía en un constante: «¿quién da más, señores? Hagan sus apuestas».

Pero hubo un día, el 28 de diciembre para ser más exactos, en el que pudiste ver mi peor versión. Como bien sabes, hacíamos las sesiones los días en que yo estaba de guardia localizada en casa, lo que implicaba que en cualquier momento podía sonar el busca del hospital y tendría que irme. Y como lo que no suele suceder acaba sucediendo, en esa sesión pudiste presenciar en directo una de mis pérdidas de control. Llevaba todo el día recibiendo mensajes agobiantes de Otto y de mi madre, que llegaban mientras hablábamos en terapia. Sonó el busca, lo cogí, resolví el problema y continuamos hablando. Pero de repente volvió a sonar y me indicaron que debía acercarme al hospital. Me dirigí allí, mientras seguían llegando mensajes en mi móvil como si estuviera en medio de un «fuego cruzado». Tú seguías esperando porque te dije que solo serían unos minutos. Una vez más resolví el problema y regresé a la sesión, pero de repente me di cuenta de que me había llevado el busca de otro servicio, así que tuve que volver al hospital a recoger el correcto. De camino, nuevamente a casa, te llamé porque me preocupaba que estuvieras esperando. Empezamos a hablar y, nuevamente, sonó el busca, indicándome que debía ir otra vez. En ese momento alejé el teléfono de mi boca y empecé a gritar «¡joder!», y respondí mal a un compañero que solo estaba haciendo su trabajo. Estaba completamente desbordado. Ese momento fue tan desagradable para mí que entiendo que lo fue también para ti. Sin embargo, mostraste una gran templanza; no perdiste los nervios y me dijiste que respirara, que colgara el teléfono y que ya hablaríamos en otro momento, todo con una sonrisa y en un tono afable. Eso me hizo sentir como la persona más ruin del mundo, porque hubiese merecido que me mandaras a la mierda. Ya habías visto en directo lo peor de mí.

Lo que yo no veía, o no quería ver, era un cambio de tono en algunas conversaciones. Las sesiones se alargaban hasta casi dos horas en un ambiente cordial y amigable, donde ambos nos sentíamos muy cómodos. Había pequeñas señales que me enviabas, pero que no entendí hasta que dejaron de ser señales y se convirtieron en carteles luminosos, que aun así no supe identificar como dirigidos a mí. Un ejemplo de esto es cuando me preguntaste la fecha, lugar y hora de mi nacimiento, algo que suele hacerse cuando uno quiere valorar una posible compatibilidad como pareja, pero mi mente y yo estábamos a por uvas.

El día de mi cumpleaños, meses después de mi «superataque», ya hablamos de cosas fuera de la terapia, te pregunté por el directo de tu nuevo proyecto, «Sentido Propio», y nos pusimos a comentar series y películas... Es decir, nos empezamos a conocer más allá del rol psicóloga-paciente.

Llevaba siete meses en terapia cuando, chateando contigo el domingo de Ramos, me pareció que te sentías sola y que querías hablar. Primero lo hicimos por chat y luego, a la salida de misa, te llamé por teléfono. Bromeamos con la idea de que te vinieras conmigo, los niños y los tatos a Valladolid a ver a mis padres, que seguro iba a ser un trabajo de investigación interesante. Me comentaste que te gustaría ir un fin de semana a Madrid a ver un musical de Queen y que, si quería, te acompañase. Y, como no hay peor ciego que el que no quiere ver, te dije que ya lo había visto, pero que te animaba a ir, que te gustaría mucho. A lo que respondiste que, si tenías que ir sola, no creías que fueras. Ahora me río, pero la verdad es que nunca entendí eso como una invitación. Es lo que tenemos los Asperger: entendemos la literalidad de las frases, sobre todo cuando jamás podrías imaginar que alguien como tú se fije en alguien como yo.

En esas semanas, José Luis ya me había dicho en broma: «A ver si te vas a acabar enrollando con la terapeuta». Vamos, que algo ya sabía, y evidentemente tú se lo habías comentado. Pero los tres seguíamos jugando al escondite, con la bandera del respeto y la profesionalidad por encima de todo. Es cierto que yo notaba cada vez más «carne» a la vista en cada sesión: con discreción, pero había más escote o un tirante del vestido ladeado, y no podía dejar de mirarte.

Pero es el 12 de abril cuando estalla la «bomba deportiva». Después de una semana de ausencia de contacto por ambas partes, supongo que por miedo o toma de conciencia de que la relación estaba cambiando, me decido a saludarte temprano en la mañana y recibo como respuesta tu propuesta de derivarme a otro profesional de tu equipo porque te sientes unida afectivamente a mí y no quieres perjudicar mi proceso terapéutico. Para mí fue un shock relativo; mirado retrospectivamente, había señales al menos desde antes de Semana Santa, pero no me podía imaginar que alguien pudiera tener interés en una «mercancía dañada» (**damaged goods**) como yo, y menos habiendo visto lo que habías visto en las sesiones. Unas horas después, y sin darle demasiadas vueltas, te propuse quedar para vernos cara a cara un fin de semana en Barcelona y tener una cita. Mi pregunta fue: «¿Te atreverías a quedar conmigo en Barcelona el próximo fin de semana?» y tu respuesta fue inmediata: «Por supuesto que sí».

La verdad es que me sentí liberado, tranquilo e ilusionado al tomar la decisión de vernos, y a partir de ahí empiezan nuestros chats interminables por WhatsApp, un gran cambio en mí teniendo en cuenta que hasta entonces mis mensajes con el mundo eran operativos, escuetos y fríos: «18h, Remolinos, confirma, cambio y corto». No había tecleado tanto en mi vida y el tiempo se me pasaba volando.

Pese a que conocías mis heridas, limitaciones, dudas e inseguridades, te mostrabas con muchas ganas de que llegara el día D, y finalmente llegó. Quedamos en la salida del metro de Barceloneta. Yo había reservado un hotel cerca porque queríamos movernos por esa zona e ir a la playa por la noche. Estaba nerviosísimo, mucho más que en otras citas previas y, además, llegué temprano, así que la espera se me hizo eterna. Fui a comprarte una rosa en El Born y me entretuve mirando unos supercoches de alquiler que había al lado.

Cuando por fin nos vimos, hubo una gran conexión. Salió espontáneamente que ambos nos tomáramos de la mano, nos acercáramos y nos diéramos el primer beso allí, junto al metro. Si alguien nos hubiera estado mirando desde fuera, habría pensado que era una segunda o tercera cita. Paseamos hacia el restaurante sirio al que yo había ido más veces, pero estaba tan nervioso que me perdí un poco. La comida transcurrió con naturalidad y ya estaba claro que había **feeling** *entre nosotros. Volvimos al hotel cogidos de la mano, dando un largo paseo y aprendiendo cosas el uno del otro. Subimos a la habitación e hicimos el amor por primera vez. Tú, con tus complejos físicos, y yo, mostrándome muy prudente y respetuoso, porque no quería que pensaras que lo que buscaba era tener un mero encuentro sexual. Hubo pasión, ternura, comunicación y magia.*

A partir de aquí comienza nuestro periplo emocional, cariño: un sube y baja agotador, pero a la vez la historia de amor más bonita y pura que jamás he vivido. Eres mi compañera, mi amiga, mi confidente, mi amante... y como siempre te digo: mi luz.

Cansancio, desgaste, fatiga:

el peso del agotamiento emocional

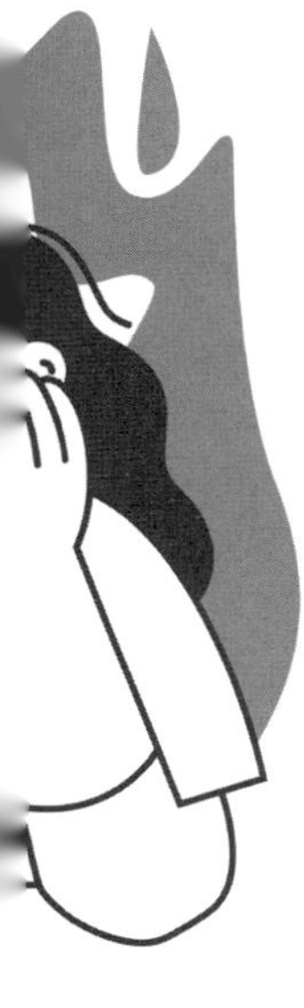

CANSANCIO, DESGASTE, FATIGA: EL PESO DEL AGOTAMIENTO EMOCIONAL

Cuando logras escapar, huir, desprenderte, alejarte o deshacerte —como lo quieras llamar— de un vínculo afectivo insano, la sensación que te acompaña durante un largo tiempo es de cansancio generalizado: una pesadez mental que te desgasta y fatiga hasta la extenuación. Un agotamiento emocional que te abruma y te quita las ganas de intentar tener una nueva relación.

Te desconectas de todo con facilidad, presentas irritabilidad y cambios de humor frecuentes, problemas relacionados con el sueño, dificultad de concentración, una falta de energía constante y comienzas a aislarte socialmente. Si no te soportas ni a ti mismo/a, ¿cómo te van a soportar los demás? Las ganas de exponerte se reducen al mínimo.

En mi caso, lo que más predominaba eran los cambios de humor. Podía levantarme estupenda y, una hora después, sentirme irascible por cualquier cosa que alterara cómo había organizado el día en mi cabeza. Esa falsa seguridad que uno/a siente cuando piensa que tiene todo bajo control. Al principio, achacaba esto a las hormonas, ya que voy teniendo una edad, pero la realidad era que el estrés se había cronificado en mí tras haber sostenido durante mucho tiempo una relación que no me satisfacía. Viví los últimos años como en piloto automático, por inercia, en un día a día insulso que me dejaba «plana». Empecé a notar las consecuencias en mi salud física: mis ojeras se convirtieron en fieles compañeras, subía de peso a un ritmo vertiginoso, el pelo se me caía a raudales, los dolores de espalda me tenían adolorida todo el día, y poner un pie en el suelo cada mañana era toda una odisea. No podía decirse que tenía un trastorno ansioso-depresivo en aquel momento, pero la melancolía, la inapetencia y la apatía se le parecían.

Juan lo notaba, sobre todo, en la desconexión y en los problemas para dormir. Se había acostumbrado a evadirse haciendo cualquier cosa que le obligara a concentrarse por completo: legos, tentes, videojuegos, o reviviendo algún objeto antiguo... Las horas se le pasaban volando, pero robándole tiempo al descanso y al sueño, olvidando muchas veces otras responsabilidades. Su déficit de atención tampoco ayudaba, pero lo que más le pesaba era el agotamiento emocional, el cansancio físico y esa fatiga constante que lo acompañaba cada día. Sentía ganas de dejarlo todo y huir, como si no pudiera aguantar más. Por eso, la irritabilidad le explotaba en la cara y se le notaba por todos lados. Perdía el control, gritaba «¡joder!» para soltar la rabia, daba portazos buscando escapar y liberar tensión, con ganas de romper o tirar lo que tuviera cerca. Las lágrimas, cada vez más frecuentes, aparecían cuando la impotencia y el agotamiento le recordaban que sentía que estaba perdiendo la batalla.

Recuerdo cuando empezamos a encontrar cierto equilibrio en nuestra relación. Por un lado, nos sentíamos más relajados y nos convertimos en un refugio el uno para el otro; pero, por otro lado, era como si nos hubiera pasado un camión por encima. Mi mente me decía: «Ya puedes dejarte caer, estás segura, en casa, protegida. Deja de hacerte la fuerte y trata de descansar, déjate ayudar». Y Juan, por su parte, empezó a tener un sueño extremo. Fueron muchos meses en los que, cuando yo estaba en casa con los niños, él dormía horas y horas, y aun así seguía teniendo sueño. Su cuerpo y su mente estaban tratando de recuperar todo ese descanso que no habían tenido en los años anteriores.

Lo cierto es que es normal que el cuerpo se sienta agotado al empezar a sentirse seguro. Si has estado en un estado de hipervigilancia durante días, meses, años e incluso décadas, tu cuerpo ha estado funcionando con niveles muy altos de cortisol y adrenalina, algo que no debería suceder durante tanto tiempo. Recuperarse, restaurarse y adaptarse a esta nueva sensación de seguridad lleva su tiempo.

Siguiendo con las características mencionadas, podríamos decir que ambos fuimos presentando dificultades de concentración a medida que nuestras realidades nos apretaban: problemas constantes con nuestras exparejas, diferentes maneras de afrontar estas situaciones, etc. Esto hizo que Juan se agobiara muchísimo, sintiéndose sometido a examen, como si no pudiera cometer errores sin ser castigado. Esa presión lo llevaba a equivocarse más a menudo debido a la ansiedad que le generaba la tensión emocional entre nosotros. Por mi parte, empecé a tener problemas de concentración en el trabajo: se me olvidaba anotar cosas en el calendario, mi organización con los plazos de entrega se vio afectada, y tenía que hacer un esfuerzo enorme para seguir las sesiones. Esto me producía un gran sentimiento de invalidez y de inutilidad.

En lo que no coincidíamos era en la sociabilidad. Para él, siempre fue importante; le sacaba de su realidad y le daba ganas de seguir luchando. Lo cierto es que tiene unos amigos maravillosos, a quienes hoy también puedo llamar amigos, y que muchas veces nos han hecho de red para sostenernos. Sin embargo, en mi caso, sucedía todo lo contrario. Yo sí me aislaba socialmente; más allá de las interacciones que tenía con mi familia y mis pacientes, el resto del mundo parecía no existir para mí. No me apetecía estar rodeada de gente ni hablar de mi vida con nadie. Me sentía invadida con cualquier pregunta de interés personal que me hicieran, aunque fuera formulada con la mejor de las intenciones. Hasta tal punto que, cuando empecé mi relación con él, me di cuenta de que, cuando me sentía mal emocionalmente, me metía para dentro como un caracol y no conseguía emitir palabra alguna.

Si tuviéramos que destacar tres emociones predominantes en este proceso de agotamiento emocional, serían la culpa, la vergüenza y el miedo; lo que yo llamo el Triángulo de las Bermudas.

A menudo nos encontramos sintiéndonos rechazados, abandonados, traicionados, humillados o injustamente tratados. Cuando esto sucede proyectamos la culpa o nos culpamos, cuando en realidad debemos poner atención en el sufrimiento que nos genera la situación. Si proyecto la culpa fuera, espero que el otro cambie y si no lo hace me frustro. Si proyecto la culpa dentro, merma mi autoestima, me empiezo a fustigar y no le veo salida. En ambas situaciones me quedo atrapada en el sufrimiento y no logro resolver la herida, en el fondo me aterra tomar consciencia de que está en mí salirme de esa situación.

Yo lo viví desde ambos lados. Por un lado, me sentía culpable por haber sostenido durante tanto tiempo un amor inexistente que solo me condenaba a la infelicidad perpetua. A veces, incluso me sentía así al ver sufrir a mi expareja por la separación, como si no hubiese estado luchando años y años por sacarla a flote, enfrentándome a un iceberg que acabó por hundirme como al Titanic.

Por otro lado, cuando conectaba con mi rabia, empecé a culpar a todo el mundo por lo que me sucedía: a mi familia, por complicar la conciliación con el padre de mi hija durante los primeros años de nuestra relación; a su familia, por haberme excluido como parte de su clan y por hacerme pasar tan mal rato. Un detalle: lo primero que me dijo mi exsuegra el primer día que me vio no fue un «hola», sino: «¿tú cuánto pesas?». Ese fue el nivel del que partí. Un nivel que se fue agravando con el tiempo cuando empecé a poner límites al abuso económico que sufría por parte de ellos. Recibí un mensaje de la hermana pequeña de mi exmarido que decía: «Vales menos que la mierda que me limpio del culo cada vez que voy a cagar. Mi hermano te encontró en la calle y ahí es donde perteneces». ¿El motivo de tal respuesta? Negarme a pagar un billete de avión de más de mil euros para que sus padres fueran a verla a Suiza, sin pasar por España para verle a él, que hasta donde yo sé, también era su hijo.

Culpaba también a la economía, a la sociedad, al vecino que se me cruzaba por la calle... Y, por supuesto, llegué a culpar a Juan por no entenderme, por no hacer las cosas como yo esperaba, por repetírselas e ignorarlas, según yo. No me aguantaba ni a mí misma y empecé a caer en picado, tan en picado que una noche, tras una discusión que yo misma había provocado y que él aguantó como un jabato desde el otro lado del ordenador, me pareció una brillante idea tomar varios Lexatin y Lorazepam para relajarme y dormir. Me sentía culpable de haberle hablado mal; él estaba luchando enormemente por sanar sus heridas y por nuestra relación. La realidad era tremendamente compleja: acoso constante de Otto, un muro de silencio de Gandhi... pero mi sufrimiento, mi dolor, mi desesperanza a no ver salida al final del túnel me decían que no era suficiente.

Así que recuerdo entrar a la habitación de mi hija a pedirle perdón. Ella dormía, y le dejé una nota a Juan en la almohada diciéndole que recordase que siempre sería el amor de mi vida. No sabría decirte si fue un acto autolítico demasiado consciente o un «ya no puedo más»; en mi mente, todo se agolpa de manera muy borrosa. Por inercia, escribí a Juan y le dije que por favor me prometiese que iba a cuidar de mi hija, que me había tomado unas pastillas para descansar y que, si me pasaba algo, había dejado la puerta de casa con la llave sin echar para que por la mañana la canguro pudiese entrar.

Juan, aterrado, me escribió: «Pero ¿qué has hecho?». Luego, recuerdo que empezó a sonar el teléfono fijo de casa, era él llamando porque yo no respondía a mi móvil, que siempre tengo en silencio. No sé muy bien lo que le dije, él me cuenta que mi voz no se entendía, que no sabía si estaba hablando con la niña o conmigo, así que colgó y llamó a la Tata, que vive a cinco minutos y tiene llaves de casa.

Recuerdo cuando ella abrió la puerta: yo estaba tirada en el sofá, con un ataque de llanto y unas ganas horribles de vomitar. Ella me empezó a abrazar, a hablarme para que no me durmiese, a secarme las lágrimas. Como a los cuarenta minutos llegó Juan, trabaja en un hospital a 50 km de casa; se ausentó de la guardia, cosa que le pudo costar su carrera, y llamó a una ambulancia. Me llevaron al hospital, me pusieron una sonda nasogástrica y me dejaron ingresada para ver mi evolución. Fue una experiencia terrible, que se sigue agolpando en mi cabeza cada vez que me siento desbordada, pero que me ayudó a tomar conciencia de que no podía seguir así, de que tenía que seguir luchando por mí, por mis hijos y por mi relación. También me hizo ver que tengo una pareja maravillosa, que me quiere con locura, y unos amigos que valen oro, a los que siempre estaré agradecida.

En Juan, la culpa se manifestó en forma de «lo siento». Cada vez que le comentaba algo que no había gestionado bien, no como reproche, sino como identificación de problemas que necesitábamos abordar para encontrar el bienestar emocional que ambos necesitábamos, él se colapsaba emocionalmente. Se llevaba los brazos a la cara en forma de cruz, como si le estuviese agrediendo, y llorando repetía muy rápido y seguido: «Lo siento, lo siento, lo siento». La primera vez que vi esa reacción, me impactó; era un claro síntoma de haber sido un hombre maltratado. Le pregunté si Otto le había pegado alguna vez, y él me dijo que no, aunque gente de nuestro entorno me confirmó que Otto sí le había lanzado cosas y le gritaba de manera agresiva y constante, hasta quedar afónica.

Cuando le conocí, tendía a ser una persona que se culpaba de todo, herencia de las experiencias que él mismo ha relatado en su carta. Hoy en día ya no lo hace tanto, y digo «tanto» porque de vez en cuando aún colea por ahí ese rescoldo que le recuerda que debe seguir trabajando en su amor propio.

Solo le he visto proyectar la culpa en los demás cuando me ha visto sufrir con todos los abusos, provocaciones e insinuaciones que Otto me hacía a mí o a mi hija, o cuando me sentía impotente y hundida al ver que el proceso de divorcio y custodia de mi pequeña no avanzaba por culpa del silencio de Gandhi. Por eso, me vi obligada a demandar, lo cual me daba terror porque quería evitarle a mi hija que tuviese que testificar. Sentía que tenía una espada de Damocles sobre la cabeza, que iba a determinar lo que sería mi vida a partir de ese momento. Esto me generaba una angustia terrible.

Y de la culpa pasamos a la vergüenza.

La herida más predominante cuando la vergüenza hace acto de presencia es la del rechazo, ya que esta emoción está relacionada con la sensación de no sentirme digno/a de mí mismo/a. Es decir, es una reacción emocional que afecta nuestra esencia. Aunque yo no la he experimentado de forma acusada durante este proceso de reconstrucción personal y emocional, la vergüenza ha sido una de las emociones más predominantes en el discurso de Juan. Frases como: «siento que no te merezco», «no sé por qué estás conmigo» y «sigo sin entender por qué me quieres cuando has visto lo peor de mí» eran habituales, sobre todo cuando me hablaba conectado con el miedo a perderme o embriagado por su amor hacia mí, cuya intensidad le hacía dudar a veces de cómo manejarlo, gestionarlo, expresarlo o demostrármelo para que no me cupiese duda alguna de lo mucho que me quiere. Necesitaba reafirmarse muchas veces preguntándome: ¿eres feliz?

Ambas emociones, culpa y vergüenza, son limitantes en cuanto al concepto que desarrollamos de nosotros mismos. Sin embargo, la culpa resulta menos destructiva, ya que nos aporta una sensación de esperanza y nos brinda la oportunidad de modificar nuestro comportamiento. En cambio, la vergüenza, al guardar relación con la destrucción de nuestro ser, supone un ataque interior enorme que nos hace sentir menos, pequeños, inválidos y, como te he comentado antes, indignos.

Si recuerdas parte del relato de Juan, se puede ver que la vergüenza lo ha acompañado desde niño: sentía que era diferente a los demás por sus altas capacidades, sin asumir que las tenía, y pensaba que las notas se las ponían solo porque era hijo de profesores muy valorados. También se sentía invisible para las mujeres, ya que no logró establecer relaciones hasta cuarto de carrera. Además, menospreciaba logros como tener dos artículos científicos en publicaciones internacionales, uno de los cuales generó la clasificación europea de un tipo de hernia, al verse trabajando en un hospital comarcal. Sin embargo, como le han dicho algunos de sus compañeros: «Haces la misma labor aquí que en cualquier otro hospital; al final, curas a personas y mejoras su calidad de vida».

O, como yo le he preguntado muchas veces para que reflexionara: «¿Te gusta el trabajo que haces?» «Sí». «¿Te irías a trabajar a otro sitio?» «No, necesitaba un lugar más pequeño para quitarme presión, porque si no, mi cabeza iba a estallar. Esto también me permite tener una mejor conciliación familiar, y estar con vosotros es muy importante para mí». «Entonces estás donde tienes que estar, mi amor» le respondía yo.

En ocasiones, es más la creencia limitante que nos impone la sociedad o nuestro entorno—la idea de que tenemos más nivel y que lo estamos desaprovechando—que la certeza de reafirmarnos en que esta es la vida que quiero vivir. Tenga el nivel que tenga, lo importante es sentirse alineado y coherente con uno mismo. Hoy en día, tanto él como yo podemos decir que estamos donde queremos estar, vivimos con quienes queremos vivir y nos sentimos mejor que nunca, porque por fin estamos construyendo nuestro camino de dentro hacia afuera, priorizándonos y acompañándonos sin anularnos el uno al otro.

Y llegamos al túnel del terror, al tren de la bruja, al cuarto oscuro: el miedo. Esa emoción primaria que responde a nuestros instintos desde que nacemos, cuya función es adaptativa, evolutiva y de supervivencia. La que nos advierte de que se avecina un peligro. Pero ¿qué sucede cuando ese peligro no es real, sino que solo está en nuestra cabeza? Que entonces se transforma en ansiedad, y no hay nada más incapacitante para la mente que sentirse acorralada y sin escapatoria.

Cuando hemos estado años sometidos a relaciones insanas, los miedos se nos presentan de múltiples formas: unos son básicos (o fundamentales), asociados a la situación que en ese momento se está viviendo; y otros son anticipados, vinculados al pánico, la angustia, el temor o las dudas sobre si el resultado que esperamos será el que finalmente obtendremos.

En realidad, no tenemos miedo de los demás. El miedo siempre es hacia nosotros. He escuchado a Juan decirme infinidad de veces: «Tengo miedo de no ser suficiente para ti» o «Miedo de fallarte y que me dejes». A lo que yo le respondía que su verdadero temor era fallarse a sí mismo. Le costó entender que esa sensación interna partía de la valoración que hacía de su propia persona. Trataba de ayudarle a reafirmarse, haciéndole ver que lo que realmente buscaba era el coraje necesario para afrontar sus temores, pero que para lograrlo debía mostrar previamente su vulnerabilidad. Soltar ese control le costaba la propia vida.

Una «muletilla» muy recurrente en él era: «muchas veces se confunde cobardía con prudencia». La usaba cuando la gente que lo quería, incluida yo, le decía que debía poner límites claros a Otto y no dejarse pisotear ni manipular. ¿Estábamos todos equivocados o realmente él era incapaz de reconocer que le tenía miedo?

Si le preguntas directamente, te dirá que depende del momento de su vida en que se le formulase la pregunta. Durante muchos años le tuvo pavor: sus reacciones desproporcionadas, sus gritos, sus amenazas veladas, sus castigos cuando las órdenes no se acataban como ella quería, y todo el desquicie emocional que esto le suponía, le hacían sentirse impotente frente a alguien que parecía dominarlo completamente. El miedo lo paralizaba, haciéndole sentir que cualquier intento de resistencia solo empeoraría las cosas.

No obstante, unos meses después de comenzar nuestra relación, cuando empezó a reorganizar su vida—recuperando su casa y firmando una mejor opción de custodia de los niños por semanas—, te diría que no era cobardía, sino prudencia. Elegía esa estrategia con la esperanza de poder establecer en el futuro los límites que tantas veces le pedí, debido a las situaciones que tuve que soportar durante mucho tiempo con Otto. Situaciones como mojarme todo el Pavistamp de casa, el jardín y mi coche cuando venía a dar de comer y pasear a

Troya; mandar a la canguro con arroz, pan y pasta para que cocinase en mi cocina porque no quería que sus hijos comiesen mi comida; quedar atónita cuando esta misma chica entró a la habitación de mi hijo para fotografiar el contenido de uno de sus cajones y demostrar así que ahí no se encontraba ninguna lista de órdenes que él debía memorizar y cumplir, tal y como me acusaba Otto; indicarle que tirase las zapatillas que le habíamos comprado a nuestra hija pequeña porque no las consideraba adecuadas y las veía horteras, remarcando su frase: «no son de mi estilo»; tener conversaciones con cualquiera que la quisiera escuchar, que cada vez eran menos personas, donde se le llenaba la boca diciendo que no pararía hasta sacarme de esa casa; arrancarme de las manos, de forma violenta, la mochila de su hija y su peluche de Mickey durante un intercambio de niños en la puerta del campus de verano; o, el colmo de los colmos, pedir a los monitores del campus que estuviesen pendientes de si su hija tenía moratones en su cuerpo, porque esta le había dicho que yo la pegaba —cosa que era totalmente incierta, ya que no solo nunca golpeé a mi pequeña, sino que ella misma decía a la gente que yo, su «mamami», nunca le había puesto una mano encima—.

Fue un infierno que duró meses, pero que finalmente logramos enfrentar cada uno a su manera. Él, acorralándola un día en casa, aprovechando que venía a ver a la perra y no esperaba encontrarlo ahí, comenzando la conversación con un: «Ciara ha venido para quedarse» y un «deja de molestar a mi familia». Y yo, con una conversación de WhatsApp, recordándole que no soy Juan y que, si volvía a insinuar que maltrato a alguno de sus hijos, tendría que demostrarlo en un tribunal.

Aunque Juan me decía que, si tuviera que ponerle un título a su vida, este sería «vivir con miedo», yo tampoco me quedaba atrás. Mis miedos estaban relacionados con la angustia de perder la vida que proyectaba en mi mente y que deseaba con todas mis fuerzas: una vida tranquila, con Juan y los niños, en la que pudiéramos disfrutar unos de otros, apoyarnos y, por fin, entrar en un periodo de calma, tranquilidad y paz interior. Quizás suene a cuento de hadas, pero quien no sueña no tiene la posibilidad de alcanzar aquello que desea. Sin embargo, a diferencia de lo que dice el dicho popular, soñar no es gratis. Ver esa imagen de tu vida ideal y, al mismo tiempo, sentir que te la arrebatan cruelmente, arrancándotela de las entrañas, es algo muy doloroso.

Los ataques de Otto dejaron de importarme en cierto momento; tenía algo mucho más importante que enfrentar: el juicio por la custodia de mi hija. Aunque todo el mundo me decía que el proceso judicial de Gandhi sería muy breve, ya que no tenía argumentos sólidos para sostener su acusación de alienación parental, a mí me aterraba la idea de que el juez decidiera que no podía mudarme para vivir con mi familia, dado que el nuevo domicilio estaba a 180 km de Barcelona. Tenía todo lo que había soñado al alcance de la mano: una pareja maravillosa, unos hijos adorados, nuestras respectivas familias encantadas con nuestra unión, estabilidad laboral por ambas partes y los mejores amigos del mundo. Todo pendía de un hilo por el egoísmo de un padre que no quería asumir la custodia de su hija ni los gastos que implica su crianza, pero sí verla cuando a él le convenía.

Le puse todas las facilidades del mundo: asumía todos los gastos, le garantizaba el desplazamiento y la estancia los fines de semana o vacaciones que le correspondiesen, le ofrecí un trabajo en el lugar donde íbamos a vivir, uno que además le permitiría tener la custodia compartida de su hija y mejorar su calidad de vida. Considerando que él no tenía ningún tipo de arraigo en Barcelona, pero sí en la zona donde nosotras nos mudaríamos, dado que su familia veraneaba allí cada verano, parecía una opción perfecta... pero nada de eso surtió efecto. Su única intención era impedir que nos mudáramos.

Nuestra hija se lo pidió por activa y por pasiva, cada vez que lo veía, cada vez que hablaba con él por teléfono, incluso le grabó un vídeo llorando desconsoladamente, rogándole que la dejara ser feliz, que tenía una nueva familia, pero que lo seguiría viendo cuando le correspondiera porque también lo quería a él. Ese vídeo nunca obtuvo respuesta de su parte.

Todo esto me tenía sumida en un estado constante de miedo y ansiedad. Los ataques de llanto eran cada vez más frecuentes, me mareaba con regularidad, mi cuerpo se debilitaba, los dolores de cabeza eran insoportables y mis cambios de humor tan marcados que Juan me decía que me transformaba. Como resultado, terminé cayendo en una depresión de la que aún estoy recuperándome. Sin embargo, aprendí que, a veces, es necesario atravesar la barrera del miedo para poder apreciar la belleza que existe al otro lado. En nuestro caso, había una luz brillante y una energía maravillosa por la que estábamos dispuestos a luchar con uñas y dientes.

Al final, cada una de las heridas que vamos a trabajar contigo en este libro está basada en los miedos, por lo que profundizaremos en ellos a medida que las abordemos, ofreciéndote también soluciones a los mismos.

Patrones de comportamiento y creencias de los que resulta difícil escapar

PATRONES DE COMPORTAMIENTO Y CREENCIAS DE LOS QUE RESULTA DIFÍCIL ESCAPAR

¿Quién soy? Dos palabras, una pregunta. Quizá la más difícil de responder. Dicen que conocerse a uno mismo es una de las tareas más complicadas e incómodas, pero es la única capaz de abrir todas las puertas.

¿Te acuerdas del programa *Un, dos, tres... Responda otra vez*? Si no te resulta familiar, fue un programa mítico de la televisión española que se emitió durante más de cuatro décadas. Era un concurso que combinaba juego, entretenimiento, humor y cultura popular.

Los concursantes, que participaban en parejas, eran invitados a presentarse respondiendo a la pregunta: «Díganos, ¿quiénes son?». Ellos solían decir cosas como: «Me llamo Ciara, tengo 46 años, vivo en Barcelona y soy psicóloga».

No es tan diferente de cómo nos presentamos hoy en día, ¿verdad? Que se lo pregunten a los usuarios de las aplicaciones de citas: ¿cómo te llamas?, ¿edad?, ¿altura?, ¿peso?, ¿trabajas?... Solo les falta pedir el documento nacional de identidad (risas).

Pero todas esas respuestas... ¿definen realmente quién soy? La verdad es que no.

No eres una edad, un peso o una estatura. Tampoco eres un sexo, un género o una profesión.

Eres la canción que te pone la piel de gallina, la sonrisa que te recuerda un domingo soleado de invierno, los nervios en el estómago cuando lo tienes delante, las lágrimas que brotan cuando apagas las luces y sabes que no volverá, la carcajada que se escapa sin pensar y el abrazo del que nunca querrías soltarte.

Eres todo lo que sientes, y sientes todo lo que eres.

Sencillo, ¿no? Y, sin embargo, ¿por qué nos cuesta tanto responder a esta pregunta? Porque la mayoría de las veces es nuestro pensamiento el que nubla lo que sentimos. Aquello que pensamos tiene tanta fuerza y tanta voz que termina imponiéndose sobre todo lo demás y lo acabamos proyectando en nuestra conducta.

Al estar «diseñados» para sobrevivir, priorizamos nuestra atención en lo negativo antes que en lo positivo, a través de la identificación de peligros y la activación del mecanismo de lucha o huida, según la evaluación que hacemos de esos peligros. Por tanto, cuando te encuentras atrapado/a en ese huracán emocional que gira una y otra vez sobre las mismas heridas, los mismos miedos, hábitos, costumbres y creencias limitantes, resulta difícil sentirte bien.

Se nos olvidan los pequeños placeres: la sonrisa que se nos escapa, el sabor de nuestra comida favorita, el café por la mañana, el olor a tierra después de la lluvia, el descanso al llegar a casa y quitarnos los zapatos... Hay tanto que nos define y tan poco que creemos que lo hace.

Tú eres un cuerpo de carne y hueso, tienes cinco sentidos y una mente, pero no eres solo tu mente; eres mucho más: eres consciencia.

Tú eres quien elige, tú eres quien decide, y lo haces desde dos planos: la Mente Consciente y la Mente Subconsciente.

Nuestra **Mente Consciente** es la que decide qué hacer. Decide por dónde ir, a quién llamar, qué ropa usar, qué planificar durante el día, qué almorzar, etc. Esta mente consciente es la que conversa, disfruta de un libro, reflexiona...

Por otro lado, nuestra **Mente Subconsciente** se encarga del funcionamiento de nuestro cuerpo. Es la responsable de que cada órgano funcione correctamente. Cada vez que aprendes a hacer algo y luego lo realizas automáticamente, como si no lo pensaras, es tu mente subconsciente la que lo hace.

En palabras del reconocido investigador en biología celular Bruce Lipton, el 95 % de nuestro cerebro es subconsciente, mientras que solo el 5 % es consciente.

«Generalmente creemos que dirigimos nuestras vidas con nuestros deseos y aspiraciones, pero la neurociencia revela un hecho sorprendente: nuestra mente consciente creativa solo dirige nuestras vidas en un 5 %. El 95 % del tiempo, nuestra vida es controlada por las creencias y hábitos que están programados en nuestra mente subconsciente».

Es decir, nos encontramos ante un procesador de información un millón de veces más rápido que la mente consciente: la mente subconsciente. Está operativo desde el mismo instante de nuestra concepción y guarda todas nuestras percepciones acerca de la realidad. En base a ellas se construyen nuestros Hábitos y Creencias.

¿Te das cuenta de lo importante que es, entonces, identificar esos patrones de comportamiento y creencias que arrastramos de relaciones anteriores y que inciden e influyen directamente en la construcción de una nueva relación que pretendemos que sea sana y consciente?

HÁBITOS Y COMPORTAMIENTOS: SU IMPACTO EN NUESTRAS RELACIONES

Cuando adoptamos hábitos, costumbres, conductas o patrones de comportamiento, como queramos llamarlos, basados en heridas emocionales pasadas, estos repercuten negativamente en la nueva relación que pretendemos forjar de manera sana y saludable. El deterioro de la confianza, los problemas de comunicación, la afectación emocional, los ciclos de conflicto, la dependencia emocional, el distanciamiento o el impacto en otras áreas de nuestra vida son algunas de las características menos ventajosas con las que solemos toparnos.

Voy a centrarme en aquellos aspectos que, en mi opinión, nos cuesta más reconocer. Esto puede deberse a que los hemos automatizado tanto que no somos conscientes de que los llevamos a cabo, o bien a que nuestra inseguridad, miedo, baja tolerancia a la frustración o un pobre concepto de nosotros mismos/as nos bloquean hasta límites insospechados.

Reacciones inmaduras: los berrinches adultos

Cuando leemos la palabra «berrinche», inmediatamente nos viene a la cabeza un niño de tres años tirado en el suelo del supermercado, pataleando y gritando con todas sus fuerzas, como si no hubiera un mañana. ¡Qué maravillosa etapa del desarrollo de nuestros pequeños!, ¿verdad? ¿Tienes prisa y el niño te monta una escena? No pasa nada: paras, respiras, te tomas una tila y sigues. Que se noten esas clases de yoga y mindfulness, sí señor. «Por fin voy a sentarme a comer algo caliente... ¿Quién va a llamarme como una poseída en cinco segundos?» ¡Claro que sí, mi adorada hija, que tanto quiere a su mamá! ¿Y quién se va a negar a ponerse la ropa que le has comprado con toda la ilusión y el sudor de tu frente? Papá, porque es tan generoso que le encanta hacer ricos y felices a los dueños de los grandes almacenes.

Pero bueno, ¿quién necesita tranquilidad, tiempo libre o cordura cuando tienes todo esto? ¿Recuerdas la variable TSN (tiempo sin niños) de Juan? Pues ahí tienes la respuesta.

Mira que nosotros estamos bien entrenados: tenemos tres preciosas pirañas que nos retan de maneras insospechadas. Pero ¿quién dijo que los berrinches son solo cosa de niños? En la edad adulta también tenemos nuestras «reacciones emotivas», siendo algunas de las más comunes:

› **El cierre emocional o la Ley de hielo.** Esa «maravillosa» estrategia del silencio ante cualquier intento, en vano, por parte de tu pareja de establecer una conversación, que se traduce en boca cerrada, mirada asesina, giro de cabeza y a otra cosa, mariposa. El sentido del humor siempre suaviza las tensiones, ¿verdad? Pero ahora en serio: se trata de cerrarnos y dejar de compartir nuestros pensamientos o sentimientos. A veces lo hacemos como una forma de castigar a nuestra pareja, haciéndole ver lo enfadados que estamos con ella; otras veces, como es mi caso, simplemente se me cierra por completo el «chakra» de la garganta. Es como si me quedara bloqueada y no pudiera emitir palabra alguna. Siento como si tuviera una mordaza que me impide comunicarme con él en ese momento, aunque por dentro esté gritando: «escúchame, léeme la mente, ¿entiendes lo que me está pasando?». Pero claro, adivino o mentalista aún no es.

  Esto Juan lo lleva muy mal; le genera una ansiedad tremenda y, como él mismo dice, le lleva a cometer «aún más errores» en la comunicación o en sus acciones, mostrándose todavía más torpe en la gestión emocional al verse superado y sin recursos que le ayuden a sacarme de ese estado de trance transitorio en el que me sumerjo. Solo consigo mirarlo a los ojos, quedarme clavada en su mirada, sin que se me salten ni las lágrimas, como si fuera un muñeco de cera, inmóvil y vacío, sin rastro de emoción ni pensamiento.

› **Decir que todo está bien, aunque tu actitud ha cambiado y no tienes intención de modificarla hasta que te den la razón**. En nuestro caso, más que buscar que el otro nos dé la razón, se trata de no reconocer que algo nos ha molestado o de temer explotar de una manera que no nos gustaría que nuestra pareja recibiera, como un golpe directo en un saco de boxeo. Así que el recurso de decir «todo está bien» fue muy socorrido al inicio, cuando aún no conseguíamos encajar esas piezas del puzle entre tantas heridas abiertas.

- **Arremetes contra todo lo que se te pone por delante, como un desquite o un alivio temporal de la frustración, lo cual poco soluciona**. En mi caso, en alguna ocasión he recurrido a dar un portazo como descarga de adrenalina, lo que a veces me ha llevado a disgustarme aún más por tener que reparar las consecuencias de mi impulso. Lo llaman karma. En el caso de Juan, este berrinche ha sido uno de los más frecuentes; su baja tolerancia a la frustración, especialmente bajo tensión emocional, le ha jugado muchas malas pasadas, resultando en una falta de control de impulsos: portazos, lanzar el mando a distancia hasta romper la pantalla de la televisión, o el episodio de los *tuppers* que él mismo narra en su carta... Y es que reprimía tanto para no estallar, que terminaba explotando de la peor manera.

- **Reacciones desproporcionadas.** Te alteras excesivamente por detalles pequeños, llevando la discusión a un nivel mucho más serio de lo necesario. Si bien Juan sobredimensiona las cosas cuando conecta con sus miedos, sobre todo el de perderme, llegando a gesticular como si se le estuviese cayendo el mundo encima, resoplar o lanzar expresiones al aire a modo de desquite. Este berrinche es más mío; me genera mucha frustración sentir que tengo que explicar las cosas mil veces y la otra persona sigue sin entenderlas. Hemos discutido muchas veces en situaciones como estas, donde yo le pedía que pusiera límites a Otto y él no entendía por qué debía hacerlo en muchas ocasiones. Me decía cosas como: «¿Y qué quieres, que la insulte? ¿Entiendes que el "enemigo" es mucho más fuerte que yo en ese sentido, y si entro en su mismo juego voy a perder la batalla?». Esas respuestas me desquiciaban, porque trataba de decirle que no tenía que insultar ni perder las formas, sino simplemente dejarle claro que no toleraría ni una manipulación más por su parte. Pero Juan tiene tanta bonhomía que, a veces, de bueno que es, resulta ingenuo.

  Por ponerte un ejemplo: un día, a la hora de cenar, Otto llama a sus hijos para saber cómo les ha ido el día. Habla, literalmente, menos de un minuto con el mayor, porque la pequeña nunca se quiere poner con ella, y empieza a decir que le pase el teléfono a Juan, que quiere hablar con él. Nosotros estábamos haciendo la cena y aproveché la situación para decirle a Juan que una buena manera de empezar a poner límites es decirle que ahora no puede, que ya le llamará en otro momento. ¿Por qué? Porque ella siempre utiliza las llamadas en directo e imprevistas para soltarle cualquier cosa relevante; él se pone nervioso, luego las olvida y ya tenemos un pollo al canto una vez más. Total, que Juan dice en voz alta, para que ella lo escuche, que está con la cena y ahora no puede, y ella empieza a decirle que de eso nada, que se ponga inmediatamente. Miro a Juan con una mirada de esas que te están gritando «ni se te ocurra» y él le repite que está haciendo la cena. Entonces ella empieza a contarle al niño lo que se supone que le tiene que decir al padre. Es decir, por sus narices tenía que hablar en ese momento y le importó bien poco utilizar a su hijo. Así que yo, ni corta ni perezosa, para proteger a mi pequeño y a Juan, colgué ese teléfono, ya que ambos se empezaban a agobiar y no sabían cómo pararla. Me sentí orgullosa de defender a los míos, y, por unos pocos minutos, orgullosa de que Juan al menos intentase no transigir a sus órdenes. Pero me duró poco el orgullo porque, tan solo diez minutos después, le mandó un mensaje disculpándose por no haberse puesto.

Otro día veníamos de Tarragona en coche después de un largo día de compras. Estábamos agotados, los niños ya cansados, y en esas llama Doña Otto, siempre tan oportuna. Mi hijo le dice que están en el coche, que la llama en diez minutos porque estamos llegando a casa, y ella le dice a Juan que no, que pare el coche ahora mismo, que es el tiempo de ella con sus hijos. ¿Y qué hizo Juan? Exacto, acertaste, paró el coche en la cuneta y dejó que ella hablara minuto y medio con sus hijos, porque sus conversaciones no dan para más. Hay que aclarar que en otras ocasiones nos manda mensajes diciendo que no hace falta que hable con ellos todos los días, que si la estamos controlando, que no la molestemos en todo el fin de semana que se va con su «mosso empotrador», palabras textuales.

› **Te muestras harto/a y no cedes ante ningún argumento.** Tampoco te interesa escuchar lo que te tienen que decir. En este aspecto, también me reconozco: cuando conecto con la herida de la injusticia, me vuelvo rígida, intransigente, terca y cabezota. Cuando estoy enfadada, necesito que me den mi espacio; sin embargo, a Juan le pasa todo lo contrario: necesita hablar las cosas en el momento para encontrar soluciones.

Es por eso por lo que me voy poniendo cada vez más rígida a medida que él va acortando el espacio. Me siento invadida, no escuchada ni respetada, y cada vez respondo de una manera más brusca, reafirmando con ello mi argumento. Me vuelvo sorda; siento tanta rabia contenida que no quiero escuchar nada de lo que me tenga que decir. Él, pobre, se va, pero no aguanta más que unos minutos y vuelve a intentar hablar, lo que convierte mi cabeza en un volcán a punto de erupción, hasta que suelto un «déjame en paz» o un «que te vayas».

Después, rompo a llorar como una desconsolada, empiezo a destensionar, y él vuelve a mí con todo el amor del mundo, abrazándome fuerte y diciéndome: «estoy aquí contigo», «no me alejes de ti», «sé que tienes depresión, pero no estás sola», «sé que puedes, pero eso no quiere decir que no te dejes ayudar». La verdad es que tengo una pareja maravillosa: ni perfecta ni ideal, pero desde luego es la mejor persona que he conocido en el mundo. Me siento muy orgullosa de él, porque sé lo difícil que le ha resultado aprender a gestionar sus emociones y sostener las mías, que puedo ser un hueso duro de roer.

› **Haces gestos de desagrado o pones los ojos en blanco.** Aquí no soy consciente de que lo hago, pero él siempre me dice que sí. Identifica claramente, a través de mi expresión, cuándo me choca lo que me está diciendo, ya sea porque no lo comparto o porque me molesta la forma en que él lo interpreta o gestiona. Dicen que la mirada es el espejo del alma; por lo visto, la mía es bastante transparente.

› **Te pones en el papel de víctima**, diciendo cosas como, en mi caso: «¿acaso has pensado en todos los sacrificios que he tenido que hacer?», tratando de evitar asumir tu parte de responsabilidad en el conflicto que se está dando en ese momento entre vosotros. En el caso de Juan, esto es mucho más notable: «siempre hago las cosas mal», «ya sé que todo es culpa mía», «no sé qué más hacer, solo trato de buscar soluciones, pero no doy una, nunca acierto», «soy un retrasado emocional». Lo que no es cierto es que lo haga para no asumir su responsabilidad; más bien, quiere asumir toda la culpa y siempre se pone a él en último lugar.

› **Utilizas el sarcasmo o la ironía tratando de esconder tu verdadero enfado.** Esta actitud pasivo-agresiva puede hacer que la otra persona se sienta atacada o menospreciada. Este patrón de comportamiento, que Juan había adoptado desde su relación con Otto, se manifiesta, por ejemplo, en su respuesta: «sí, mi sargento», cada vez que ella le daba una orden o «por favor, conteste a la pregunta, señora fiscal», cuando ella se calla y deja las conversaciones a medias. Sin embargo, no solo lo hace con ella; es un mecanismo de defensa que utiliza con frecuencia cuando se siente ante una situación que le genera tensión emocional. Por ejemplo, dice: «la estrategia es no dejar descansar al enemigo» cuando se siente saturado ante la alta demanda de nuestra pequeña «Chucky» o «Me voy a Ucrania de vacaciones» cuando se siente sobrepasado.

› **Cambias de tema abruptamente para evitar enfrentar la situación que te molesta**. Esto es muy típico de Juan; cada vez que se agobia con algo, intenta hablar de cosas banales, como si eso pudiera distender la conversación. Él dice que eso le ayuda a relajarse; sin embargo, a mí me pasa todo lo contrario: me siento peor porque creo que no se toma en serio lo que le estoy diciendo o que simplemente pasa de escucharme.

Esta es una estrategia que utilizaba con Otto, heredada de la forma en que sus padres gestionaban sus propios enfados: irse, tomar aire y volver, obviando lo que había pasado, esperando que ella estuviese menos tensa. Sin embargo, esta estrategia a veces la ha llevado a extremos que nos han causado algún que otro disgusto.

Recuerdo una noche en la que discutimos, una vez más, por alguna de las situaciones provocadas por «el enemigo», cuya causa ya ni recuerdo entre tantas. Lo que sí recuerdo es que yo empecé a desmaquillarme para irme a dormir y vi que él se estaba poniendo ropa de calle. Le pregunté: «¿Dónde vas?» y me respondió que se iba al piso de alquiler que tenemos cuando hace guardias en el hospital o no tiene niños esa semana. Es decir, que se iba a 50 km de casa a casi las doce de la noche, para trabajar al día siguiente y regresar tras su jornada laboral.

Entré en cólera, no daba crédito, y él no entendía por qué me había enfadado. Argumentaba que me estaba dando espacio, que no quería discutir, que solo buscaba la manera de que nos calmásemos y abordar la conversación desde la tranquilidad. Si un dibujante de cómic me hubiese caracterizado en ese momento, lo habría hecho con mi cabeza incendiada y mis músculos tensos a punto de explotar. No paraba de decirle: «¿Te quieres ir? Pues vete», mientras le gritaba. Y él me decía: «Si no quieres que me vaya, no me voy». Uff, un bucle horrible que solo de recordarlo ahora, me hace sentir una fuerte tensión en la espalda y se me saltan las lágrimas. De verdad que lo hemos pasado fatal en este proceso de adaptación. Nos ha sostenido el amor que nos tenemos, pero no ha sido nada, nada fácil.

› **Comparaciones injustas**. Dices cosas como «siempre haces esto, nunca piensas en mí», exagerando la situación para que el otro se sienta mal. Aquí nos hemos resentido mucho ambos. Aunque intentamos con todas nuestras fuerzas no hacer comparaciones con nuestras relaciones anteriores, cada vez que conectábamos con alguna de nuestras heridas, estas salían casi en automático.

Yo le decía muchas veces que él me hablaba o se comportaba conmigo como lo hacía con ella. Por ejemplo, no mantenía los planes ya concretados porque estaba acostumbrado a que se los cambiasen cada quince minutos. Huyendo de la conversación, él repetía la misma dinámica que había aprendido para calmarla y empezar de nuevo como si nada. Decía, casi en piloto automático, «vengo» cada vez que escuchaba a alguno de los niños, como si fuese un tema que le concernía, cuando a lo mejor simplemente estaban jugando. Esto se debía a que ella no permitía ruido ninguno en casa, lo que le hacía estar en una constante hiperalerta.

En mi caso, cuando él entraba en modo resolución de problemas, conectaba con la herida del abandono, ya que había tenido una pareja que solo atendía las necesidades de mi hija, olvidándose de mí. Entonces le decía a Juan que eso ya lo había vivido una vez y que no pensaba volver a experimentarlo en una relación. Sin embargo, él se desvivía por estar presente, lo hacía lo mejor que sabía y podía. Aun así, me sentía tan mal que pensaba que no era suficiente. Cuando lograba calmarme, me sentía aún peor por no haber validado el gran esfuerzo que hizo por mantener a flote nuestra relación, sobre todo en la etapa en la que yo entré en depresión.

Menos mal que en esto siempre hemos estado compensados. El día en que uno estaba mal, el otro estaba bien para sostenerlo y viceversa. En raras ocasiones hemos estado mal el mismo día, y ese sí ha sido la hecatombe. Aún no sé ni cómo hemos sobrevivido, pero aquí estamos, tratando de alumbrar la oscuridad de otros que estén pasando por algo parecido a lo que vivimos nosotros.

¿Podemos entonces concluir que los berrinches son nocivos para nuestra salud emocional? En absoluto. Te muestro algunas de las «sumas» que Juan y yo hemos encontrado en ellos:

› **Favorecimiento de la expresión emocional.** Al expresar abiertamente lo que sentimos, aun corriendo el riesgo de no ser bien recibido por parte de nuestra pareja, nos brindamos la oportunidad de ser escuchados, entendidos o, al menos, respetados. Esto nos permite poner en práctica nuestro nivel de compromiso con la relación y comenzar a buscar soluciones, ya sean individuales o conjuntas; ambas contribuirían a la construcción saludable de la unión.

› **Clarificación de necesidades.** A través de un berrinche, a menudo poníamos de manifiesto necesidades o deseos no expresados, ya sea porque no los habíamos sabido identificar o porque nos costaba decirle al otro lo que queríamos por temor a que se molestase. Recuerdo, sobre todo, que Juan temía pedirme espacio porque pensaba que yo tomaría ese espacio como un insulto. Sin embargo, no se trataba de que él no tuviese espacio, sino de que me lo comunicase para poder organizarme con los niños o con la circunstancia que tuviese. Es decir, estos momentos de desbordamiento emocional nos ayudaban a identificar lo que realmente queríamos o necesitábamos en una situación determinada. Al reconocer y articular estas necesidades, podíamos trabajar para satisfacerlas de manera más efectiva y así mejorar nuestras interacciones.

- **Autenticidad.** Esta ha sido una de las formas que hemos encontrado para conocernos, aunque pueda parecer paradójico. Con cada berrinche, recibíamos información útil sobre el otro: cómo pensaba, cómo sentía y qué hacía para afrontar esas situaciones. La aceptación de la individualidad del otro, trabajando la asertividad y respetando los límites establecidos, tanto propios como conjuntos, nos permitía estar alineados con nuestra propia esencia. Con el paso de los meses, eso resultó ser una gran fuente de aprendizaje. Juan, muchas veces, me repetía: «Yo contigo, desde el principio, me he propuesto ser como soy, sin máscaras, sin pretender agradar, sin miedos». Cierto es que no siempre lo conseguía cuando los fantasmas aparecían, pero quien le conoce no puede negar su autenticidad, y eso es algo que me encanta de él.

- **Desahogo emocional.** Los berrinches pueden ser una gran válvula de escape para las emociones acumuladas. Es cierto que no son la mejor de las estrategias, pero, oye, en ocasiones guardamos sentimientos de estrés o frustración que nos abruman, y un berrinche puede ser un medio para liberar esa tensión cuando no logramos hacerlo de una manera más adaptativa. Después de la descarga emocional, se presenta ante nosotros una sensación de alivio y calma, lo que facilita una mayor claridad mental para abordar las situaciones que nos preocupan. Esto siempre se nos ha dado bien a los dos; por mucho que nos hayamos subido, luego hemos sabido bajar y reparar, de modo que las subidas y bajadas fueron haciéndose menos acusadas.

- **Establecimiento y refuerzo de límites.** Seguramente, el establecimiento de límites después de la adrenalina del «berrinche» ha sido uno de los mayores beneficios que hemos obtenido. Como te decía antes, estos límites nos han ayudado a conocernos; una vez que estamos autoafirmados, resulta mucho más fácil identificar dónde termina mi bienestar y dónde comienza el del otro. Es decir, nos ayuda a comunicar lo que es aceptable y lo que no lo es, en el caso que nos ocupa, dentro de nuestra relación, según la idea que cada uno tiene de cómo queremos que sea. No basta solo con establecer límites, claro, sino que hay que valorar si somos «compatibles» en el sentido que le damos a lo que para nosotros es un vínculo afectivo seguro. Afortunadamente, en eso Juan y yo estamos muy alineados.

- **Oportunidad de reflexión.** Para ambos, esta reflexión posterior ha sido muy importante; una toma de consciencia que nos ha ayudado muchas veces a recolocarnos, a priorizar lo que de verdad es importante dentro de nuestra relación y a seguir caminando juntos, tratando de brindar el mejor entorno posible a nuestros hijos. Aunque yo reflexiono de una manera más rápida —lo de ser psicóloga ayuda—, no comparto mis reflexiones tanto como él cuando se trata de reconocer un error. No es que me avergüence decir que algo no lo he gestionado bien; en la corrección de mis acciones se ve que sí lo he hecho, pero mi autoexigencia hace que en muchas ocasiones me cueste compartirlo con él.

Estoy segura de que, al leer el libro, Juan va a entender muchas cosas que, cuando sucedían *in situ*, era incapaz de ver porque yo me cerraba en un baúl con cinco candados. Él, en cambio, es todo lo contrario. Digamos que es más lento en la reflexión; necesita tomarse su tiempo y, a veces, comentarlo con otras personas, sobre todo con José Luis, la Tata y sus padres, quienes nos han ayudado muchísimo y a quienes estamos muy agradecidos. Pero luego siempre viene a mí y me dice: «Te entiendo», «Lo he comprendido», «Sé por lo que estás pasando», «Lo que significa para ti...» Y la verdad, eso me alivia mucho porque, aunque el amor es importante, la atención, el respeto, la comunicación, el compromiso y la lealtad son los pilares que lo sostienen.

› **Empatía y comprensión.** Hemos de recordar que las emociones se contagian, por lo que la expresión de estas provoca reacciones en la otra persona que pueden ayudarle a comprender qué nos puede estar pasando. Esta es una de las características más destacadas de Juan, pero a veces esa misma empatía le juega una mala pasada. Aunque mis reacciones emocionales intensas le puedan hacer comprender las luchas y desafíos por los que he atravesado, el sentir que no puede ayudarme de una forma más efectiva llenaba sus ojos de lágrimas. Lo positivo es que la empatía se genere desde un ambiente de apoyo mutuo y de comprensión, no de cargar con la mochila del otro, sino de caminar a su lado por si necesita apoyo. Y en eso somos un gran equipo, ¿verdad, mi amor?

En definitiva, cada uno de los berrinches nos motiva para el cambio; son indicadores de que algo en nuestra vida no está bien o de que necesita una revisión para ponernos a punto. Hay que perder el miedo a estas explosiones emocionales, ya que resultan un impulso para tomar decisiones que nos conduzcan a mejoras a nivel relacional, tanto con nosotros mismos como con nuestra pareja. Por tanto, reconocer la necesidad de cambio es un excelente punto de partida. De todo se saca una lección si lo miramos con una actitud proactiva, aunque a veces cuesta verlo desde un estado emocional adverso, ¿verdad? A tiro pasado, todo se ve más fácil. Escribiendo esto, me sale una sonrisa espontánea recordando a Juan resoplando, tratando de coger fuerzas para no explotar, y yo con mi frase típica: «Señor, dame paciencia» para no perder los papeles. Pero ahí seguimos, luchando cada día por entendernos y acompañarnos lo mejor que sabemos, respetando la gestión emocional de cada uno, aunque no sigamos las mismas directrices. Y, sobre todo, amándonos mucho desde el respeto a nuestra individualidad y a nuestra unión. Si nosotros podemos, estamos seguros de que tú también podrás; solo tienes que respetar tus tiempos y hacer caso a lo que tu mente, cuerpo y espíritu te están diciendo. Nadie mejor que tú te conoce y sabe lo que necesita y merece.

Mecanismos de defensa: ¿cómo nos protegemos?

Como vimos en el apartado anterior, un berrinche adulto es básicamente una reacción emocional desmesurada, donde se combinan impulsividad, irritabilidad, frustración, enojo, o incluso un par de lágrimas. A veces, además de gritos y reproches, también nos encontramos con actitudes defensivas ante situaciones que la persona siente como desafiantes, frustrantes o directamente injustas. ¡Vamos, un drama! Ahora, cuando hablamos de mecanismos de defensa, nos referimos a esas estrategias psicológicas que usamos, sin darnos cuenta, para protegernos de emociones o pensamientos que resultan demasiado incómodos o difíciles de manejar. Son como esos pequeños trucos mentales que nos ayudan a bajar el nivel de ansiedad, estrés o conflicto interno al cambiar un poquito la realidad a nuestro favor, evitando que tengamos que enfrentar de golpe lo que nos perturba emocional o psicológicamente.

En ese sentido, podríamos decir que estos mecanismos son una especie de autorregulación para esos berrinches que mencionábamos antes. Y aunque son importantes porque nos ayudan a mantener cierto equilibrio emocional, si los usamos demasiado o en situaciones donde no son necesarios, pueden empezar a jugar en nuestra contra. A fin de cuentas, aunque nos ayudan a manejar la montaña rusa emocional, también pueden hacer que evitemos enfrentarnos a problemas emocionales que realmente necesitan nuestra atención.

La lista es larga, aunque no interminable. «Que no panda el cúnico», como les dice Juan a los niños cuando están alterados.

Para ayudarte en su identificación, empezaré enumerando aquellos en los que nosotros o cualquiera de los protagonistas colaterales de nuestra historia nos reconocemos. Posteriormente, te mencionaré algunos más, por si entre ellos puedes identificar los tuyos, brindándote así la posibilidad de abordarlos.

› **Negación.** Te niegas a aceptar una realidad que te resulta dolorosa o incómoda. Este es un mecanismo que todos hemos experimentado en algún momento, ya que forma parte de las primeras etapas del duelo: esa fase inicial de la pérdida en la que no comprendemos del todo cómo llegamos a esa situación ni cómo nos sentimos. Juan lo describe con frases como: «esto no está pasando» o «me lo estoy imaginando», y lo aplica tanto para lo bueno como para lo malo. Es decir: o bien le parecía irreal el nivel de manipulación emocional al que Otto lo había sometido durante años, o bien le resultaba difícil aceptar que yo estuviese enamorada de él. Al principio, trataba de protegerse de alguna manera.

En mi caso, este mecanismo surgió cuando me di cuenta de que él me gustaba. Mi mente me decía que eso no podía ser, que era mi paciente, y que probablemente mi memoria emocional estaba haciendo alguna inferencia que me confundía. Sin embargo, mi negación más significativa en todo este proceso vino de la mano de no aceptar los malos comportamientos del padre de mi hija. Me repetía constantemente que él era una buena persona, que debía de estar asustado, agobiado, sobrepasado por la ruptura, que siempre había estado acostumbrado a que yo lo gestionara todo y que ahora no sabía ni por dónde empezar... A pesar de que los meses pasaban y su postura se iba radicalizando, yo seguía diciéndome: «no conozco a esta persona», «no reconozco a la pareja con la que estuve veinte años», y aun así lo justificaba, compadeciéndome e incluso sintiendo pena por él. Al final, tuve que aceptar que, por mucho que luchara por encontrar algún rastro de la persona que conocía, esa persona ya no estaba. La impotencia de no poder rescatar ni el más mínimo aspecto de su personalidad me causaba un profundo sufrimiento.

› **Racionalización.** Empiezas a justificar tus comportamientos o sentimientos con explicaciones lógicas, pero que resultan inexactas. Por ejemplo, cuando entro en un bucle, no puedo dejar de boicotearme; mi pensamiento se vuelve como una bola de nieve que se va distorsionando a medida que crece. A Juan también le pasaba, pero solo cuando no recibía una respuesta positiva inicial de mi parte, es decir, buscaba en mí su propia reafirmación.

Otra de sus racionalizaciones típicas ocurría cuando entraba en «modo solucionar problemas», lo que yo llamaba «ambulancia»; eso me ponía de los nervios. Me hacía sentir inútil, poco válida, incapaz de hacer las cosas por mí misma, cuando en realidad él solo pretendía aliviarme de la carga, para que me centrara en mí y me olvidara de todo lo demás. Luego me sentía miserable; nadie me cuidó tanto como él, y a veces pienso que no se lo agradecí ni lo valoré lo suficiente en aquel momento.

Por otro lado, era muy común escucharle decir que él me quería «con la cabeza», a lo que yo siempre le preguntaba: «Qué significa querer con la cabeza?». Él respondía: «Es reevaluar los pros y los contras de estar con una persona, tanto en los buenos como en los malos momentos, considerando lo que se tiene y lo que se puede perder al estar o dejar de estar con esa persona». Esto, por supuesto, se convertía en una fuente de estrés cuando las cosas no salían como él esperaba.

- **Crear caos.** Este comportamiento lo manifiestas cuando, en lugar de enfrentar tus problemas o emociones, provocas situaciones caóticas o conflictivas en tu vida. Esto puede ocurrir tanto de manera intencionada, como tantas veces hizo Otto para desquiciarnos, como de manera inconsciente, como al principio actuaba Gandhi. En este último caso, el cambio en su situación personal no lo asumía completamente y se movía como pez fuera del agua, provocando situaciones que, lejos de ayudar a armonizar, se convertían en una fuente de conflicto y malestar emocional para todos los implicados. La expresión que mejor lo definiría sería: «Si lo haces a propósito, no te saldría tan bien; no puedes cagarla más».

- **Repetir el abuso.** Patrón psicológico en el cual, si has sufrido abuso, trauma o experiencias negativas en el pasado, tiendes a revivir o recrear esas experiencias en tu vida actual, ya sea de forma consciente o inconsciente. Por ejemplo, puedes elegir parejas abusivas, desempeñar el papel de víctima o abusador, o implicarte en situaciones traumáticas. Aquí identifico claramente a Otto; aunque hablaba con gran entusiasmo y a gran velocidad sobre lo que significaba ser una «supermamá», como ella se consideraba, sus acciones eran todo lo contrario. Sin embargo, ella cargaba con esa misma herida por parte de su propia madre.

- **Perfeccionismo.** Este rasgo puede ser un arma de doble filo, ya que, por un lado, te impulsa a buscar constantemente la perfección en ti mismo/a, pero, por otro, te lleva a esperarla también en los demás. Esto puede generar muchos conflictos tanto internos como externos, manifestados en altos estándares, autocrítica severa, evitación del fracaso o preocupación excesiva. Mi autoexigencia me ha jugado malas pasadas a lo largo de mi vida; el no permitirme errores me ha llevado a un estrés crónico que he llegado a manifestar físicamente en forma de migrañas nerviosas o problemas cutáneos.

En la situación que nos ocupa, también ha hecho que me vuelva rígida cuando Juan no cambiaba un comportamiento. A veces, no reconocía que él necesitaba su tiempo para cambiar, o que no tenía por qué acatar todo lo que yo proponía si no estaba de acuerdo con mi visión. Eso sí, jamás le di una orden, aunque él aseguraba que en ciertos momentos se sentía como si estuviera sometido a examen. Esto, sin embargo, era más una percepción causada por sus propios miedos, no porque yo le impusiera algo. No obstante, reconozco que la forma en que le transmitía mis inquietudes no siempre fue la más adecuada ni asertiva.

› **Comer compulsivamente.** Por un lado, está el *hambre fisiológica*, la que podríamos llamar el hambre del «cuerpo», que funciona a través de un mecanismo regulador situado en el hipotálamo del cerebro y está regido por diversas hormonas, como la grelina y la leptina, que nos envían señales para que sintamos el deseo de comer. Por otro lado, está el *hambre emocional*, que podríamos describir como el hambre del «corazón», esa que nos impulsa a comer cuando en realidad lo que necesitamos es un abrazo, llorar o explicarle a nuestra pareja por qué nos ha dolido algo que ha hecho o dicho. En definitiva, esta hambre emocional surge cuando la comida se convierte en la única salida que conocemos y encontramos para aliviar la ansiedad o disipar el sentimiento de malestar, dolor o vacío. ¿Y por qué lo hacemos a través de una ingesta compulsiva? Porque buscamos en ella la sensación de saciedad, ya que esta sensación nos invita a parar, a sentir que tenemos el control y a dejarnos descansar.

La comida compulsiva ha sido uno de los mecanismos a los que más he visto recurrir a Juan a lo largo de todo este periplo emocional. Sin llegar a desarrollar un síndrome del atracón, era capaz de reconocer cuándo se sentía superado, ansioso, agobiado o estresado... Si le veía comer chorizo o atiborrarse de cualquier «guarrindongada» de bolsa (tipo *snacks*) o de helado de after eight a las tantas de la noche después de una discusión, sabía que algo le estaba afectando profundamente.

› **Abusar de otros.** Suele ser el mecanismo que utilizas cuando intentas rehuir o esquivar emociones internas difíciles, como el miedo, la inseguridad, el dolor o el trauma. Como consecuencia, gestionas mal estas emociones empleando la agresión, el maltrato o el control como una manera de proyectar tu propio malestar emocional, evitando así enfrentar directamente tus propios problemas.

Aquí nuevamente reconozco a Otto, quien ha basado toda su frustración desde que se enteró de nuestra relación en hacernos la vida imposible, especialmente a través del *gaslighting*. Esto se puede identificar no solo como un abuso hacia nosotros, especialmente hacia Juan, a través de insultos, provocaciones, sarcasmos, burlas e ironías, sino también como un abuso hacia cualquier persona que tuviese acceso a nosotros: canguros, personal de limpieza, padres del colegio de los niños... Utiliza a las personas en beneficio propio. Como veremos en la herida de la traición, la máscara es el control. Al sentirse traicionada por haber perdido el control sobre él, su objetivo era anularme a mí y a mi hija, buscando así que él, para protegernos, volviese a su redil, cosa que no sucedió, aunque no sería porque no le puso todas las ganas del mundo.

› **Evitar la intimidad emocional.** Parte de la distancia que pones con los demás surge de la necesidad de no establecer conexiones emocionales profundas que te hagan sentir vulnerable o inseguro/a ante tus propios pensamientos, sentimientos y experiencias. Es decir, presentas resistencia a crear vínculos cercanos y significativos, a menudo debido al miedo al rechazo, la pérdida o el dolor emocional.

Juan dice que esto lo ha hecho toda su vida, excepto ahora. Su proceso de apertura emocional en nuestra relación le ha ayudado a tomar conciencia de que debe trabajar en su conexión con las personas que quiere y que lo quieren mucho a él, sobre todo sus hijos, sus padres y hermanos. En mi caso, he evitado la intimidad emocional en menos ocasiones, pero sí me he reconocido protegiéndome cuando sentía que alguien podía ser muy invasivo respecto a mi privacidad. Sin embargo, nunca lo hice por miedo al rechazo o al dolor, sino más bien por la preservación de mi amor propio, para no venirme abajo en ese momento.

› **Abandonar tu cuerpo.** En el sentido de no cuidarte, de no prestar atención a tus necesidades físicas y emocionales, y de descuidar tu bienestar personal, lo que acaba manifestándose en hábitos poco saludables, negligencias hacia tu salud, comportamientos autodestructivos, baja autoestima, desconexión de tus propias necesidades, así como culpabilidad o vergüenza.

Aquí, como has podido observar a lo largo del libro, ambos nos reconocemos. Somos más propensos a fustigarnos a nosotros mismos que a fustigar al otro. Y no me refiero al placer de la práctica del BDSM (Bondage, Disciplina, Dominación, Sumisión, Sadismo y Masoquismo), acéptame el guiño, sino a cuidar la salud de los demás por encima de la nuestra. Debería notarse que ambos nos dedicamos a la rama sanitaria, entiéndase como sarcasmo.

› **Estar en control.** Tratas de mantener el control sobre tu entorno, tus emociones y tus relaciones como una forma de gestionar la ansiedad, el miedo o la incertidumbre que sientes. Esto implica un esfuerzo consciente por prevenir la incomodidad, el dolor o la sorpresa ante un imprevisto. Este mecanismo puede llevarte a establecer rutinas estrictas, evitar riesgos y mantener un control riguroso sobre ti mismo/a y tu entorno, creando así una sensación de seguridad y predictibilidad. Pero entiendes que esa sensación es falsa, ¿verdad?

Por si quieres echarte unas risas, cuando repasé con Juan todos los mecanismos con los que se identificaba, su respuesta en este, con una mirada sarcástica y pícara, fue: «Lo intento, ¿se puede estar de otra manera? Tú tampoco eres quién para decir nada a nadie», lo que provocó las carcajadas de ambos.

› **Minimizar.** Tienes la tendencia a subestimar o restarle importancia a los problemas, emociones adversas o situaciones difíciles como una forma de evitar enfrentar la realidad de lo que está sucediendo. Aunque reconoces que existe un problema, lo presentas en tu mente como algo menos significativo o grave de lo que realmente es, tratando de suavizar el impacto emocional que supondría enfrentarlo directamente.

Juan minimizaba los ataques del «enemigo», diciendo que él elegía sus batallas, cuando en realidad yo sentía que no salía de la trinchera.

› **Mantenerte ocupado/a.** Procuras llenar el tiempo con múltiples actividades y tareas, evitando así enfrentarte a emociones, problemas o situaciones complejas. Esto tiene el inconveniente de que no dejas espacio suficiente a tu mente para reflexionar sobre lo que te sucede y, por tanto, tampoco podrás solucionarlo. Irás de preocupación en preocupación, de conflicto interno a conflicto interno, con una terrible sensación de impotencia, a pesar de estar distrayéndote con la productividad o el movimiento constante.

Yo, por el contrario, «me permito descansar» cuando lo necesito. Sin embargo, si hubiese que ponerle una nota a Juan en este mecanismo, sería matrícula de honor. Siempre está haciendo algo, arreglando cualquier cosa (por lo que lo llamo «McGuiver», guiño para las personas de nuestra generación) o leyendo todo tipo de noticias como forma de evasión.

› **Adicción al trabajo.** El tan conocido *workalcoholism*. Te enfocas de manera excesiva y compulsiva en el trabajo para evitar lidiar con tus emociones adversas, conflictos internos o problemas personales. Es decir, utilizas este mecanismo como un escape emocional que te desconecta de aquello que te supera o abruma. En nuestro caso, ambos hemos sido adictos al trabajo, buscando en él un refugio, manteniendo la mente ocupada y dándole a nuestras vidas un sentido de utilidad. Actualmente, nuestra prioridad es la conciliación familiar, la paz interior y el descanso. A menudo bromeamos con la necesidad de «hibernar» durante un tiempo para recuperarnos de toda la tormenta que hemos atravesado.

› **Cuidar de otros.** Intentas satisfacer las necesidades emocionales, físicas u operativas de los demás como una forma de evitar atender las tuyas propias.

Al repasar juntos los mecanismos, este punto generó mucha controversia. Juan no se sentía identificado con él; sin embargo, yo lo veía claramente en su comportamiento. Ese constante ponerse en último lugar enmascaraba su evitación de la introspección, de aquello que le hacía sentir mal. Él lo interpretaba como un gesto de empatía y altruismo genuino, y no como una defensa o huida de sus propios conflictos o vacíos emocionales. Es cierto que muchas veces esos gestos nacían de su corazón, que es bien grande y hermoso, pero no siempre era así; otras veces se servía de ellos como un escudo protector.

Para hacerlo consciente, le pregunté: «¿A qué dedicas tus sesiones de psicología? ¿A hablar de ti y tus necesidades o a ver cómo nos sentimos los demás y cómo puedes ayudarnos?». Fue entonces cuando empezó a darse cuenta de que debía replantearse el camino de adentro hacia afuera, que ya era hora. Aunque todavía le cuesta, para qué nos vamos a engañar. Como nos decían en el cole cuando éramos niños: NM (Necesita mejorar).

› **Dormir excesivamente.** Cuando duermes en exceso, más allá del cansancio físico, esto suele estar asociado al cansancio emocional. Es una de las maneras en que tu mente encuentra una forma de desconectarse de la realidad, intentando escapar de pensamientos o sentimientos dolorosos. Este comportamiento es característico de los procesos depresivos, ansiosos o de estrés crónico, y funciona como un mecanismo de protección frente a la incomodidad emocional o mental.

La explicación científica sería que los mecanismos fisiológicos de alerta, como las catecolaminas, los corticoides y otras hormonas del estrés, han sido diseñados para generar picos de alerta breves pero intensos ante situaciones puntuales, de minutos o segundos, en las que iniciar inmediatamente una reacción de lucha o huida puede marcar la diferencia entre la vida y la muerte. Estos mecanismos los compartimos con casi todos los vertebrados y han funcionado así hasta la aparición de las sociedades complejas en el Neolítico. Teniendo en cuenta que las ciudades más antiguas tienen menos de 10 000 años, esto es un suspiro a nivel evolutivo. En nuestra vida social actual, nos vemos sometidos a situaciones de estrés prolongado, que pueden durar días, semanas o meses, y en estos casos, dichos mecanismos no solo no son eficientes, sino que se vuelven en nuestra contra. Es decir, nuestro cerebro sigue siendo el de un cazador-recolector, que duerme y come cuando lo necesita o puede.

Cariñosamente lo llamo «marmota», y él responde con una sonrisa, diciendo: «¿Qué le voy a hacer si en eso soy muy primigenio?». Y es que Juan acusa el cansancio emocional, no tanto el físico, de una manera tal que su sentido del humor cambia de manera radical cuando no duerme bien. A veces, le basta con diez minutos para recuperarse, pero otras veces puede pasarse horas durmiendo, y aun así levantarse cansado. Este segundo caso suele ocurrir cuando, tras haber soportado una gran tensión emocional, su cuerpo y mente intentan relajarse, pero en lugar de lograr un descanso reparador, cae en un sueño excesivo que no alivia su agotamiento acumulado.

› **Insomnio.** A diferencia del anterior, no se utiliza para «escapar» de una situación de malestar; más bien, refleja tu lucha interna, lo que te mantiene despierto/a, incapaz de relajarte y descansar. Es un estado de alerta constante relacionado con la incapacidad o el miedo a enfrentarte a pensamientos, emociones o situaciones que te generan ansiedad o estrés.

Aquí nos identificamos ambos, yo sobre todo. Tanto el esfuerzo cognitivo como el cansancio emocional hacen que el insomnio se convierta, durante muchas noches, en mi fiel escudero; una sensación desesperante que sufro con cefaleas. Vamos, la combinación perfecta para mantenerse en armonía con una misma.

› **Humor.** Utilizas el sentido del humor como tu estrategia para enfrentar situaciones difíciles, tensas o dolorosas. La risa y el buen rollo te ayudan a soltar esa carga emocional que a veces parece más pesada que un elefante. Este recurso adaptativo te permite transformar la angustia en algo más manejable, aliviando la tensión y ayudándote a lidiar con esos conflictos internos de una forma menos amenazante.

Pero ojo, cuando te refugias en el «chiste» para evadir lo que realmente te preocupa o para que nadie ponga el foco en ti, ahí ya no es tan efectivo.

En mi caso, el sarcasmo y la ironía de Juan son como una inyección de risa que a veces me sacan una sonrisa justo cuando más la necesito, ayudando a aligerar el ambiente entre nosotros. Aunque, en otras ocasiones, me parece más una burla que un intento de relajación. Su humor, tan británico, a veces me deja pensando si está hablando en serio o si solo está bromeando. ¡Lo que sí sé es que logra desviar la tensión! Así que, aunque a veces me cueste reconocerlo, su forma de usar el humor no es tan mala después de todo.

› **Huir.** Tiendes a alejarte de aquello que percibes como peligroso o desafiante, tanto a nivel físico como emocional, como una manera de protegerte del dolor, el estrés o la confrontación con una realidad que no te satisface. Evitas el conflicto, te desconectas emocionalmente, esquivas la autorreflexión, practicas el escapismo o comienzas a manifestar miedo al cambio.

Esta soy yo en estado puro cada vez que siento ansiedad. Es como si entrase en mí una corriente que me empujase a correr, porque, si no lo hago, no salgo viva de esto. Juan no paraba de recordarme: «La verdad es que haces las maletas a una velocidad tal que ni la familia de un agente secreto en una peli de espías». ¿Contento, cariño? Ya he dejado por escrito que la amenaza de irme y hacer el equipaje, literalmente buscando escapar de la desesperación de la situación que me generaba tanta angustia, ha sido un recurso demasiado utilizado al inicio de nuestra historia. Me faltaba el aire; solo quería irme a mi casa para sentirme segura, alejarme de todos los problemas que provocaba Otto y sus maravillosas ocurrencias. Desde luego, hay que reconocerle el don de la creatividad y la constancia brujil.

› **Intento autolítico (suicida).** Se trata de un acto deliberado con la intención de acabar con la propia vida, como consecuencia de una profunda desesperación y lucha interna, ante las cuales la persona se siente incapaz de lidiar con el dolor emocional o psicológico que sufre. El deseo de morir es real y activo. Planificas y ejecutas acciones concretas para llevar a cabo el acto. Este tipo de intento está asociado a estados depresivos, desesperanza, desamparo profundo o crisis emocionales.

A menudo, se confunde con la fobia de impulsión, que es un tipo de trastorno obsesivo-compulsivo (TOC). En este trastorno, la persona tiene pensamientos intrusivos y repetitivos relacionados con el miedo a perder el control y a cometer actos impulsivos, ya sean dañinos para sí misma o para los demás. Estos pensamientos son egodistónicos, es decir, no corresponden al verdadero deseo de la persona y generan una gran angustia. En este caso, la persona no quiere ni tiene la intención de hacerse daño, pero experimenta un miedo irracional a perder el control y a realizar actos violentos, lo que le genera una gran ansiedad.

Por tanto, la diferencia entre el intento autolítico y la fobia de impulsión radica en la intencionalidad y el contexto emocional que rodean los pensamientos y las acciones de la persona.

Como mencioné en mi carta, el día en que tomé los fármacos fue uno de los más difíciles de mi vida. ¿Fue un intento autolítico o una fobia de impulsión? La verdad es que no sabría responder con claridad, ya que, por un lado, sabía perfectamente lo que estaba haciendo, pero por otro, ¿realmente quería acabar con mi vida? No sabría qué contestar. Lo que sí tengo claro es que deseaba acabar con la angustia y el dolor tan intensos que sentía en ese momento. Sabía que mi acción podría tener consecuencias nefastas, y aun así lo hice. ¿Por impulso? Tal vez sí, tal vez no. Todo está muy difuso en mi cabeza. No deseo profundizar más en ello, por mi propio proceso de recuperación mental. No es una huida, sino una decisión consciente que me ayuda a centrarme en lo que necesito para mi bienestar emocional en el presente.

En el caso de Juan, los intentos autolíticos no han sido parte de su experiencia, pero sí ha experimentado la fobia de impulsión. Esta se manifestaba en pensamientos como querer estrellarse contra el primer camión que se le cruzara en la carretera, o en la idea de «acabar con Troya» por los problemas que su presencia en casa nos generaba. Sin embargo, cuando Troya falleció, fue un día triste y la extrañamos mucho.

› **Sexo compulsivo.** Utilizas el sexo de manera repetitiva e impulsiva como una forma de evasión ante sentimientos o situaciones difíciles, tales como ansiedad, soledad, tristeza o estrés. Sin embargo, no lo haces buscando el placer en sí mismo, sino que te vales de esas sensaciones placenteras para enmascarar la carga emocional que no sabes sostener o gestionar. Aunque puede brindarte alivio temporal, a largo plazo genera sentimientos de vacío y culpa, perpetuándote en un ciclo de insatisfacción emocional del que te es difícil desprenderte. Esto puede llegar a afectar otras áreas de tu vida, como la social.

Hubo épocas en las que Juan recurría a la masturbación compulsiva, refugiándose en una satisfacción inmediata que, lejos de hacerle sentir mejor, lo conectaba de manera profunda con su herida de rechazo. Era una huida hacia adelante que dañaba su autoconcepto y agudizaba su inseguridad para mostrarse sexualmente ante las mujeres.

› **Evadirse.** Tiendes a escapar de la realidad para no tener que enfrentar el miedo, la tristeza, la ansiedad o el estrés en el que te encuentras inmerso/a. Esto lleva a distracciones constantes, evasiones emocionales, fantasías, conductas adictivas o a la llamada procrastinación: postergar tareas o decisiones importantes por miedo a la incomodidad o al fracaso.

Nuevamente, algo muy propio de Juan: juegos de ordenador, hilos de X (antes conocido como Twitter), vídeos y vídeos de YouTube sobre temas de guerra, armas, coches, motos, aviones o simplemente curiosidades que alimentaban su siempre ávida mente... Eran la evasión perfecta ante cualquier intensidad emocional. Llegó a ver en estas prácticas un refugio; lo que no se daba cuenta es que ese refugio lo condenaba a una vida vacía y sin sentido. Hoy día sigue consumiendo este tipo de contenido, pero ahora más asociado a características propias de su Asperger, y no como evasiones o falta de afrontamiento de lo que sucede en su vida personal y emocional. Por eso me siento muy orgullosa de él, por cómo ha conseguido transformar algo que antes le perjudicaba en una fuente de bienestar, sin tener que renunciar a lo que realmente le apasiona.

› **Estar hiperalerta.** Te encuentras atrapado/a en un estado de vigilancia constante y excesiva, en el que te sientes siempre en guardia, a la espera de amenazas o peligros, aun cuando no existan razones objetivas para ello.

Así ha vivido Juan los últimos ocho años, desde la llegada al mundo de nuestro pequeño gran genio, lo cual resulta complejo para cualquier ser humano que se precie; cuánto más para uno que tiene como compañero de vida un déficit de atención.

Obsesionado con el control de los ruidos, por temor a que se despierte «la flor de Otto» de su eterno letargo, y revisando constantemente el móvil para ver si el *briefing* de hace diez minutos seguía siendo el mismo, son algunos de los ejemplos que le condenaban a tal hiperconexión mental. Visto así, podríamos decir que la «alerta de amenaza nuclear» tenía una base realista, pero lo malo es que acabó adoptando estos mismos comportamientos ante situaciones que nada tenían que ver con ella y que no suponían amenaza alguna, afectando a otras áreas de su vida.

Este mecanismo casi nos cuesta la ruptura al inicio de nuestra relación; una de esas jornadas fatídicas que a él le entristece recordar, pero que a mí me ayudan a tomar conciencia de cómo debemos cuidar nuestra unión. ¿Recuerdas el día en que, encolerizada, saqué del armario todas las cosas de Gandhi y casi acabo en el calabozo? Llamé a Juan tras cuatro horas de caminata intentando calmarme, sin conseguirlo, para decirle que necesitaba salir de mi casa para no hacer una tontería, y que me pasaría por su casa para coger las llaves del piso que tiene alquilado para las guardias y refugiarme allí, buscando un poco de paz interior. Sus padres habían venido de viaje para estar con él y los niños; aún no los conocía y no quería presentarme en tales condiciones. Pero él decidió que de eso nada. Le dijo a su familia que lo sentía mucho, pero que yo necesitaba su apoyo y su presencia en ese momento, y que ya se verían mañana. Esto provocó una discusión terrible con su madre, que lo tachó de insensato y de no atraer más que a histéricas a su vida, perdiendo el sentido de familia y «maltratándolos» por no atender sus necesidades emocionales. Según ella, cada vez que venían a verlo, pasaba algo. ¡Uf! Vaya entrada en la familia.

Conduciendo de camino a su casa, me llamó para decirme que me olvidara de recoger las llaves; que me quedaba con él. Menos mal que no me contó hasta la llegada la reacción de su madre, porque si no, me habría dado media vuelta, ya que lo último que necesitaba y quería era más presión emocional en ese momento. Hasta aquí podrías llegar a pensar que eso es una pareja, alguien que socorre a la persona que ama cuando lo necesita, y ciertamente él me dio un techo, pero el soporte emocional no fue de la manera que a él y a mí nos hubiera gustado. Estaba tan preocupado por cómo se había ido su madre, por cómo reaccionarían los niños y por las consecuencias de todo ello al día siguiente, que se pasó toda la tarde-noche haciendo cosas de manera compulsiva, mientras yo estaba sola en el sofá jugando con la peque.

Pero la cosa no acabó ahí. Nos fuimos a dormir; si es que se le puede llamar dormir, porque no pegué ojo hasta las cinco de la mañana de lo nerviosa que estaba. Como a las siete, estando yo medio zombi, escucho que me pregunta que dónde están las llaves del coche. Estaba tan aturdida que le digo: «¿de tu coche?» Y me responde: «No, del tuyo. Voy a sacarlo fuera de casa». Ahí me desperté de golpe, vi que mi bolso estaba encima de la cama y él había salido pitando. Empecé a preguntarme: «¿por qué narices quiere sacar mi coche de casa a las siete de la mañana, de un día festivo, y ha metido todas mis cosas en la habitación?». Conclusión: acababa de acordarse de que Otto le había dicho que vendría a pasear a Troya a las 7:30 a. m., respetando el descanso de los demás como puedes ver, y temía que me viese allí, montase una de las suyas y se pusiese en peligro la firma del convenio que le permitiría recuperar la casa y conciliar mejor con los niños. Pero a mí no me dijo nada de eso; fue algo que deduje cuando, enfadadísima, empecé a vestirme a la velocidad del rayo, cogí mis cosas e intenté irme a mi coche, que él había dejado en el parking de enfrente. En ese momento, me crucé con ella, que entraba a la casa con el suyo, y vi cómo abría la verja del jardín con tan solo un minuto de diferencia desde que yo la había cerrado.

Era tal el pánico que le tenía que, en vez de contarme tranquilamente lo que estaba sucediendo, se puso a borrar todo rastro de mi persona, lo que causó en mí una sensación horrible de «aquí sobro» que me llevó de vuelta a Barcelona con la idea de dejar ahí la relación. No podía creerme que, veinticuatro horas antes, había ido a buscar refugio en él, un refugio que él mismo me había ofrecido, y lo que encontré fue a una persona aterrada por las reacciones de su madre y su exmujer, sumido en un constante estado de alerta que le hacía activar su hiperactividad hasta límites insospechados.

Quiero dejar constancia de que, pese a que fue duro para mí que la primera impresión que se llevaron mis suegros fue la de que era una histérica insensata y su hijo un *calzonazos* que no aprendía las lecciones que la vida le había dado, no le he tenido en cuenta a ella su reacción, porque la entiendo como madre. Había sufrido mucho con la anterior relación de su hijo y no quería que él repitiera los mismos errores. Así que, el día que me dijo que se sentía avergonzada por el comportamiento que tuvo, le respondí con un simple «no te preocupes» y seguimos charlando amigablemente. Hoy en día, es uno de mis grandes apoyos emocionales y una persona a la que quiero mucho, aunque a veces le cueste dejarse querer.

› **Mentir u ocultar información.** Cuando mientes, distorsionas la verdad, mientras que, al ocultar información, retienes o no compartes aspectos relevantes de la realidad que vives. Con estos comportamientos, cuando los utilizas como mecanismos de defensa, intentas evitar consecuencias emocionales o sociales que percibes como negativas o perjudiciales, tanto para ti como para la otra persona. Se trata de un intento de control sobre cómo puedes estar siendo percibido/a por los demás o de una manera de no enfrentar una verdad que te resulta difícil de aceptar.

Una pregunta muy recurrente de Juan cuando me sentía insegura dentro de la relación era: «¿Te he mentido alguna vez?». Y, ciertamente, no mentía, sin embargo, en su comportamiento no verbal a veces notaba contradicciones, controversias, gestos que me indicaban que algo pasaba por su cabeza y no quería compartirlo conmigo. Desventajas de salir con una psicóloga, qué le vamos a hacer. Cuando se lo hacía ver, él me decía que a veces no respondía porque creía que mi reacción a la verdad no me gustaría, que lo hacía para protegerme. Sin embargo, la protección era más hacia sí mismo, ya que sufría al verme mal o conectaba con su herida del abandono y el miedo a que lo dejara.

En mi caso, la mentira tampoco formaba parte de mi día a día como mecanismo de defensa, sobre todo porque me generaba una controversia interna tal que me provocaba ansiedad, por lo que no me merecía la pena. La asertividad solía ser la vía de comunicación que más utilizaba. Ahora bien, durante los inicios de nuestra relación sí recurrí a ocultarle información, dado que lo veía sufrir mucho con mis análisis o interpretaciones de lo que estábamos viviendo y las repercusiones que eso tenía en mí. Pero, a diferencia de él, no lo hacía para protegerme, sino para protegerlo a él de mis altibajos, ya que tenía claro que no lo iba a dejar, a pesar de que algunas de mis acciones o expresiones le hiciesen pensar lo contrario. Eran mis heridas hablando por mí.

› **Alejarse de las personas.** Te apartas física y emocionalmente de los demás como manera de protegerte de posibles repercusiones negativas, conflictos o el propio sentimiento de vulnerabilidad que no quieres mostrar. Dentro de las heridas que venimos trabajando, y en las que profundizaremos en el capítulo siguiente, encontramos la del rechazo por encima de todo. Miedo a ser herido/a, a la intimidad o a que se active un trauma... Aunque puedas sentir cierto alivio al no exponerte a lo que te produce ansiedad, estrés, alerta o angustia, a la larga este mecanismo te aislará socialmente. Esto conllevará un sentimiento de soledad agobiante o dificultades sociales profundas.

Aquí Juan y yo somos, si no radicalmente opuestos, sí bastante distintos. Cuando él se siente mal, necesita más del contacto de la gente para regularse, dar sentido a su vida a través de la pertenencia al grupo y la manifestación de la intimidad emocional con las personas a las que quiere, respeta y valora enormemente. Yo, en cambio, hago lo contrario: cuando me siento mal, tiendo a encerrarme, a aislarme, a meterme en mi burbuja buscando una autorregulación desde la toma de conciencia de lo que me está pasando, pero necesito hacerlo sola. Soy una persona social, no tanto como él, pero no necesito la sociabilidad como una constante en mi vida. Disfruto mucho de mi tiempo para mí o de la intimidad con las personas que forman parte de mi hogar, y la mayor parte del tiempo me es suficiente.

› **Evitar hablar de mí.** Aunque este lo he enmarcado fuera de los mecanismos en los que incurrimos Juan y yo, es uno muy recurrente en uno de los pilares de nuestra vida: nuestro amigo José Luis, a quien queremos y adoramos por partes iguales (sorry, Pepelu, por delatarte). Él tiende a desviar las conversaciones que tocan algún aspecto de su vida personal que le cuesta afrontar, no tanto compartir, hacia cualquier otro tema, normalmente en relación con su interlocutor y siempre bajo un contexto de humor. Y, para qué negarlo, a veces se agradece, pero ese no es el *quid* de la cuestión. Si él evita exponerse, enfrentarse a emociones y experiencias personales difíciles termina pasándole factura. Aquí es donde entramos Juan y yo al rescate, especialmente yo, que ya sabe que soy más terca y perseverante cuando se trata de ayudarlo a cuidar de su salud mental. Así que conmigo acaba cediendo antes, ¿qué remedio le queda al pobre? Ninguno, si no que no se hubiera echado una amiga psicóloga.

Desde luego, contamos con mecanismos más que suficientes; tenemos para dar y regalar. Y es que la mente, cuando no encuentra una salida adaptativa al malestar, buscará otra que nos invite a sobrevivir, aunque no sea de la mejor manera. Pero la lista no termina aquí; existen muchos otros mecanismos para tener en cuenta, como, por ejemplo:

› **Represión.** Tu mente subconsciente bloquea pensamientos o recuerdos dolorosos o amenazantes para evitar que lleguen a tu conciencia, protegiéndote de quedarte atrapado/a en ese malestar. Esto pasa sobre todo en momentos de mucha ansiedad. Puedes saber que pasaste por una situación intensa, pero no recordar el lugar ni las palabras que intercambiaste con la otra persona. Para que no te sientas abrumado/a, el cerebro reprime esos recuerdos y te impide acceder a ellos. Sin embargo, esto tiene un riesgo: puedes terminar construyendo una realidad paralela y tomar decisiones basadas en ella, que no se parecen en nada a lo que realmente estás viviendo.

  Un ejemplo de esto, dentro de la temática que nos ocupa, sería tener una discusión muy fuerte con tu pareja, pero luego, cuando intentas recordarla, solo te viene a la mente una versión confusa o distorsionada de lo que pasó. En lugar de reconocer que ambos tuvisteis responsabilidad, puedes llegar a creer que la otra persona fue completamente culpable, porque tu mente bloqueó los momentos en que tú también contribuiste al conflicto.

› **Proyección.** Este mecanismo de defensa ocurre cuando le atribuyes a los demás sentimientos, pensamientos o deseos que te resultan incómodos, desagradables o difíciles de aceptar. Así, evitas enfrentarte a tus propias emociones. En una relación de pareja, es la típica situación en la que usas frases manipuladoras como: «mira lo que me haces sentir», «nunca me he sentido tan mal con nadie», o «si no me hubieras gritado, yo no tendría este estado de ánimo».

› **Evitar el sexo.** Tiendes a evitar la práctica sexual, incluso contigo mismo/a, como una forma de eludir la intimidad emocional o de ocultar el miedo que sientes hacia tu propia vulnerabilidad. Este mecanismo a menudo está asociado a la culpa y la vergüenza, lo que termina siendo muy limitante, tanto para mejorar el autoconcepto como para forjar vínculos afectivos seguros con los demás.

› **Alcoholismo.** Usas el consumo compulsivo y descontrolado de alcohol como una forma de escapar de tus problemas emocionales. Sin embargo, esta evasión te lleva a desarrollar una dependencia tanto física como psicológica, cayendo en un círculo vicioso del que es muy difícil salir.

› **Anorexia, bulimia o síndrome del atracón.** Utilizas las «señales» que te envía tu estómago, como la saciedad o la saturación, de una manera distorsionada para tener control emocional sobre lo que estás viviendo. Al principio, sientes una leve sensación de alivio que parece un escape de todo ese estrés, ansiedad, tristeza y angustia. Sin embargo, no estás considerando que estos TCA (Trastornos de la Conducta Alimentaria) están afectando gravemente tu salud física y mental.

› **Esconderse detrás de una pareja.** Si eres de esas personas que tienen dependencia emocional de su pareja, este será uno de tus mecanismos. Tenderás a evitar tus problemas personales o sociales en favor de la identidad del otro, olvidándote así de la tuya propia. En realidad, no buscas cubrir tus propias necesidades, sino complacer a tu pareja para que quiera estar contigo o para que te saque las castañas del fuego en situaciones que no quieres o te cuesta enfrentar.

› **Adicción a drogas.** Usas de manera recurrente sustancias químicas que afectan al funcionamiento de tu sistema nervioso central, alterando tu estado mental, tus emociones, tu percepción y tu comportamiento. Estas drogas pueden ser naturales (como el cannabis, que proviene de plantas) o sintéticas (fabricadas en laboratorios), legales o ilegales, y pueden ser utilizadas con diferentes propósitos: recreativos, medicinales o de abuso. Este último es el caso del mecanismo de defensa.

› **Apostar.** Con la intención de buscar emociones intensas, escapar de la rutina o eludir tus problemas cotidianos, recurres a las apuestas en busca de una satisfacción inmediata. Sin embargo, esa satisfacción puede transformarse en un verdadero problema financiero y emocional, pasando del disfrute al llanto en un abrir y cerrar de ojos.

› **Ejercicio compulsivo.** Cuando repaso esta lista con mis pacientes y llegamos a este mecanismo, la mayoría me responde: «¡Ojalá!» con una sonrisa en la boca. Sin embargo, la realidad es muy diferente. Lejos de beneficiarnos física y emocionalmente, el ejercicio excesivo y compulsivo hace que lidiemos con una ansiedad y una insatisfacción corporal que desbordan y saturan la mente, descuidando así otros aspectos de nuestra vida que sí podrían aportar el bienestar que esperamos y deseamos.

En más de una ocasión, llegan a mi consulta pacientes derivados de nutricionistas, porque el problema no está en lo que comen o dejan de comer, sino en su propio autoconcepto y en las creencias limitantes asociadas a la imposibilidad de conseguir lo que se proponen. Recuerdo el caso de un chico que enrollaba todo su cuerpo en papel *film* y se ponía un gorro de lana en pleno agosto, a más de 40 grados, buscando sudar más mientras hacía pesas o cualquier ejercicio que se le antojaba en el garaje de su casa. Este chico no aceptaba su cuerpo y vinculaba todos sus problemas emocionales a su imagen física, cuando en realidad, su imagen había sido distorsionada por su propia mente y por la herida de abandono que tenía tan arraigada en su historia familiar.

› **Automutilación.** Aunque pueda parecer increíble, es uno de los mecanismos de defensa que más encontramos en terapia, sobre todo durante la etapa adolescente: cortes en las muñecas, antebrazos, parte interna del muslo... Esta autolesión física busca desviar la atención del dolor físico que supone la herida, en lugar de manejar el dolor emocional que no se puede soportar. El objetivo es liberar tensiones internas que no se han sabido soltar de una forma más adaptativa, lo cual, como puedes deducir, puede acarrear consecuencias graves para la salud física y mental.

Pero no solo se presenta en la adolescencia. Recuerdo una sesión con una paciente de unos 45 años que llegó con una mano vendada. Noté que la venda estaba suelta, lo que indicaba que no había sido atendida por un profesional. Mi intuición me llevó a dejarla que se relajara al inicio de nuestra charla, para que, cuando su nivel de ansiedad bajara, pudiera preguntarle qué le había sucedido en la mano. Su respuesta, nerviosa, fue que se había quemado esa mañana haciendo el desayuno para los niños, pero su comportamiento no verbal indicaba que estaba mintiendo. En el momento en que pronuncié la pregunta «¿estás segura de ello?», su venda se cayó, dejando ver toda su dentadura marcada en lo que se conoce como el «tabique» o «ventre», esa zona tierna de la mano que se encuentra entre el dedo pulgar y el dedo índice. Había discutido con su pareja, y eso le había generado una altísima ansiedad, por lo que se mordió en un intento de liberar tensión emocional.

› **Fantasear.** A modo de escapar de la realidad, creas y vives en un mundo imaginario que ofrece un alivio temporal del malestar emocional presente. Sin embargo, evitar enfrentar los problemas reales termina siendo el pez que se muerde la cola. Entre las distorsiones cognitivas asociadas a este mecanismo, encontramos el optimismo ingenuo, que implica pensar que las cosas se van a solucionar por sí solas y que no hay de qué preocuparse. Existen frases populares o célebres que deberíamos empezar a revisar debido a las consecuencias emocionales que conlleva el no enfrentar las situaciones que nos afectan. Por ejemplo, la de Confucio: «Si tus problemas tienen solución, no te preocupes; si tus problemas no tienen solución, no te preocupes». Pues bien, señor Confucio, sigamos viviendo en los Mundos de Yupi (un guiño a los de nuestra generación).Rescatando otro caso de mis pacientes, hace años tuve a un chico con un cuadro ansioso muy marcado, enfocado, sobre todo, en sus dificultades sociales, lo que le impedía establecer relaciones de apego seguro con las mujeres que le interesaban. Como medida para sentir que tenía algo de vida afectiva, quedaba de vez en cuando con una amiga que ni siquiera le gustaba, pero que sí le hacía sentir seguro. Mientras caminaba con ella por la calle, fantaseaba con que era su pareja, buscando con ello la sensación de pertenencia, seguridad, estabilidad y amor que habría sentido si realmente hubiera tenido una relación con esa persona.

Visto lo visto, estarás de acuerdo conmigo en que es importante ver más allá de los comportamientos, los pensamientos y las emociones, ¿cierto? Si les prestamos atención consciente, sin juicio, simplemente como observadores de lo que nos sucede, podremos comprender el fondo de todo ello y darnos cuenta de esas heridas sangrantes que estamos dispuestos a cicatrizar, ¿estás de acuerdo?

Bien, vamos a dar un pasito más y a explorar las creencias y lealtades que nos mantienen atrapados en este torbellino emocional de miedos a dejarnos llevar en nuestra nueva relación. Luego, nos sumergiremos de lleno en cada una de las heridas.

¿TE AYUDAN O TE FRENAN TUS CREENCIAS?

Como te mencionaba anteriormente, en tu mente subconsciente habitan tus creencias. Es decir, aquello que crees sobre ti mismo/a y sobre el mundo que te rodea. Aquí es importante destacar un punto crucial: estas creencias pueden ser de dos tipos: *limitantes* o *empoderadoras*.

Por un lado, las *creencias limitantes* son las que nos paralizan y detienen. Por el otro, las *creencias empoderadoras* son las que nos reafirman e impulsan a ser y a hacer. Todos tenemos de ambos tipos. La clave está en averiguar cuáles predominan, y para ello podemos utilizar una pregunta simple: ¿cómo te sientes?

Las creencias están estrechamente vinculadas a nuestros sentimientos y emociones, influyendo en todos los ámbitos de nuestra vida. Además, contamos con un aliado: el córtex cingulado anterior ascendente que, a su vez, está relacionado con la atención. Si te sientes bien y enfocas tu atención en ello, este «camarada» te repetirá escenarios que confirmen tu bienestar, reforzando tu autoestima. Pero ¡ay de ti! Si te sientes mal, este «socio» se convertirá en tu mosca cojonera, tu Pepito Grillo, recordándote constantemente que tu vida es un desastre. Y así, ¿cómo levantar cabeza?

La mayoría de nosotros hemos crecido en un entorno que nos enseñó tanto a partir de los miedos y fracasos como de las alegrías y los triunfos, y es así como más adelante aprendimos a relacionarnos.

Imagina que tienes delante un juego de construcción hecho de piezas universales, como las de Lego. Si no los conoces, estos juegos consisten en bloques de plástico de distintos colores y formas que puedes ensamblar siguiendo una guía para crear diferentes figuras: desde un barco, un avión o una moto, hasta el último Aston Martin conducido por Fernando Alonso, el castillo de Hogwarts o el casco de Darth Vader. Pero también puedes improvisar y dejar volar la imaginación para construir cosas completamente nuevas y locas.

Ahora, visualiza que cada tipo de pieza en este juego representa una emoción. Todos partimos con el mismo conjunto de *emociones básicas* o *primarias*: alegría, tristeza, miedo, ira y asco. Estas son puras, innatas y surgen de respuestas automáticas a estímulos. Se consideran universales porque están presentes en todos los seres humanos, independientemente de la cultura, como las piezas de Lego, que son iguales en cualquier parte del mundo.

La cosa se complica al llegar a las *emociones secundarias* o *complejas*, como la vergüenza, la culpa o el placer, por ejemplo. Estas se desarrollan a partir de las primarias y, a menudo, involucran la reflexión, el contexto social y las experiencias pasadas.

Menos conocidas, pero no por ello menos importantes, tenemos las *emociones estáticas*, que son aquellas provocadas por manifestaciones artísticas como la pintura o la música.

Todas las emociones mencionadas pueden agruparse en tres categorías: *agradables, desagradables* o *ambiguas*. No hablamos de emociones positivas o negativas porque necesitamos de todas para adaptarnos al entorno. Sin embargo, utilizamos el término *ambiguas* o *neutras* para referirnos a aquellas que no son ni agradables ni desagradables, como es el caso de la sorpresa.

Cada pieza tiene un papel. Por ejemplo, las piezas amarillas podrían representar la alegría, las negras el miedo y las rojas el amor. Pero lo interesante es lo que construyes con ellas. Cuando combinas estas emociones en diferentes formas y proporciones, creas estructuras más complejas: los *sentimientos*. Los sentimientos, a diferencia de las emociones, son algo que se desarrolla y se transforma a lo largo del tiempo, como una figura que evoluciona a medida que vas añadiendo nuevas piezas. Es decir, mientras que las emociones son los bloques básicos, los sentimientos son las construcciones que surgen de unir varias de ellas.

Cuando nacemos, llegamos al mundo con nuestro libro de instrucciones completamente en blanco. A lo largo de la vida, lo vamos rellenando con lo que aprendemos de nuestro entorno: la familia, la escuela, las experiencias que vivimos, las amistades, lo que vemos en la televisión o leemos en un libro. Todo esto nos va enseñando a manejar esas piezas emocionales y a armar nuestras propias construcciones sentimentales. A medida que crecemos y experimentamos, ese manual de instrucciones evoluciona. Se convierte en nuestro mapa personal, que no es otra cosa que nuestro sistema de creencias. Este *sistema de creencias* es lo que nos guía para entender el mundo, cómo reaccionamos ante lo que nos ocurre y qué construimos emocionalmente a partir de las piezas que nos han dado. Es un marco mental que nos ayuda a interpretar la realidad, y sobre esa base, armamos nuestras propias estructuras emocionales y sentimentales.

Es un proceso dinámico. Igual que los juegos de construcción nos permiten desmontar y rehacer lo que construimos, nuestras creencias y sentimientos también cambian con el tiempo. Nos adaptamos, aprendemos y evolucionamos, y en ese proceso, nuestras creaciones emocionales cambian con nosotros. Adaptarse, cambiar, es parte esencial de nuestra supervivencia.

Por tanto, las creencias son afirmaciones y convicciones profundas basadas en nuestra manera de ver el mundo; son el ADN de nuestros pensamientos.

Por ejemplo, si lo centramos en el tema del que hemos estado nutriéndonos todo este rato juntos, una creencia limitante que me ha acompañado en este viaje ha sido: «no te ilusiones, porque la caída será mucho más dura». En el caso de Juan, él decía: «De adolescente quería ser un robot y no tener sentimientos; a veces pienso que no era una mala idea». Pero también hemos presentado muchas creencias empoderadoras: «somos un equipo», «si podemos con esto, vamos a ser la pareja más fuerte del mundo», o «vine a buscarte una vez a esta casa y vendré a buscarte tantas veces como sea necesario porque eres el amor de mi vida», en el caso de él. Mientras que mis creencias más positivas venían de la mano de: «Quiero, puedo y me lo merezco», «el amor existe y estoy dispuesta a vivirlo», o «eres mi compañero de vida, mi amante, mi amigo, mi pareja, mi persona hogar, aquella con la que quiero envejecer junto a nuestra familia».

Como puedes deducir a partir de los ejemplos, según lo que pensamos y creemos, nos emocionamos y sentimos; y, en función de ello, nos comportamos. Y dependiendo de cómo nos comportamos, obtenemos un resultado u otro.

Es fundamental comprender que los comportamientos, las creencias y las emociones están interconectados y se influyen mutuamente. Al modificar o actuar sobre alguno de estos aspectos, podemos transformar los demás, lo que resulta en una nueva experiencia o aprendizaje significativo.

Volviendo al ejemplo del juego de Lego, dependiendo de cómo hayamos redactado nuestro manual de instrucciones, emplearemos diferentes proporciones de emociones para edificar nuestros sentimientos. Por ejemplo, si desde pequeños hemos sido educados con creencias como «el amor es complicado» o «todas las relaciones duelen», es probable que nuestros sentimientos (el juguete final) hacia las relaciones de pareja estén llenos de emociones como desconfianza, miedo o inseguridad. Si experimentamos miedo o desconfianza en nuestras relaciones, es posible que evitemos abrirnos a nuestra pareja o que tengamos dificultades para expresar nuestras necesidades y deseos. Esto, a su vez, puede llevarnos a vivir relaciones insatisfactorias o incluso a alejarnos de personas que podrían aportarnos felicidad. Así, estas creencias pueden convertirse en un obstáculo si nuestro objetivo es cultivar relaciones sanas y conscientes.

Lego me va a tener que hacer un regalito para mis peques y mi «niño grande» con toda la promoción que le estoy haciendo hoy (tomen nota, señores dirigentes de la empresa). Y es que este fantástico juego me viene como anillo al dedo para explicar cómo funciona la mente de Juan: pieza a pieza, razonamiento tras razonamiento, para luego sacar conclusiones sobre lo que siente. La espontaneidad e improvisación no eran precisamente su fuerte cuando nos conocimos, y eso que es una persona detallista, cariñosa y atenta. Pero antes habría hecho una tesis doctoral sobre cómo debía comportarse emocionalmente si yo reaccionaba, decía o hacía una cosa u otra. Algo que, evidentemente, no podía controlar y que le generaba miedos y ansiedades que se podría haber ahorrado si simplemente me hubiera hablado de sus sentimientos, sin importarle el resultado. Sin embargo, hoy día se siente empoderado, renacido, vivo y feliz como nunca lo fue, según sus propias palabras, lo que me hace sentir profundamente orgullosa de él porque se lo ha trabajado mucho y se lo merece.

Por mi parte, en el momento en que escribo estas líneas, sigo recuperándome de mi proceso depresivo. Le pongo todas las ganas y fuerzas de las que dispongo. También respeto mis caídas, las cuales me sirven de pulso para seguir identificando en qué debo trabajar. Practico el amor y la compasión conmigo misma todo lo que puedo, que no es poco. Así que también me siento orgullosa de mí, porque no está siendo un camino fácil, pero estoy decidida a transitarlo hasta encontrar la luz al final del túnel.

Lealtades que nos atan

Si creciste en un ambiente donde te impulsaron a tener una buena autoestima, confianza en ti mismo/a y estuviste rodeado/a por figuras de referencia que disfrutaban de sus vínculos afectivos de apego seguro, tu mente va a trabajar a tu favor. Pero si te tocó crecer en un entorno difícil, pensando que los demás se quieren aprovechar de ti, que la persona que te quiere te va a hacer sufrir, o que para tener una relación sana tienes que sacrificar un montón de cosas, entonces tu subconsciente va a ver la vida desde ese enfoque, y eso no siempre te ayudará. A esto, en psicología, lo llamamos *lealtades ciegas*.

Las *lealtades ciegas* o *invisibles* son compromisos que, sin darnos cuenta, mantenemos con nuestro círculo más cercano, especialmente la familia. Estas lealtades nos llevan a repetir sus patrones de conducta de forma automática, sin que seamos conscientes de ello ni tengamos control sobre lo que hacemos.

Estos comportamientos y creencias no expresados son la forma en la que nos relacionamos con nuestra realidad emocional. Es decir, heredamos no solo costumbres y valores, sino también la manera en que percibimos la vida y cómo enfrentamos los problemas.

¿Quién de nosotros no carga con una etiqueta impuesta por nuestra familia? «La responsable», «el que nunca hace nada bien», «la testaruda», «el distante», «el que no sabe escuchar»... Nos han asignado un rol que acabamos asumiendo como propio, porque, como dicen, si no puedes con el enemigo, únete a él. Así que es probable que *la responsable* viva obsesionada con la perfección y la autoexigencia, *el que nunca hace nada bien* caiga en la indefensión aprendida por miedo a equivocarse, *la testaruda* sienta la necesidad de justificar cada paso que da, *el distante* tenga problemas para crear lazos afectivos, y el que siempre escucha que *no se puede hablar con él* deje de intentarlo, porque ¿para qué? Al final, siente que no tiene sentido.

¿Te has dado cuenta de lo fundamental que es reconocer tus lealtades ciegas? La buena noticia es que, una vez que las identificas, puedes empezar a transformarlas y abrirte paso hacia tu realización personal, logrando más autonomía y libertad. Esto no solo mejora tu bienestar emocional, sino que también te permite construir relaciones más sanas y auténticas, donde el vínculo esté basado en el respeto mutuo y no en patrones inconscientes del pasado.

¿Por dónde comenzar? Dicen que el lenguaje tiene el poder de crear realidades, y en eso radica la clave. Debes prestar atención consciente a cómo hablas, identificando las frases que repites de manera casi automática. Esa especie de muletillas que acabas convirtiendo en un mantra vital.

Juan tenía algunas frases muy marcadas: «Hago lo que puedo con lo que tengo», atribuida a Erwin Rommel, quien la pronunció tras retener a los aliados durante meses en el norte de África sin gasolina ni casi blindados, y «¿Eres feliz?». La primera era una justificación para no reconocer que las cosas no salían como a él le gustaría. Se sentía impotente e inútil ante circunstancias emocionales que le resultaban complejas de manejar, mientras que para mí eran relativamente sencillas. La segunda frase era una manera de validar mis sentimientos hacia él; si yo respondía que sí, él se sentía seguro en la relación. Si no contestaba, sus inseguridades se apoderaban de su mente, y dejaba de ser resolutivo y analítico, algo que tanto valoraba en sí mismo.

En mi caso, tiendo a decir «¿ok?», «¿vale?» o «¿de acuerdo?» como una manera de garantizarme el entendimiento de lo que estoy tratando de explicarle. Si no recibo ese *feedback*, puedo llegar a frustrarme e intentar explicar lo mismo de muchas otras maneras hasta asegurarme de que se ha entendido. Sin embargo, esto, en ocasiones, puede ser interpretado como una medida de control.

Eliminar estas muletillas te ayudará a liberarte de creencias poco saludables y te permitirá abrirte a otras más positivas.

Por otro lado, dentro de las lealtades ciegas, se encuentran aquellas que llamamos *demenciales*. Ya el nombre nos indica que no son precisamente satisfactorias, ¿verdad? Estas ocurren cuando, a pesar de ser conscientes de que estamos en una relación insana, seguimos emocionalmente ligados a nuestra pareja, o incluso a alguien a quien amamos sin que sea nuestra pareja. Algunas de las más frecuentes son:

› Cuando te encuentras pensando en personas que te han lastimado y que ya no son parte de tu vida, cuestionándote qué habrá sido de ellas.

› Cuando te acercas a personas que sabes muy bien que te hacen daño y que en el pasado te han manipulado o tratado de manera abusiva.

› Cuando ayudas o socorres a quienes han demostrado ser destructivos contigo.

› Cuando mantienes tu honestidad y lealtad hacia aquellos que te han lastimado o causado daño.

› Cuando insistes en confiar en personas que han dejado claro que no son merecedoras de tu confianza.

› Cuando te resulta imposible apartarte de relaciones dañinas e insanas.

› Cuando esperas que personas para las que no eres importante lleguen a entenderte.

› Cuando te mantienes en conflicto con personas que podrías fácilmente alejar de tu vida.

› Cuando insistes en que estas personas reconozcan un problema, te escuchen, reflexionen o reconsideren su actitud.

› Cuando continúas siendo leal a quienes te han traicionado.

› Cuando sigues sintiendo atracción por personas que no son confiables.

› Cuando ocultas ante los demás los abusos que has sufrido por parte de estas personas, intentando protegerlas.

› Cuando sigues en contacto con alguien que ha intentado destruirte, que no asume responsabilidad por sus acciones ni reconoce el daño que ha causado.

Este tipo de hábitos y creencias suelen estar más presentes cuando comenzamos una nueva relación, conectando con todas esas heridas que creíamos, si no dormidas, al menos cicatrizadas. Lamentablemente, me reconozco en cada una de ellas. ¿La parte positiva? Al llevarlas a la consciencia, se me abre la puerta para buscar el camino de la sanación, para lograr una cicatrización que me recuerde que, aunque dolió durante mucho tiempo, lo superé y aprendí a cultivar y respetar mi amor propio. A partir de esa liberación, de esa paz interior, lo que se construye es más bonito y armonioso, sereno. No es idílico, pero sí lo suficientemente importante como para luchar por ello día a día, disfrutándolo, sintiéndolo, honrándolo. Y en ese camino me encuentro contigo, cariño: el del amor sano, consciente y pleno.

Las cinco heridas emocionales

LAS CINCO HERIDAS EMOCIONALES

Tirando de la sabiduría popular, situémonos en México, donde existe la expresión «Al cuerpo lo que necesite». Esta frase refleja la idea de que estamos diseñados para saber qué nos beneficia y qué no, aunque no siempre le prestemos la debida atención. Biológicamente, se lo debemos a nuestra amiga la ínsula, notablemente más desarrollada en las mujeres. En esta región del cerebro se considera que reside la conciencia de uno mismo, la empatía y la experiencia interpersonal. La ínsula nos ayuda a comprender a los demás y nos capacita para experimentar y reconocer las sensaciones del cuerpo, a través de lo que, coloquialmente, llamamos *la intuición femenina*.

Mientras que la testosterona, hormona mayoritariamente masculina, inhibe las ganas de hablar, el instinto de relacionarse, y reduce la empatía y la capacidad de intuir las emociones de los demás, la ínsula permite a las mujeres expresar el lenguaje, los sentimientos, y detectar matices emocionales, anticipándose así a lo que sienten los otros.

Al transitar las etapas de la relación de pareja, la oxitocina, hormona que las mujeres segregamos tras el orgasmo, y cuando acunamos o amamantamos a nuestros hijos, entre otras situaciones, alienta la conducta prosocial y fomenta la confianza mutua. Es contraria a la testosterona: cuando una sube, la otra baja. Así, entre la agresividad y la vinculación afectiva, se produce un tira y afloja, cuna de la mayoría de las relaciones insanas.

En 1982, Lise Bourbeau, fundadora de la escuela de desarrollo personal «Escucha a tu cuerpo», una de las más influyentes en Canadá (Quebec), ya hablaba de cinco heridas emocionales que nos impiden ser auténticos, es decir, ser nosotros mismos. Aunque ella las vinculaba con diferentes etapas evolutivas de la infancia, encuentro una correlación entre estas heridas abiertas, producto de relaciones insanas, y cómo afectan a la construcción de nuevas relaciones que queremos que sean saludables. Te hablo de las heridas del Rechazo, Abandono, Humillación, Traición e Injusticia, que hemos ido mencionando a lo largo del libro.

Por eso, tomando como base los estudios evolutivos y el conocimiento ancestral —que siempre ha demostrado estar un paso adelante de la ciencia— me centraré en nuestra etapa adulta, ayudándote a identificar qué heridas necesitas cicatrizar o reafirmarte en la superación de aquellas que ya has logrado cerrar, para ahora sí disfrutar plenamente de una nueva relación de pareja, nutriéndoos el uno al otro, acompañándoos, apoyándoos, sintiéndoos... en definitiva, amándoos con amor y conciencia.

Según Borbeau, «nacemos siendo seres naturales, con necesidades que nuestra alma anhela satisfacer a través de la aceptación. Estas necesidades se entrelazan con nuestras experiencias, defectos, potenciales, debilidades, deseos y personalidad. Sin embargo, poco tiempo después de nacer, nos damos cuenta de que ser auténticos puede perturbar el mundo de los adultos o de quienes nos rodean. De esta experiencia, llegamos a la conclusión de que ser nosotros mismos no es algo bueno ni correcto».

Tras años de observación la autora concluye que se pueden identificar **cuatro etapas evolutivas en el niño**:

› **Conocer la alegría de ser él mismo.**

› **El dolor de no tener derecho a ser él mismo.**

› **Período de crisis y rebeldía.**

› **Con el objeto de reducir el dolor, el niño se resigna y termina por crearse una nueva personalidad para transformarse en lo que los demás quieren que sea.**

Si te fijas, no es tan diferente al ciclo en el que nos quedamos atrapados cuando estamos dentro de una relación insana: plenitud y enamoramiento, miedo a perder la relación si te comportas como eres, pataleta para que te entiendan y te acepten tal cual eres, y finalmente claudicación para poder seguir perteneciendo a la relación.

Algunas personas se quedan atrapadas en la tercera etapa a lo largo de su vida, reaccionando constantemente, viviendo enojadas o en una situación de crisis continua, debido a la falta de afrontamiento de su propio dolor, ya sea por miedo, sensación de incapacidad, ausencia de recursos, etc. Tanto en la etapa tres como en la cuatro, empezamos a crear lo que llamamos *máscaras*, que son como nuevas personalidades que nos ayudan a protegernos del dolor. Sin embargo, ¿realmente sanan ese dolor? La respuesta es no. Para ello, se requiere un esfuerzo más consciente y una acción deliberada, pero no adelantemos acontecimientos.

Estas máscaras son especialmente evidentes cuando intentamos abrir nuestro corazón a nuevas relaciones, sin haber reconocido, abordado y sanado las heridas que llevamos con nosotros. La mayoría de nosotros puede llegar a experimentar cuatro de las cinco heridas: rechazo, abandono, traición e injusticia; solo la humillación parece no estar presente en la totalidad de los individuos. Lo que está claro es que al menos dos de estas heridas suelen ser más predominantes y dolorosas; en el caso de Juan y en el mío, son el rechazo y el abandono, como podrás ver. Además, no son estáticas; fluctúan según los cambios que experimentamos a lo largo de nuestras vidas, a veces aumentando y otras disminuyendo.

La relevancia de la máscara está directamente ligada a la profundidad de la herida. Cada máscara refleja un tipo de personalidad con rasgos propios, ya que, al adoptarla, surgen creencias que influyen en nuestra forma de pensar y actuar. Cuanto más profunda sea la herida, mayor será el sufrimiento, lo que nos lleva a usar la máscara con mayor frecuencia. De esta manera, recurrimos a ellas para ocultarnos, tanto de nosotros mismos como de los demás, de aquello que aún no hemos resuelto. Las máscaras están, por ende, vinculadas con las heridas que tratamos de esconder. Así, la máscara del huidizo protege la herida del rechazo; la del dependiente, la del abandono; la del masoquista, la de la humillación; la del controlador, la de la traición; y la del rígido, la de la injusticia.

Al principio de nuestra relación, Juan me repetía constantemente que se había propuesto ser él mismo desde el inicio, con honestidad y transparencia. Decía que, habiendo sufrido tanto por las múltiples máscaras que había usado a lo largo de su vida para encajar con los demás, no quería repetir ese patrón, aunque temiera no ser aceptado o amado. Esa honestidad fue una de las cosas que más me cautivaron de él, porque compartíamos el mismo valor. ¿Cómo buscar la aceptación, el amor y el reconocimiento del otro si no nos mostrábamos tal como éramos? Así que decidí mostrarle esa parte de mí que aún no conocía: mi vulnerabilidad. Y, siendo honesta, me costó muchísimo hacerlo. Acostumbrada a ser quien acompaña, no me sentía cómoda siendo acompañada, pero él insistía en decirme: «Yo quiero conocer a Ciara, no a la psicóloga». Esta apertura de corazón, por ambas partes, nos hizo sufrir mucho al principio, porque para sanar heridas había que traerlas a la consciencia y dejar de tocarlas para que empezaran a cicatrizar. No fue nada fácil. Sabíamos que no lo sería, pero tampoco imaginamos que el camino sería tan arduo, especialmente en mi caso, ya que terminé atravesando la noche oscura del alma, de la cual aún me estoy recuperando.

Una cosa debemos tener clara: siempre será nuestra percepción o interpretación de los hechos lo que causará nuestro sufrimiento, no lo que la otra persona sea o haga. Por lo tanto, el trabajo de autoconocimiento que debemos realizar para cicatrizar nuestras heridas será muy importante.

Esta introspección nos ayudará a percatarnos de que las heridas no solo están asociadas al miedo a que nos rechacen, nos abandonen, nos traicionen, nos humillen o cometan un acto de injusticia contra nosotros, sino que también guardan relación con la herida que tú mismo/a te infliges. Es decir, te rechazas, te abandonas, te humillas, te traicionas y eres injusto/a contigo mismo/a de la misma manera en que lo experimentas con los demás. Por tanto, es un camino de ida y vuelta que se sufre por igual.

Cuando una herida se activa dentro de nosotros, el ego corre inmediatamente en nuestro auxilio. ¿En qué sentido? Negándose a aceptar la existencia de esa herida, haciéndonos creer que no la sentimos, que no sufrimos con ella y que, además, los demás tampoco la verán ni la sentirán. Desde luego, su superioridad moral es digna de admirar; lástima que acabe convirtiéndose en un castillo de naipes fácil de derribar, a pesar de las muchas resistencias (máscaras) que se ponga para autoengañarse y pensar que pasa desapercibido.

Existen tres posibles maneras en que una herida puede activarse:

1. **Que te afecte la actitud o el comportamiento que otra persona tiene hacia ti.**

   Cuando trataba de abordar las diferencias a través de la comunicación asertiva, Juan sentía que le estaba echando la bronca, lo cual generaba en él un conflicto que lo hacía mostrarse reactivo. Al final, yo me sentía atacada y me ponía a la defensiva, atacándolo a él. Nos costaba salir de esa rueda de hámster durante mucho tiempo, aunque el amor que sentimos el uno por el otro hacía que no pasara más de unas horas o un día antes de que volviéramos a intentar abordar el tema. Esperábamos a que la ansiedad disminuyera y tratábamos de comunicarnos de manera consciente y atenta, donde decidíamos seguir juntos y comprometernos con la sanación de nuestras heridas personales, intentando, en la medida de lo posible, no proyectarlas en el otro.

2. **Que te sientas culpable por herir a alguien o activar alguna de sus heridas con lo que haces, dices, o incluso por lo que piensas.**

   La culpa, como te comenté en apartados anteriores, ha sido una de las emociones más presentes en el proceso de sanación de Juan. Cada vez que se activaba una herida por algo que él me había dicho o hecho, esa emoción le embriagaba de tal manera que llegaba a bloquearlo. Recuerdo que un día le comenté que había vivido veinte años con una pareja que, al convertirse en padre, se olvidó de que era marido, y que no volvería a pasar por lo mismo. También le hice ver que, en su afán por ayudarme o cuidarme, entraba en modo «niños» y pasaba todo el día con ellos, sin darse cuenta de que su presencia conmigo brillaba por su ausencia. Yo sentía mucho la diferencia entre la semana con niños y la semana sin ellos, porque no parecíamos la misma pareja, y eso me entristecía. Al decírselo, me respondió: «Pensé que era muy diferente a Gandhi, pero por lo visto no lo soy en algunas cosas. Prometo trabajar en ello y mejorar». Y lo hizo, vaya que lo hizo, porque se convirtió en la mejor pareja que jamás hubiera imaginado. Ambos somos conscientes de la responsabilidad afectiva que tenemos el uno para con el otro, y le dedicamos un lugar muy importante en nuestra relación, asegurándonos de que nuestras necesidades emocionales y afectivas sean atendidas.

3. **Que sufras por cómo te tratas a ti mismo/a, o por el sufrimiento que te infliges.**

Juan me decía: «No te imaginas lo importante que eres para mí». Era su manera de decirme que no me dejaba amar, que él me amaba tal como soy, pero que yo levantaba barreras. Y ciertamente lo hacía; se activaba en mí la herida del abandono, y sufría al no permitirme que él me quisiera, me mimara, me cuidara, aunque era lo que más deseaba.

La herida emocional puede compararse a una herida física que llevas en el brazo desde hace tiempo, pero que has decidido ignorar. Te has acostumbrado a su presencia, optando por cubrirla con una venda, como si eso pudiera hacer que desaparezca. Este vendaje equivale a una máscara. ¿Realmente creíste que así podrías ocultar tu herida? ¿De verdad pensaste que esa era la solución? La lógica nos dice que no, pero el ego piensa todo lo contrario, ya que es su manera de hacernos perder el rumbo.

Imaginemos que la herida en tu brazo duele cada vez que alguien te abraza. Aun con la venda, si alguien te toma del brazo con cariño y tú gritas: «¡Ay! ¡Me haces daño!», es fácil imaginar la sorpresa en su rostro. ¿Acaso deseaba hacerte daño? No, pero si sientes dolor al contacto, es señal de que no has decidido atender tu herida. Nadie más es responsable de tu dolor.

Esto es lo que sucede con cualquier herida emocional. A menudo, nos sentimos rechazados, abandonados, humillados, traicionados o tratados de manera injusta. Cada vez que nos sentimos heridos, es nuestro ego el que nos hace creer que hay alguien más, y no nosotros, que es culpable de ese dolor. Buscamos a quién reprocharle; en otras ocasiones, decidimos que los culpables somos nosotros mismos, cuando en realidad esta idea es tan falsa como culpar a otra persona. Es decir, proyectamos la culpa fuera o nos culpamos a nosotros mismos, cuando deberíamos enfocarnos en el sufrimiento que nos genera la situación.

Si proyecto la culpa hacia el exterior, espero que el otro cambie; si no lo hace, me frustro. Si, por el contrario, la proyecto hacia adentro, merma mi autoestima, empiezo a fustigarme y no le veo salida. En ambas situaciones, me quedo atrapada en el sufrimiento y no logro sanar la herida, ya que en el fondo me aterra tomar conciencia de que está en mí salir de esa situación.

Observar con compasión la parte humana que sufre transforma nuestra percepción sobre nosotros mismos, nuestras relaciones y el ambiente que nos rodea de una manera más enriquecedora.

Un último aspecto para tener en cuenta son los **tipos de apego**, que son estilos de relaciones emocionales que desarrollamos en la infancia. Estos se forman según la relación que establecemos con nuestras figuras de referencia, y tienen un impacto directo en cómo nos vinculamos con los demás y enfrentamos el amor, la intimidad y el conflicto en nuestras relaciones adultas. Entre los más destacados se encuentran cuatro: el apego seguro, el apego evitativo, el apego ansioso y el apego desorganizado.

› Cuando desarrollas un **apego seguro**, es común que te sientas a gusto tanto con la cercanía emocional como con tu independencia. Sueles confiar en la otra persona y en ti mismo/a, lo que facilita que construyas relaciones equilibradas y sanas. También tienes la habilidad de expresar con claridad lo que sientes y necesitas, y te muestras dispuesto/a a brindar apoyo emocional de manera confiable.

› Si lo que sientes es **apego evitativo**, tiendes a mantener cierta distancia en las relaciones, evitando la cercanía emocional y la dependencia. Es habitual que tengas problemas para confiar plenamente en los demás, y que te sientas incómodo/a o ansioso/a cuando una relación se vuelve demasiado intensa o exigente a nivel emocional.

  Identificar el apego evitativo es clave para comprender cómo las personas manejan sus vínculos interpersonales. Este estilo de apego puede llevar a la desconexión emocional y a la evitación del compromiso, lo que impacta negativamente en las conexiones afectivas. Reconocerlo permite enfrentar las barreras emocionales y fomentar mayor apertura e intimidad. Además, facilita mejorar la comunicación y reducir la distancia afectiva, contribuyendo a tomar decisiones más conscientes y saludables en el ámbito amoroso y social, generando así una mayor satisfacción personal.

- En el caso del **apego ansioso**, sientes una constante preocupación por la seguridad y estabilidad de tus vínculos. Tiendes a tener dificultades para regular tus emociones, lo que provoca altibajos emocionales en tus interacciones. Sueles ser muy sensible a las señales de rechazo o abandono, lo que te lleva a buscar atención de manera constante y a requerir lo que se conoce como «reassurance» para sentirte más seguro/a en tus relaciones.

  «Reassurance» es un término en inglés que se refiere a la acción de buscar seguridad o tranquilidad. En el contexto del apego ansioso, esto implica que las personas sienten una constante necesidad de buscar validación o tranquilidad de sus parejas. Esta búsqueda puede manifestarse en comportamientos como solicitar frecuentemente confirmaciones de amor, atención o afirmación de la relación. Por ejemplo, una persona con apego ansioso puede necesitar escuchar repetidamente «te quiero» o buscar muestras de afecto constantes para sentirse segura en su vínculo afectivo.

  Identificar el apego ansioso es crucial para comprender las dinámicas interpersonales, ya que este tipo de apego puede influir en patrones de comportamiento inseguros y dependientes. Reconocerlo permite abordar las necesidades emocionales subyacentes y trabajar en la autoestima y la autoconfianza. Además, facilita la comunicación efectiva, reduciendo conflictos y malentendidos. También contribuye a tomar decisiones más saludables en el ámbito amoroso y social. En última instancia, la identificación del apego ansioso promueve el crecimiento personal y el bienestar emocional.

- Y, si el apego con el que te identificas es el **desorganizado**, amigo/a, tu corazón debe estar centrifugando como una lavadora, ya que este tipo de apego es una mezcla entre el evitativo y el ansioso. Tiendes a desear cercanía, pero a su vez también la temes. Esto suele ocurrir en contextos de trauma, negligencia o abuso, donde la persona con la que mantienes el vínculo puede ser tanto una fuente de miedo como de apoyo.

Es fundamental señalar que los tipos de apego no son fijos y pueden evolucionar con el tiempo, especialmente a través de nuestras experiencias en las relaciones y nuestro proceso de crecimiento personal.

En relación con el tema que nos ocupa, a excepción del **apego seguro** —que se caracteriza por personas que se sienten cómodas con la cercanía emocional, confían en los demás y no temen ser abandonadas o lastimadas en la relación—, los otros tipos pueden asociarse con las cinco heridas emocionales que hemos mencionado, como te muestro a continuación:

El **apego evitativo** está presente, sobre todo, en la *herida de rechazo*, ya que te vinculas con un desapego emocional previo que arrastras y que te lleva a construir una barrera emocional para protegerte. También se manifiesta en la herida del *abandono* y en la de la *traición*. En el caso del abandono, aunque no te muestres abiertamente, puedes haber desarrollado una tendencia a evitar la cercanía para no volver a sentir el dolor asociado con ser abandonado/a. En cuanto a la traición, puede surgir en ti una desconfianza hacia las relaciones, ya que te anticipas a esa posible traición, lo que te lleva a evitar el involucramiento emocional.

Las heridas que más destacan en el **apego ansioso** son, por encima de cualquier otra, la del *abandono*, seguida por la del *rechazo* y la de la *injusticia*. El miedo al abandono es central en este tipo de apego; tiendes a pensar que no eres lo suficientemente bueno/a para ser amado/a y, por tanto, temes que te dejen solo/a. En cuanto al rechazo, sientes que tu necesidad de amor y atención no está siendo atendida, lo que te lleva a una baja autoestima y a un miedo constante a ser rechazado/a. Por otro lado, en relación con la injusticia, en algunos casos puedes sentir que no es justo que debas esforzarte tanto para que los demás te amen.

Y, concluyendo, al hablar de **apego desorganizado**, las heridas que lo acompañan son la *traición*, la *humillación*, el *abandono* y el *rechazo*; se lleva el premio gordo, ya que solo se libra la *injusticia*, algo es algo. Vamos, que te ha tocado la «lotería» sin ni siquiera haberla jugado; ¡eso sí que es tener «suerte»! Al experimentar este tipo de apego, es probable que hayas sufrido una traición a un nivel muy profundo, a menudo por parte de personas que deberían haber sido tu red de apoyo y referencia, lo que te deja atrapado/a en una ambivalencia en tus relaciones. A su vez, si has crecido o has estado durante mucho tiempo en contextos de abuso y negligencia, donde has sido humillado/a o degradado/a, esto afecta tu confianza tanto hacia los demás como en relación contigo mismo/a. En el caso de haber vivido sentimientos profundos de abandono y rechazo, especialmente en situaciones de abuso emocional o físico, presentas una mezcla de miedo, ansiedad y desapego en tus relaciones. Todo un remanso de paz, como puedes observar.

En pocas palabras, las heridas emocionales, junto con sus máscaras y apegos, son claves para entender cómo nos relacionamos con nuestra nueva pareja. Por lo tanto, dedicaré una atención más detallada y consciente a cada una de ellas en los siguientes apartados.

¡Vamos a ello!

HERIDA DEL RECHAZO

PERFIL PSICOLÓGICO

Nombre: Herida del Rechazo.

Activación: Sentimiento de vacío interior; sientes que no tienes derecho a existir.

Máscara: Huida.

Apego predominante: Evitativo.

Mayor temor: Pánico.

Principales actitudes y comportamientos observados:

- Profunda sensación de vacío.
- Diálogo interno predominante: «No quiero», «Nulo», «Nada», «Desaparecer», «Inexistente».
- Al no sentirte digno/a de ti mismo/a, crees profundamente que no vales nada o que tienes poco valor.
- Creencia de no merecer.
- Dificultad para aceptar que alguien te ame solo por ser tú.
- Estrategia de fuga: «Te dejo antes de que me dejes».
- Tendencia a sabotear las relaciones ante la duda.
- Te sientes aislado/a de los demás e incomprendido/a, lo que te lleva a refugiarte con facilidad en tu propio mundo.
- Cuando estás solo/a, tus emociones te abruman, especialmente tus miedos.
- En presencia de alguien que levanta la voz o se vuelve agresivo/a, abandonas rápidamente la escena, antes de entrar en pánico.
- Te atrae lo espiritual e intelectual, dejando en segundo plano lo material.
- Sientes que existes únicamente cuando estás muy ocupado/a.
- Disforia sensible al rechazo.
- Pensamiento excesivo.

Para entender bien esta herida, voy a empezar por definir la palabra 'rechazo' o su infinitivo, 'rechazar', en comparación con 'abandono' o 'abandonar'. Estos son términos que tienden a confundirse con bastante facilidad, pero es importante que los tengas claros para distinguir las heridas emocionales.

Abandonar a alguien implica distanciarse de esa persona debido a otras prioridades o relaciones, mientras que *rechazar* a alguien significa no querer su compañía o no desear que forme parte de tu vida. Quien rechaza suele expresar un «No quiero», mientras que quien abandona utiliza un «No puedo».

Si llevas años siguiéndome en redes o has leído alguno de mis libros, sabrás que suelo utilizar un ejercicio de PNL (Programación Neurolingüística) relacionado con estas palabras. Ante un «No quiero», un «Quiero» o «Elijo», nos invita a tomar conciencia de a quién o qué dejamos entrar en nuestra vida. Por otro lado, ante un «No puedo», un «Voy a» o un «Todavía no», reflexionamos sobre si realmente deseamos estar con esa persona o en esa situación.

Teniendo en cuenta lo mencionado, puedes observar que la herida del rechazo es mucho más profunda, ya que quien la sufre siente un vacío interno considerable y una sensación de no tener derecho a existir, al no sentirse digno/a de sí mismo/a. La emoción asociada a estas sensaciones es la **vergüenza**, que nos ayuda a tomar conciencia de que nos rechazamos a nosotros mismos o a otros al tratar de ocultarnos y/o esconder un comportamiento.

¿El rechazo que sientes es real o proviene de cómo interpretas la situación según tus emociones? La verdad es que, cuando te sientes rechazado/a, es posible que no estés viendo las cosas de manera objetiva. Sueles filtrar lo que sucede a tu alrededor a través de la herida que llevas dentro, y eso puede hacer que te sientas rechazado/a incluso cuando no hay un rechazo real. Este patrón es bastante común en personas que experimentan disforia sensible al rechazo.

Cuando padeces Disforia Sensible al Rechazo (DSR), posees una mayor sensibilidad hacia las críticas, la valoración y el rechazo por parte de otras personas. Estas situaciones las sientes como insoportables y comienzas a desarrollar una constante hiperalerta ante cualquier señal de desaprobación, crítica, rechazo o desagrado que percibes como dirigida a ti, llegando incluso a avanzarte o boicotear las relaciones por miedo a ser rechazado/a. Es decir, reaccionas de forma desajustada al rechazo (real o percibido), experimentando una extrema sensibilidad emocional. Te sientes como un fracasado/a de una manera desproporcionada a lo que realmente ocurrió, siendo consciente, además, de que estás reaccionando de forma exagerada a algo insignificante. Sin embargo, la intensidad del dolor es tal que no puedes evitarlo. Coloquialmente, se le llama «quemadura emocional», ya que se asemeja a una quemadura solar, donde hasta la más leve palmada en el hombro puede resultar tremendamente dolorosa.

Es en el momento en que comienzas a sentirte rechazado/a cuando empiezas a crear tu máscara de huida, con la intención de evitar el sufrimiento que esta herida te produce. Buscas la manera de no estar presente en lo que sucede y construyes tu propio mundo paralelo. Lo negativo de esto es que inhibe la posibilidad de que desarrolles capacidades y habilidades emocionales que te ayudarían a enfrentar la vida real. A esto, en psicología, le llamamos *indefensión aprendida* o incapacidad de reaccionar al dolor por haber estado inmerso/a en una burbuja de aislamiento y «protección».

Llevar la máscara significa dejar de ser uno/a mismo/a, algo que se reflejaba muy bien en la película protagonizada por Jim Carrey, titulada precisamente «La Máscara». En el momento en que se la ponía, cambiaba de personalidad, pero se alejaba de quien realmente era, hasta que toma consciencia de que solo deshaciéndose de ella podría sentirse bien al reconectar con su esencia, su alma, su ser, porque ese era él.

Cuando tu objetivo es huir, sueles buscar una salida fácil y limpia, si es posible. Por eso, el apego a lo material no va contigo, ya que te parece algo superfluo y carente de sentido. Lo que verdaderamente te atrae es lo espiritual y el mundo intelectual, porque te invitan a indagar más allá de tu persona; y en parte, esa disociación te alivia.

Aquí nos reconocemos ambos: aunque nos ganamos bien la vida, ninguno de los dos les hemos dado una importancia superlativa a las posesiones. Sin embargo, el ámbito intelectual nos ha nutrido mucho. Siempre hemos mostrado interés por aprender cosas nuevas, ya sea en lo profesional, en lo personal, o por simple curiosidad, disfrutando del placer de saber por el mero hecho de saber. No estoy segura de que nuestros hijos disfruten tanto de nuestras visitas a los museos (¡jajaja!). Sin embargo, los tres son muy vivos y curiosos, lo cual nos encanta.

En cuanto a la espiritualidad, la vivimos desde dos ópticas diferentes, o quizá complementarias, según se mire. En el caso de Juan, su espiritualidad está sustentada en su fe cristiana, que le aporta paz, serenidad, cobijo y guía cuando lo necesita, siempre desde el agradecimiento.

Permíteme la licencia de dirigirme directamente a él. Todavía recuerdo con cariño cuando, en nuestra primera cita, te llevé a ver la Basílica de Santa María del Mar, conocida como La Catedral del Mar en Barcelona, gracias a la maravillosa novela de Ildefonso Falcones. Es una joya del gótico catalán y una de mis iglesias preferidas de la ciudad. Quise compartir esa visita contigo, no solo por su preciosa historia, sino también para hacerte un guiño empático relacionado con tu fe. Después de entrar y contemplar su fantástica nave, amplia y única, y su espectacular rosetón con vidrieras de colores, me preguntaste si me importaba que te detuvieras un momento a rezar. Por supuesto, te dije que sí. Al levantarte, con los ojos humedecidos de emoción, me cogiste de la mano y me dijiste: «¿Sabes qué le he dicho?», refiriéndote a Dios. Entonces me contaste que le habías dado las gracias por haberme traído a tu vida. En ese momento, fui yo quien empezó a llorar. Nunca nadie me había hecho sentir tan amada hasta entonces.

Por mi parte, llegué a la espiritualidad —si es que se le puede llamar así— a través del dolor, como no podía ser de otra manera. Hace más de quince años, caí en mi primera depresión, incapaz de asimilar una serie de circunstancias, cada una más dolorosa que la anterior: el distanciamiento con mi familia, el fallecimiento de mi amiga, el cáncer linfático de otra, y para colmo, el despido de mi trabajo tras tres durísimos años de sometimiento a un terrible acoso laboral... Terminé hecha un desastre, pero esa caída me llevó a buscar respuestas fuera de mí misma. Empecé a interesarme por el mundo de las energías, la vida después de la muerte, los ángeles... Era un mundo fascinante que me ayudaba a trascender mis miedos, a prestar atención a mis propias sensaciones e intuiciones, y a interpretar las sincronicidades de la vida. Y lo cierto es que me sentía bien, plena, por primera vez perteneciente a algo con lo que me identificaba.

Por otro lado, cuando te conviertes en una persona huidiza, te anulas y te infravaloras. Por ejemplo, Juan, además de llamarse a sí mismo «retrasado emocional», como te he comentado en otra ocasión, solía decirme cosas como: «Quizás pienses que soy un incompetente, un blando y un cobarde; posiblemente lo sea, pero ese soy yo». Cuando te percibes así, intentas a toda costa ser perfecto/a y obtener reconocimiento, tanto ante tus propios ojos como ante los de los demás. Y aquí es donde entro yo, con mis eternos perfeccionismo y autoexigencia, que, lejos de servirme como motor de impulso, terminaron convirtiéndose en una fuente de tensión que acabó por ahogarme.

Otras palabras asociadas a este diálogo interno autodestructor son «nada». Juan dice: «no hago nada bien», «no entiendo nada»... Yo, por mi parte, expreso: «nada me sale bien», «no valgo nada»... Desde luego, somos únicos automotivándonos, no lo puedes negar. En la misma línea tenemos el término «nadie». Yo: «tal y como soy, no puedo gustarle a nadie». Juan: «nadie me escucha».

Además, está la noción de «desaparecer», una sensación que he tenido latente durante el transcurso de mi depresión. En el caso de Juan, cuando no pudo soportar la presión de los embates constantes de Otto, llegó a plantearse irse de voluntario al frente de guerra y ceder la custodia de los niños, argumentando que allí al menos viviría más tranquilo.

También surge la idea de «inexistente», que en nuestro caso se asocia a la sensación de ser invisibles para los demás. Yo me sentía totalmente invisible para Gandhi (al que mi amigo José Luis llamaba «el Seta»), al no tener conversación, interés ni vida sexual; era como un mueble más de la casa. Juan, por su parte, se sentía invisible para las mujeres o utilizado por Otto como si fuera el soldado 711: impersonal, obediente, aséptico y frío.

Con un diálogo así, ¿a quién no le dan ganas de salir corriendo? Especialmente cuando tomas consciencia de que tu autodiálogo se agrava porque las personas que te rodean restan más que suman. Es entonces cuando te empiezas a plantear cortar esas relaciones, por puro instinto de supervivencia. Nosotros, sin embargo, tuvimos un aguante que rozó el masoquismo, como veremos más adelante en la herida de la humillación.

Recuerda: las personas que te rodean tienen un impacto significativo en tu estado de ánimo, autoestima, energía y motivación. Algunas pueden quitarte fuerza y otras pueden inspirarte; algunas pueden causarte dolor y otras, en cambio, sanarte.

Algo muy característico de esta máscara es preferir la soledad, pero no porque seas una persona introvertida o tímida, sino porque si recibes demasiada atención, no sabes cómo manejarla. Yo llevaba tantos años haciendo de la soledad mi hogar que realmente me sentía cómoda en ella; no necesitaba una gran vida social, y tampoco es que la rechazara *per se*. Cuando conocí a Juan, tuve que salir de mi zona de confort. A él le encanta socializar, lo que me generaba un estrés tremendo. Claro que no siempre íbamos juntos a todas partes, pero también nos hacía ilusión conocer nuestros respectivos entornos sociales. Lo que no imaginé es que los de él fueran tan numerosos y variados. ¡Jajaja!

El proceso de adaptación me costó un poco. Yo, acostumbrada a dar conferencias ante cientos de personas, de repente me sentía pequeña e incómoda ante un grupo reducido. Y no es porque no fueran personas agradables —todos ellos son maravillosos y me acogieron muy bien—, sino porque siempre me costó mostrar mi intimidad emocional sin conocer bien a mis interlocutores. ¡Quién lo iba a decir, leyendo este libro! Como teníamos la situación que teníamos con Otto, todos querían conocer a «la anti-Otto», porque estaban muy felices por Juan. Nunca llegaré al nivel social de él, pero he de decir que cada día lo disfruto más. Eso sí, sigo respetando mi parcela individual, que me conecta mucho conmigo misma.

Lo que sí estaba muy marcado en él, dentro de esta herida del rechazo, era la creencia de que no tenía derecho a protestar. Se sentía como un soldado en su relación con Otto, y por eso siempre le respondía con sarcasmos como: «Sí, mi sargento», «A sus órdenes», «Esperando indicaciones, mi general»... Que acababan por desquiciarla a ella, cosa que también puedo entender. Que no sea santo de mi devoción no quiere decir que no pueda sentir cierta empatía; algo de humanidad me queda en mi corazoncito.

El miedo se vuelve proporcional a la sensación de rechazo que tienes, llegando a resultarte difícil creer que alguien como tú pueda ser elegido/a como amigo/a, como pareja, o que las personas realmente puedan quererte. Y mira que Juan y yo hemos estado rodeados de personas que nos han querido y quieren mucho; en mi caso concreto, lo veo cada día en el ejercicio de mi profesión, lo cual me emociona muchísimo. Sin embargo, ambos hemos llegado a creer que no merecemos nuestra relación, dudando de si realmente lo que sentimos es genuino, o si simplemente nos hemos puesto en guardia esperando la caída, al no aceptar abiertamente el amor que el otro nos ofrecía. Es curioso cómo el miedo distorsiona la realidad, ¿verdad? Porque, si algo hemos descubierto al hacer este libro juntos, es que hemos luchado contra viento y marea para defender nuestros sentimientos. Nos hemos acompañado y apoyado mutuamente, a medida que hemos ido sanando nuestras heridas.

Por ende, si tiendes a ser huidizo/a, te encuentras atrapado/a en una ambivalencia perpetua; cuando alguien te elige, te resulta increíble y te niegas a aceptarte, a veces llegando a boicotear la relación. Por otro lado, si no eres seleccionado/a, experimentas el rechazo de los demás. ¿Te suena esa frase popular «ni comes ni dejas comer»? Pues, más o menos eso.

Esto me pasa a mí mucho cuando discuto o me enfado con Juan: por un lado, vuelco toda mi rabia, consciente de que lo hago, y luego me molesto tanto si recibo de él una respuesta de huida como de amor. En ese momento, lo que busco es el enfrentamiento inconsciente para poder descargar todo el dolor emocional que llevo encima. Por eso, muchas veces él me dice que tiene la sensación de estar en un callejón sin salida o acorralado; haga lo que haga o diga lo que diga, va a estar mal. Y, aunque me duela admitirlo, por el malestar que le creo a él con mi actitud, ciertamente es así: haga lo que haga o diga lo que diga, en esos momentos, yo seguiré buscando el enfrentamiento como mecanismo de defensa.

Él tiene la costumbre de despedirse siempre con un «Te quiero» seguido de tres emoticonos lanzando un beso. Lo hace tanto si el cierre de la conversación es saludable, como cuando necesita escapar por algún motivo. Así que es un arma de doble filo.

El caso es que, tras uno de esos días en los que lo llevé al límite con mi discurso depresivo ante su «Te quiero» de despedida —despedida a la que yo misma le invité a irse—, opté por el silencio. Era mi forma de demostrarle mi disconformidad y, por qué no decirlo, de «castigarlo». Pobre, lo que ha tenido que aguantar.

Unas horas más tarde, ya de madrugada, busqué una ilustración de una chica muy triste bajo la lluvia y se la adjunté junto con el texto «ME RINDO. Te quiero». Al verlo por la mañana en la pantalla de su móvil, me contestó: «Buenos días, cariño. Eso no es rendirse, es dejar vencer al amor». Y aunque yo no me refería a rendirme ante mi terquedad de no haberle dicho «te quiero» la noche anterior, su respuesta me impactó tanto que me di cuenta de cuánto me boicoteaba a mí misma con mis sentimientos. Lo amaba con locura, pero luchaba por alejarlo de mí con todas mis fuerzas. Aunque eso de poco me servía, porque él siempre me decía con lágrimas en los ojos, de la emoción y la empatía hacia mi dolor: «No lo vas a conseguir, ni te lo voy a poner tan fácil, porque yo no me voy a ningún lado».

Nuevamente me atrapa el sentimiento de vergüenza ante mi propio comportamiento reactivo y huidizo, por la forma en que contesto, por llegar a agredir, por decir algo que sé conscientemente que va a hacer mucho daño al otro, ya que busco herirlo en vez de reconocer el dolor que siento en ese momento. Lo siento mucho, cariño; no merecías ese trato, aunque alguna reactividad tuya me he comido yo al principio, subiendo el tono de voz ante un estrés mal manejado. Pero no, no hay excusa: simplemente es el reconocimiento de una mala gestión emocional y el compromiso de seguir trabajando en mis heridas hasta lograr sanarlas, dejándote ser partícipe del proceso. Como un día me escribiste: «Quiero que te cures, ayudarte a sanar y que desaparezcan tus heridas, pero no me dejes fuera».

El pánico se convierte en tu mayor temor como huidizo/a. Tan pronto como te anticipas al miedo que puedes sentir ante una determinada situación, tu primera reacción será la de salvarte, ocultarte o huir. ¿Recuerdas la situación en la que el pánico paralizó a Juan al ver que Otto entraría en cualquier momento por la puerta y vería mi coche? Eso habría supuesto la no firma del convenio. Si Juan hubiese podido desaparecer o hacerme desaparecer a mí para evitar la desgracia, lo habría hecho, porque su cara reflejaba un verdadero terror.

Días después, cuando la situación se calmó entre nosotros, él me explicó cómo se sintió, utilizando como ejemplo a Troya. Cuando la adoptaron y le tiraban un palo para jugar, ella se mostraba atemorizada; asociaba el movimiento con una paliza. Así que tuvieron que buscar la manera de lanzarle el palo de lado para que pudiera ver que no tenía nada que temer. Este mismo ejemplo lo utilizaba como símil para explicarme que se sentía como un perro apaleado, porque cuando se le disparaba una alerta, por el motivo que fuera, repetía los patrones de comportamiento que había aprendido en su relación anterior.

El temor de sentir pánico puede llevarte a perder la memoria en diversas situaciones, algo muy propio de personalidades ansiosas. Es posible que creas que tienes un problema de memoria, cuando en realidad se trata de un problema relacionado con el miedo. Afortunadamente, una vez cicatrizada la herida, tu hipocampo vuelve a funcionar correctamente. Juan asociaba sus despistes al TDAH, pero en muchas ocasiones era el estrés en sí mismo lo que le dificultaba el acceso a su memoria. Esto se convertía en una pescadilla que se muerde la cola, ya que no recordar algo que yo recordaba a la perfección le hacía sentirse aún más estresado, creando sus ya tan conocidos bucles.

Si tuviera que mencionar algunas de las manifestaciones psicosomáticas que aparecen ante la herida del rechazo, destacaría:

› La **diarrea** como síntoma principal, junto con problemas intestinales asociados. Ocurre cuando se rechazan los alimentos antes de que el cuerpo haya podido asimilar adecuadamente sus valores nutritivos. Es muy común en situaciones de ansiedad, pero para ilustrar el tema con una anécdota divertida (aunque no me lo pareció en el momento), perdona de antemano, cariño, lo que voy a contar: el fin de semana de nuestra segunda cita, cuando llegó el momento de la despedida, él se acercó a mí hasta donde estaba mi coche, me dio un beso rápido y, para cuando me metí en el vehículo y quise mirar por el retrovisor para decirle adiós, ya no estaba. Mis ojos debieron parecer dos bolas de fuego, de la indignación que experimenté. Pasé las dos horas del camino a casa dándole vueltas a por qué se había ido de esa manera tan fría y conecté enormemente con la herida del rechazo. Así que, nada más bajarme del coche, le dije lo desconsiderado que había sido; que se lo había pasado de maravilla el fin de semana de amor y sexo, y luego, si te he visto, no me acuerdo. Su respuesta fue: «Me daba vergüenza decirte que tenía diarrea, estaba tan nervioso porque te ibas que empecé a encontrarme fatal». Ahí pensé: «¡Tierra, trágame!», yo y mi lengua sibilina cuando me siento atacada, rechazada, humillada, abandonada o despreciada.

› **Sensación de arritmia**. Experimentas una aceleración del ritmo cardíaco, como si tu corazón estuviera a punto de salirse del pecho, acompañada de un impulso urgente por escapar del lugar donde te encuentras. Esta es la forma que tiene tu mente de evadir una situación complicada y es común en personas que sufren de ansiedad. Aquí me reconozco: esas ganas de salir corriendo y de alejarme de allí lo antes posible. He llegado a coger el coche a las doce de la noche, vestida con una simple camisola y unas zapatillas de estar por casa, buscando la sensación de libertad que me producía conducir lejos de nuestra preciosa casa de madera, que en ese momento sentía como una cárcel o una trampa mortal. De repente, en la radio sonó la canción de

Lluis Llach «Que tinguem sort» (Que tengamos suerte), y sentí que Juan me la estaba cantando a modo: «Nunca dudes que te quiero, te quiero tanto que te dejaría marchar si crees que es lo mejor para ti», como tantas veces me había repetido. Un despertar y toma de conciencia que me sirvió para seguir luchando por este amor. La letra dice así:

Si em dius adéu,
vull que el dia sigui net i clar,
que cap ocell
trenqui l'harmonia del seu cant.
Que tinguis sort i que trobis
el que t'ha mancat en mi.

Si em dius «et vull»,
que el sol faci el dia molt més llarg,
i així, robar
temps al temps d'un rellotge aturat.
Que tinguem sort,
que trobem tot
el que ens va mancar ahir.

I així pren tot el fruit que et pugui donar
el camí que, a poc a poc, escrius per a demà.
Què demà mancarà el fruit de cada pas;
per això, malgrat la boira, cal caminar.

Si véns amb mi,
no demanis un camí planer,
ni estels d'argent,
ni un demà ple de promeses, sols
un poc de sort,
i que la vida ens doni un camí
ben llarg.

Si me dices adiós,
quiero que el día sea limpio y claro
que ningún pájaro
rompa la armonía de su canto.
Que tengas suerte y que encuentres todo
lo que te ha faltado en mí.

Si me dices «te quiero»,
que el sol haga el día mucho más largo
y así, robar
tiempo al tiempo de un reloj parado.
Que tengamos suerte,
que encontremos todo
lo que nos faltó ayer.

Y así toma todo el fruto que te pueda dar
el camino que, poco a poco, escribes para mañana.
Que mañana faltará el fruto de cada paso;
por ello, a pesar de la niebla, hay que caminar.

Si vienes conmigo,
no pidas un camino plano,
ni estrellas de plata,
ni un mañana lleno de promesas, solo
un poco de suerte,
y que la vida nos dé un camino
bien largo.

› **Problemas respiratorios**, sobre todo cuando entras en pánico. Es muy común experimentar hiperventilación o sensación de asfixia. Esto, nuevamente, describe completamente mi situación. Empiezo a agarrarme el pecho, no puedo respirar y me siento mareada, hasta el punto de que tengo que sentarme en el suelo por miedo a desmayarme como consecuencia de la intensidad emocional que me invade. Cuando, por desgracia, ha coincidido alguna vez que mi hija mayor me ha visto así, ella ha aplicado una técnica que le enseñé cuando era muy pequeña: poner las manos sobre el corazón y empezar a inhalar por la nariz y soltar el aire por la boca lentamente, mientras me dice: «Respira, mamá, respira. Estoy aquí contigo». Se me saltan las lágrimas solo de visualizar esa escena. Estoy tan orgullosa de ella, de su empatía, su carisma, su sonrisa, su creatividad, de todo su ser, porque es un ángel de luz, sin duda alguna.

› **Vomitar** es uno de los síntomas recurrentes, así como la sensación de repugnancia o repulsa manifestada a través del cuerpo, que se expresa con la frase «me das asco» cuando te enfocas en la persona que te provoca rechazo. Esta es una expresión que ambos hemos utilizado respecto a nuestras exparejas en los momentos más tensos del proceso.

Una última característica que merece ser destacada en este camino tan tortuoso por el que te hace transitar la herida del rechazo es el *sobrepensamiento* o el *pensamiento excesivo*.

Uno de los retos más grandes para quienes tienden a sobrepensar es que su bienestar emocional puede volverse completamente dependiente de las reacciones de quienes tienen cerca. Son extremadamente receptivos a las emociones ajenas, capaces de notar hasta los más sutiles cambios en el comportamiento de otros. Por eso, es vital aprender a gestionar sus propias emociones; de lo contrario, el descontrol emocional puede causarles daño tanto a ellos como a quienes aman.

Si amas a alguien que tiende a pensar demasiado, hay aspectos clave que debes considerar. Lo que a menudo se percibe como una necesidad suele estar arraigado en el miedo. Recuerda que no hay nadie que agote más a una mente inquieta que el propio pensador. Viven con una actividad mental constante, deseando a menudo experimentar la vida sin verse atrapados en un ciclo interminable de escenarios hipotéticos. Pero desactivar ese flujo de pensamientos no es algo sencillo.

Aunque a veces puede ser difícil de apreciar, hay una belleza inherente en su forma de razonar. Aquellos que piensan demasiado suelen ser quienes aman con mayor profundidad, porque su temor a causar dolor les impulsa a cuidar y valorar intensamente a quienes tienen cerca.

Y de eso sabemos mucho tú y yo, ¿verdad, cariño? Ambos somos sensibles y rumiadores mentales, pero también somos conscientes de la importancia de acompañarnos, escucharnos y respetarnos en el proceso de cada uno.

Recuerda que, si tienes una pareja que tiende a sobrepensar, no te cuesta nada explicarle las cosas con claridad, porque hay personas que realmente están «muy jodidas».

Como habrás podido comprobar, soy la más afectada por esta herida hoy en día; afortunadamente, él ha logrado trascenderla. Me siento atrapada en una desconfianza que me impide avanzar. Temo que la historia se repita y, por eso, boicoteo la relación, convencida de que lo bueno no puede durar; siempre acaba rompiéndose. Él lo llama «el síndrome del veterano», que no logra disfrutar de la paz porque siempre está en guerra. Llevo tanto tiempo mal que a veces no sé qué hacer con el sentimiento de bienestar y felicidad que me embarga cada vez que estoy con él. Está claro que necesito soltar un pasado que no me beneficia y dejar atrás esa tristeza y esa inseguridad que ya no me sirven.

HERIDA DEL ABANDONO

PERFIL PSICOLÓGICO

Nombre: Herida del Abandono.

Activación: Percepción de falta de amor, cariño, afecto y atención.

Máscara: Dependiente.

Apego predominante: Ansioso.

Mayor temor: Soledad.

Principales actitudes y comportamientos observados:

- Tienes dificultades para desenvolverte de manera autónoma y la soledad te asusta. Necesitas estar rodeado/a de personas y recibir atención; sobre todo, dependes del apoyo de quienes te rodean.
- A menudo experimentas una tristeza profunda, ya sea en compañía o en soledad, sin tener claro el motivo.
- Cuando estás solo/a, lloras durante mucho tiempo sin darte cuenta de que te lamentas y te compadeces por lo que consideras un destino desafortunado.
- Inconscientemente, generas situaciones dramáticas o incluso enfermedades para atraer atención o causar lástima. Adoptas una postura de víctima y crees que tus problemas son el resultado de tu mala suerte.
- Posees una notable capacidad para empatizar con los demás, conectando con sus emociones y sufrimientos. Sin embargo, sueles transformar esas situaciones para redirigir la atención hacia ti.
- Tienes una forma de expresarte muy llamativa y a menudo exagerada, con el fin de captar la atención. Cuando estás en grupo, disfrutas hablando de ti mismo/a y sueles llevar las conversaciones hacia tus propios intereses.
- Te muestras muy dependiente y te cuesta tomar decisiones o actuar por tu cuenta.
- Experimentas dificultades para decir no y defender tus necesidades.
- Pides la opinión o el consejo de otros y, en ocasiones, finges no saber hacer algo para recibir ayuda, a pesar de que en realidad tienes la capacidad. Luego, es probable que no sigas los consejos que te dan, ya que lo que realmente buscas es su atención.
- Cuando haces un favor o cuidas de alguien, lo haces esperando que también se preocupen por ti en algún momento.
- Experimentas altibajos emocionales: un día te sientes feliz y al siguiente triste; a veces algo te entusiasma, mientras que en otras ocasiones te produce hastío. Es decir, tus sentimientos te afectan y te desestabilizan con facilidad.

- Te cuesta poner fin a las relaciones y, con frecuencia, haces lo que sea necesario para no quedarte solo/a. Sin embargo, en ocasiones, realizas una huida hacia adelante, apresurándote a abandonar antes de correr el riesgo de ser abandonado/a.
- Crees que una manera de demostrar amor es que la otra persona esté de acuerdo contigo y comparta tus opiniones.
- Al toparte con personas que exhiben un comportamiento enojado, agresivo y/o reactivo, te sientes paralizado/a y comienzas a comportarte como un/a niño/a asustado/a.
- Con el tiempo, te sientes más ansioso/a por la idea de quedarte solo/a. Prefieres aguantar una situación difícil en vez de enfrentarte a la soledad.
- Frecuentemente utilizas palabras y expresiones como: solo/a, no puedo, ausente, no soporto, nadie me deja plantado/a, abandono, entre otras.

No te asustes, la lista es larga, pero al igual que sucede con cualquier herida, no es necesario que te identifiques con todas las características para saber si el abandono forma parte de esa alma rota y lista para ser reparada. Tómalas como una guía y una reflexión hacia tu autoconocimiento. El camino emocional siempre va de dentro hacia fuera.

¿Listo/a para hurgar en la herida?

Como hemos visto, la herida del abandono tiende a confundirse con la del rechazo. Pese a que son distintas, en la mayoría de las ocasiones se presentan conjuntamente.

Abandonar a alguien significa apartarse de esa persona, dejarla y no desear más tener contacto con ella. Se puede considerar como el final de una relación que ha estado soportando un desgaste prolongado, que ya ha atravesado el rechazo previo y, finalmente, ha desembocado en una indiferencia que causa un dolor terrible a quien se siente abandonado.

Si para mí el rechazo era la herida más profunda, para Juan lo era el abandono. Llegó un momento en la relación en el que ambos empezamos a temer hablar el uno con el otro; nuestras reacciones nos asustaban y conectábamos con la idea de que, en cualquier instante, de forma impulsiva, podríamos darnos la patada. Él siempre lo manifestó desde el inicio: «¿Sabes cuál es mi mayor miedo? Que te vayas y me dejes, que nos dejes», refiriéndose también a los niños. Me lo decía con lágrimas en los ojos. Yo, sin embargo, lo hice, sobre todo durante la fase más aguda de mi depresión. Entendía que estar a mi lado en ese momento era un suplicio, y podía comprender que decidiera marcharse no como una huida, sino por la convicción de que eso no era lo que quería para su vida.

La principal diferencia con la herida del rechazo es que, mientras esta se sitúa en el plano del ser —es decir, la invalidación de tu propia existencia por no sentirte merecedor/a de ella—, la herida del abandono se ubica en el plano del tener y del hacer. Aunque en nuestro caso el tener nunca ha sido una prioridad para ninguno de los dos, el hacer ha sido uno de los pilares fundamentales de Juan.

Siempre está haciendo cosas; es su forma de evadirse o de dar a los demás para que estén bien, olvidándose muchas veces de sí mismo. En ocasiones, esto lo llevaba a situaciones que acababan superándolo.

Por ejemplo, cuando yo le conocí, reconocía con mucho dolor la herida de abandono que sus hijos sufrían por parte de su madre, y para compensarlo, los sobreprotegía en exceso. Defendía esta postura mientras se le caían las lágrimas al recordar cuánto estaban sufriendo, especialmente el mayor, debido a la ausencia, la falta de atención y el afecto maternal. Esta carencia de límites por su parte generó en ellos una gran dependencia y una constante demanda, especialmente en la pequeña, que se pasaba el día pegada a él y no permitía que nadie se acercara a ninguno de los dos.

Hacía de Juan su protección, su escudo, su castillo. A pesar de tener solo dos añitos, su expresión recurrente era «lo papa», haciendo referencia a que solo quería que el papa la vistiera, la durmiera, le diera de comer, la acompañara al baño... hasta que su padre no pudo más y acabó petando. Vivía con la sensación constante de no poder con todo, y lo manifestaba con expresiones como: «estoy con lo anterior de lo anterior», «¡vengoooooo!», «esto es insoportable», «no puedo ni respirar», «la clave está en no darle tregua al enemigo»... Incluso proyectaba en la pequeña la imagen de una buena combatiente militar en Cartagena.

Mis niños se habían convertido en lo que en psicología llamamos «el niño tirano» o «el síndrome del emperador», refiriéndonos a un comportamiento autoritario, demandante y controlador dentro del hogar, sobre todo hacia sus figuras de referencia. Estos niños buscan imponer su voluntad de manera dominante y pueden mostrar actitudes desafiantes, agresivas o manipuladoras cuando no obtienen lo que quieren. Suelen ser niños que no toleran la frustración, carecen de empatía y tienen una gran necesidad de satisfacer inmediatamente sus deseos.

Tan solo escribir la descripción me emociona porque han sufrido tanto: los berrinches incontrolables del mayor al no saber autogestionarse, las malas contestaciones de la pequeña, que te miraba con cara desafiante y te llamaba «mala» o te pegaba para que te alejases de ella. Pero solo había que mirar más allá de eso, reconocer, entender y abrazar sus almas magnánimas, porque eran dos niños pequeños asustados que estaban sufriendo y no encontraban la manera de manejar ese dolor.

La máscara que te pones para ocultar esta herida es la del dependiente. Crees que no puedes lograr nada por ti mismo/a y, por lo tanto, sientes la necesidad de que alguien más te sustente. Es decir, te cuesta moverte con independencia y autonomía, y lo que más temes es la soledad, lo que te lleva a necesitar estar constantemente rodeado/a de personas que te brinden apoyo, sobre todo emocional.

Esto es precisamente lo que le sucedía a Juan: su familia, pero sobre todo sus amigos, se convirtieron en sus guías, sus maestros, sus faros. Estoy profundamente agradecida por todo el apoyo que le han brindado, porque sin ellos, literalmente, él no estaría aquí. Fueron quienes lo ayudaron a salir a flote y a evitar que se ahogara en el oscuro y profundo pozo emocional en el que había caído.

Sin embargo, esto tenía una contraparte: Juan no intentaba hacer las cosas por sí mismo, siempre buscaba una referencia o indicación externa, excusándose con comentarios como «Me gusta hablar con los Tatos porque, al ser mayores que yo, tienen más experiencia y sabiduría». Fue una de las primeras cosas que trabajamos en la terapia, el concepto de su propia identidad. La necesidad de disociarse de los demás y encontrar su propia voz. Pero le entiendo perfectamente, porque esas mismas personas también han sido mi sustento y mi gran apoyo en los momentos más difíciles.

Cómo rechazar a seres de luz que te transmiten tanta paz cuando los tienes cerca, ¿verdad? Los consejos de la Tata, el sentido del humor y el cariño de Miquel, la mano siempre tendida de José Luis para evitar la caída, el apoyo de Sonia para ayudarme a sentirme integrada... Y, sobre todo, el amor que todos ellos sienten por mi hija, algo que como madre me llega profundamente al corazón.

Gracias a todos por ser y estar. Os quiero mucho.

De las cinco máscaras, el dependiente es el más propenso a convertirse en víctima, ya que cree que nunca recibe suficiente atención. ¿Recuerdas la «invisibilidad» de Juan ante las mujeres? Sin embargo, también puede disfrutar desempeñando el papel de salvador, lo que llamamos codependencia: «necesito que me necesiten para yo sentirme bien». Es el rol de «ambulancia» que yo le recriminaba cuando adoptaba la postura de caballero andante, siempre dispuesto a solucionar problemas.

Cuando tienes dependencia emocional, es común que asumas roles estereotipados en tus relaciones de pareja. No lo haces de forma consciente, sino que estos roles son patrones que has aprendido y repetido desde la infancia, sin darte cuenta. A través de ellos, intentas satisfacer la necesidad de sentirte valorado/a, amado/a y reconocido/a.

Para ayudarte a comprender mejor estos roles, te explicaré el **Triángulo Dramático**, un modelo psicológico y social que analiza las interacciones humanas desde el enfoque del análisis transaccional de Eric Berne. Este modelo fue descrito por el psicólogo Stephen Karpman en 1968 y se representa gráficamente de la siguiente manera:

TRIÁNGULO DRAMÁTICO DE KARPMAN

El Triángulo Dramático ilustra tres roles principales: el Salvador, el Perseguidor y la Víctima. Estos roles se despliegan de forma automática y reiterada en nuestras interacciones, tanto a nivel verbal como no verbal. Estas dinámicas, conocidas como juegos psicológicos o de relación, se aprenden desde la infancia en el contexto familiar y educativo, y refuerzan creencias fundamentales que desarrollamos, como en el caso de la herida de abandono: «Si muestro mis emociones, nadie se quedará a mi lado», «No soy lo suficientemente valioso/a para ser amado/a» o «Siempre que confío en alguien, termino solo/a». A su vez, estos juegos permiten influir en los demás sin necesidad de hacer peticiones directas, evitando así la vulnerabilidad que implicaría un encuentro genuino y abierto.

Cada uno de estos roles representa un intento fallido de buscar afecto, lo que explica su relación con la dependencia emocional. Según la *Teoría de la Economía de Caricias*, desarrollada por el psicoterapeuta estadounidense Claude Steiner, los seres humanos necesitamos el reconocimiento externo para nuestro desarrollo. Este reconocimiento no se limita únicamente al contacto físico, como un abrazo, sino que puede manifestarse en gestos como una mirada amable, una sonrisa cómplice o una mano en el hombro. En otras palabras, una caricia se entiende como una señal de reconocimiento.

Cuando una persona no sabe cómo recibir una caricia positiva, puede intentar obtener una caricia negativa antes que ninguna. Como expresó el novelista William Faulkner en su obra *Las palmeras salvajes*: «Entre el dolor y la nada, prefiero el dolor». Esta dinámica se hace evidente en situaciones de supervivencia, donde, al enfrentar la escasez de recursos como alimentos y agua, se opta por beber de un estanque sucio o comer algo indeseable para seguir viviendo. La teoría se basa en la idea de que, de manera inconsciente, se cometen errores para llamar la atención de los demás. Si no recibo tu reconocimiento positivo, puedo recurrir a comportamientos disfuncionales para provocarte. Esto no es más que un grito desesperado, una forma de rebelión para atraer la atención de la persona que amo o aprecio.

Juan retransmitía todo su divorcio a amigos y familiares, buscando en cierto modo la aprobación o validación de sus propias emociones. Al inicio, no reconocía el dolor que le causaba la situación. Cuando comunicó su separación, lo hizo diciendo: «Me han licenciado», una clara evasiva que evitaba tocar esa herida que le escocía. Sin embargo, cada cosa que iba sucediendo —y la verdad es que darían para hacer una novela— necesitaba compartirla. Esto derivó en casi un parte diario del monotema que, en él, conseguía el efecto contrario al que pretendía, ya que le impedía desvincularse de su dolor.

Después, se fue perfeccionando en su «táctica». Continuó transmitiendo en exceso todo lo que le sucedía, llevándolo también a los comienzos de nuestra relación, pero esta vez más con su familia, sobre todo con su madre. La inseguridad que sentía, el miedo al abandono, a hacer las cosas mal y el choque frecuente con mi herida del rechazo y mi máscara evitativa lo llevaban a compartir gran parte de nuestra vida privada. Buscaba respuestas más adaptativas para no cometer errores que me invitaran a marcharme.

Al principio, sentí esto como una invasión de nuestra intimidad, pero luego entendí que lo que él necesitaba eran soluciones y que estaba acostumbrado a encontrar referencias en los demás, lo que le calmaba. Recuerdo un día en que me fui con todas mis cosas; él, muy nervioso, llamó a su madre. Ella le preguntó: «¿Se ha llevado las llaves?» Él fue a comprobarlo y, efectivamente, me las llevé. Entonces, ella le dijo: «Volverá», y sus miedos se atenuaron con esa simple respuesta.

Es cierto que, tanto a ella, como a mí, como a nuestra hija mayor, nos identificaba como parte de la hermandad de las Bene Gesserit de la saga Dune, que, además de sus habilidades superiores en combate adquiridas mediante el condicionamiento físico y mental Prana-Bindu, poseen un preciso control psíquico que predice el futuro. Sin embargo, esto lo exponía mucho, y al final, ninguno era él, ni nadie sentía lo que él sentía, así que se acababa ahogando entre tantos consejos, sobre todo cuando estos eran contrapuestos.

Por tanto, como acabamos de ver con el ejemplo, al necesitar el apoyo de los demás, aun cuando tengas o no dificultades para tomar decisiones por ti mismo/a, antes de decidirte, sueles pedir la opinión o aprobación, ya que necesitas sentirte respaldado/a en tus decisiones. La realidad es que, muchas veces, finges no saber hacer algo para recibir ayuda, buscando con ello atención, pero al final no sigues los consejos que te dan. Esto le pasaba mucho a Juan en el trabajo desde que sufrió *mobbing*. Aunque su inseguridad estaba justificada por la intimidación y la degradación a la que le sometían sus compañeras constantemente, el miedo a no pertenecer al equipo y al abandono de sus capacidades como médico le hacían dudar de sus criterios, y muchas veces buscaba una segunda opinión callándose la propia.

Regresando al Triángulo Dramático, en ocasiones, algunas personas prefieren recibir críticas como una manera de experimentar amor. El Salvador actuará impulsado por la culpa, la Víctima lo hará guiada por el resentimiento, y el Perseguidor lo hará con agresividad. Este intercambio emocional puede hacer que quien asume uno de estos roles se sienta mal.

El término «Triángulo Dramático» es apropiado, ya que, llevado al extremo, el Perseguidor podría llegar a convertirse en un homicida, la Víctima podría suicidarse, y el Salvador podría padecer problemas físicos o psicológicos por intentar cuidar a los demás.

Aquellos que desempeñan los tres roles del Triángulo Dramático suelen sentirse tan mal que, a menudo, buscan mejorar cambiando de rol:

- **El Salvador**, agotado de su rol, pasará a perseguir a la Víctima.
- **La Víctima** intentará escapar de su inacción persiguiendo al Perseguidor o al Salvador.
- **El Perseguidor**, al final, sentirá culpabilidad y se convertirá en Salvador.

Como puedes ver, se genera un ciclo vicioso que se retroalimenta constantemente. A pesar de los intentos de estas personas por cambiar su situación, lo único que logran es reajustar su dinámica al cambiar de rol, debido a su inmadurez emocional.

¿Esto implica que no podemos ayudar a los demás? No debemos caer en ese extremo. Es posible ayudar a una pareja, a nuestros padres, amigos o compañeros de trabajo, pero debemos ser conscientes de cuándo se nos está pidiendo ayuda y cuándo no. También es importante distinguir si nuestra ayuda proviene de un deseo de recibir una recompensa en el futuro o si es realmente altruista. Ayudar a alguien no debe confundirse con convertirnos en su rescatador, por lo que es esencial evitar caer en este juego.

Entonces, ¿cuál es la utilidad de estos roles? En realidad, no aportan nada positivo. Más bien, ocultan nuestro miedo a la intimidad y a vivir experiencias auténticas, ya que tememos que las experiencias pasadas se repitan o nos preocupamos por lo que aún no hemos vivido. Con el tiempo, estos comportamientos disfuncionales se normalizan en las relaciones, y no satisfacen nuestras necesidades. En lugar de eso, nos hacen sentir cada vez más vacíos y temerosos, lo que impide que podamos disfrutar de algo tan hermoso y puro como el amor genuino.

Como dependiente, a menudo sufres altibajos emocionales. Durante un tiempo, te sientes en pleno bienestar y todo marcha bien; pero, de pronto, te sientes malhumorado/a y triste, preguntándote por qué te sucede esto si no hay un motivo aparente que lo justifique. Sin embargo, en realidad sí existe un motivo: el temor a quedarte solo/a. Era habitual escucharle decir: «Si hay una situación de descontrol, me desespero, contesto peor y cometo más errores por miedo al abandono». Es decir, sus sentimientos le afectaban y desestabilizaban con facilidad, aunque él se consideraba una persona racional. Por eso, le costaba asociar sus emociones con todo lo que estaba tratando de procesar en su interior.

En estos altibajos también me reconozco yo, sobre todo durante la depresión. Había días que se convertían en un verdadero infierno; no me aguantaba ni yo misma y provocaba una tensión tal en nuestras conversaciones que, en ocasiones, él se tenía que levantar y dar una vuelta para tomar aire y seguir tratando de levantarme el ánimo. Sin embargo, en otros momentos, me sentía la mujer más afortunada del mundo por tenerle en mi vida. Pasaba horas observándole, incluso cuando dormía, y despertaba en mí un amor y una ternura tan intensos que podría pasar la vida abrazada a él, sin despegarme, sintiendo un deseo que alcanzaba niveles insospechados.

Una característica muy destacada es estar dispuesto/a a aguantar situaciones difíciles en lugar de ponerles fin. Es decir, experimentas dificultades para decir «no» y defender tus necesidades. Ya me habrás escuchado mencionar una de las muletillas clásicas de Juan: «Yo soy feliz si tú eres feliz», de la que tanto le costó desprenderse. Primero estábamos todos, y ni siquiera dejaba una pequeña parcela para él; simplemente seguía, por inercia, poniendo la atención en los demás. Sin embargo, esto le producía insatisfacción, ya que no era suficiente para él ser el salvador. Requería autonomía y autoafirmación, el valor de la individualidad dentro de la relación de pareja, para realmente sentirse bien.

Justo ayer le escuché decirme «soy feliz» al preguntarle: «¿Qué piensas cuando me miras así tan fijamente?», mientras estábamos tumbados en la cama. Era la primera vez que su respuesta estaba centrada solamente en él, y me gustó tanto escuchárselo. Por fin se estaba encontrando, reconociendo y validando. Se merece esa paz interior que tanto le ha costado lograr.

Dentro de estas dificultades para defender tus propias necesidades, está, una vez más, el miedo a quedarte solo/a. Con frecuencia, vives en conflicto contigo mismo/a, ya que, por una parte, exiges mucha atención y, por otra, temes estar pidiendo demasiado, lo que podría molestar a la otra persona y llevarte a la posibilidad de ser abandonado/a.

Esto era algo que yo percibía mucho en él al principio, ya que, por un lado, tenía la necesidad de su propio espacio, manifestada a través de todas sus aficiones, que no son pocas, ¡jajaja! Sin embargo, le agobiaba mucho que a mí me aburriesen, dada la peculiaridad de sus intereses. Otro ejemplo venía de la mano de no dejarme participar en las labores de la casa, alegando que no quería que me sintiese como una chacha, a lo que yo le contestaba que peor era sentirme una invitada en «mi propio hogar».

Al final, terminó comprendiendo que, si realmente éramos un equipo, como tantas veces me decía, debía dejarme participar en su vida, así como yo le tenía que dejar participar en la mía. Y no te voy a negar que al revés también me costaba un poquito.

La dificultad para poner fin a tus relaciones, impulsada por el miedo a la soledad, no siempre se expresa mediante la tolerancia a situaciones insostenibles. A veces, lo que sucede es lo contrario: te apresuras a salir de la relación antes de enfrentar la posibilidad de ser abandonado/a. Si has conseguido llegar hasta aquí sin perder el hilo de nuestra historia, verás que Juan representa el primer caso, mientras que yo me identifico con el segundo, relacionado con mi herida de rechazo.

La tristeza será la emoción más intensa que experimentes si portas la máscara del dependiente, y en muchas ocasiones tenderás al llanto sin siquiera entender cuál es el motivo aparente por el que, de repente, has empezado a sentirte así.

Esta sensación de incomodidad repentina ha sido algo muy marcado en mí durante todo este proceso de conexión con él y de adaptación a toda esa intensidad emocional, tanto cuando me elevaba al reino de los cielos como cuando me arrastraba al de los infiernos. Podía pasar dos días fantásticos, pero de un momento a otro empezaba a sentir una ansiedad tal que las ganas de huir, desaparecer, evaporarme, me consumían sin comprender el porqué de ese cambio tan brusco. Es cierto que vivíamos subidos en el Dragón Khan, pero siempre teníamos la posibilidad de bajarnos un rato y tomar aire, al menos para evitar vomitar. Sin embargo, los momentos de paz parecían no querer acompañarme por un tiempo prolongado. Toda la situación acabó por superarme, y esa pérdida de control emocional me generaba una angustia tan grande que llegué a tener miedo de que comenzara un nuevo día, porque no sabía qué me depararía.

En su caso, la tristeza la vivía más en el ámbito privado. Sin duda, soy la persona que más ha presenciado esta expresión emocional en él, y, aun así, muchas veces esperaba a que yo me desconectara del ordenador o me durmiera para derrumbarse, llorar y hacerse daño a sí mismo, pensando que todo era una mierda y que no merecíamos, ninguno de los cinco, pasar por tanto dolor.

Pero también eres capaz de irte al extremo, alejándote o apartándote de la persona o situación que te causa tanta tristeza o ese sentimiento de soledad tan profundo. Así era yo, la gran escapista. ¿Cómo explicarlo? Sentía la necesidad de buscar aislamiento, muchas veces metiéndome en mi coche aparcado en el porche de casa, cerrándome inconscientemente a compartir con él el terror que sentía, la ansiedad que me atravesaba y el miedo a perder el control sobre mí misma. Sin embargo, lo que más deseaba era que él saliera, abriera la puerta del vehículo, me hiciera bajar y me abrazara fuertemente para devolverme la tranquilidad y la seguridad. A menudo caía en lo que en psicología llamamos disonancia cognitiva, ese «sí, pero no», la tensión que sentimos cuando mantenemos dos ideas contradictorias o incompatibles entre sí, o cuando nuestras creencias no coinciden con nuestras acciones. Este malestar suele venir acompañado de culpa, enfado, frustración o vergüenza.

No me abría a recibir su amor ni aceptaba lo que estaba sintiendo o viviendo. Pero, por mucho que intentara negarlo, aun así, estaba ocurriendo. Era como intentar tapar el sol con un dedo o escribir sobre papel mojado: imposible negarlo. A su vez, temía cómo mi comportamiento podía repercutir emocionalmente en él. Recuerdo que, cuando estábamos en la cresta de la ola más difícil que surfeamos, le escuché decir que no estaba 100 % implicado porque le daba miedo meterse a fondo, especialmente cuando cada tres días sentía la amenaza de que todo iba a acabar. Este miedo era totalmente adaptativo, nada patológico, a pesar de que, en realidad, estaba enamorado y metido hasta las trancas, ¡jajaja! A veces, entre risas con nuestro amigo José Luis, recuerdo cómo, tras nuestra primera cita, él me dijo que le veía muy encoñado y cuando se lo conté a Juan como algo gracioso, se molestó, afirmando que no estaba encoñado y que había venido a Barcelona para establecer un compromiso real. Es bonito recordar todo esto con la perspectiva del tiempo; en realidad, este libro no deja de ser una gran historia de amor.

Y es que, cuando portas la máscara del dependiente y la huida juntas, te conviertes en una bomba de relojería, saboteando la relación ante la mínima presencia de lo que percibes como un miedo, una duda o una incoherencia por parte de la persona que amas. Cuanto más enamorada me sentía, más pavor me entraba a perder la relación, y yo misma la boicoteaba, amenazando con irme y maximizando el dolor de algo que no era para tanto, o llegando a discutir por pequeñas cosas, con el consecuente efecto bola de nieve.

Es tanta la intensidad del malestar que te las arreglas para poner fin a la unión de una manera u otra, sobre todo en tu cabeza, porque luego los pies no te acompañan tan alegremente, ya que en realidad no deseas irte a ningún lado.

Volviendo a José Luis, a quien ambos adoramos y consideramos parte de nuestra familia, ante mis intentos de fuga, le decía a Juan: «Ciara está donde quiere estar, no se irá; su lugar está contigo. Ella lo sabe y tú también», y no se equivocaba, porque en mi corazón nunca tuve la intención real de abandonar al que consideraba ya el amor de mi vida.

Crees que una manera de demostrar amor es que la otra persona esté de acuerdo contigo y comparta tus opiniones.

Cuando Juan y yo revisamos juntos las características de esta herida y llegamos a esta en concreto, le pregunté: «¿Te reconoces?» Su respuesta me hizo reír: «No es exactamente así como lo vivo, pero lo prefiero». Está claro que la ley del mínimo esfuerzo siempre resulta atractiva, pero te invito a reflexionar: ¿es efectiva? Ahí te lo dejo.

Al cruzarte con personas que se presentan ante ti con un comportamiento enojado, agresivo y/o reactivo, a menudo te sientes paralizado/a y comienzas a comportarte como un/a niño/a asustado/a. Esto lo he observado en él en múltiples ocasiones: ante sus compañeras de trabajo del hospital del que fue desterrado y frente a Otto, donde llegaba a sentir pánico y anticiparse a cualquier posible mala reacción por su parte, que solía acabar derivando en gritos, insultos y descalificaciones constantes hacia él, su profesionalidad, su círculo social y todo lo que a esta brillante mujer fatal se le pasara por la cabeza. También lo he visto ante su madre, a quien llamaba «la Voz en mayúsculas», volviéndola a vincular con la hermandad de las Bene Gesserit del universo Dune, la famosa serie de novelas de ciencia ficción escrita por Frank Herbert y adaptada al cine primero por David Lynch en 1984 y luego por Denis Villeneuve en 2021.

Uno de los conceptos más destacados relacionados con las Bene Gesserit es «La Voz». Esta es una técnica que les permite manipular a las personas a través de la modulación de su voz. Al utilizar La Voz, pueden influir en las acciones y decisiones de los demás, forzándolos a obedecer sus órdenes sin cuestionarlas.

Su madre, ante la impotencia de no haber encontrado la manera de comunicarse adecuadamente con él, debido al carácter muchas veces contrapuesto de ambos, a veces resultaba impositiva en la forma de decirle las cosas. Por su parte, él mantenía una actitud pasivo-agresiva; acataba y callaba, ya fuera por inseguridad, hartazgo o por evitar discusiones, o, cuando empezó a sentirse más empoderado, le respondía con frases como: «Un consejo deja de ser un consejo cuando se convierte en una orden».

Y, la verdad, una de las cosas de las que más me enorgullezco desde que llegué a esta familia es ver cómo la relación entre ellos ha avanzado favorablemente a pasos agigantados. Por fin están encontrando el tan deseado equilibrio madre-hijo que ambos anhelaban.

Volviendo a la máscara: el nivel de ansiedad que experimentas al estar solo/a influye en la intensidad de tu sufrimiento, que se incrementa con el tiempo. Recuerdo que Juan solía mencionar lo solo que se había sentido en los últimos años y el miedo que tenía de acabar de la misma manera al final de su vida. Cuando le preguntaba a qué le temía, su respuesta era: «a la soledad en sí misma».

Esta sensación provoca en ti una especie de urgencia, ya que temes que lo que anhelas sea inalcanzable o no esté disponible cuando lo necesitas. En su caso, esto se manifestaba en su deseo de crear, para mí, un despacho en su casa para que pudiera trabajar cómodamente, o de agregar una habitación más para mi hija, dándole así su propio espacio y haciéndola sentir parte de la familia, solo unos meses después de que comenzáramos nuestra relación. Al principio, ese impulso me emocionaba y me aterraba en igual medida. Anhelaba ese proyecto de vida junto a él y los niños, pero me preguntaba: ¿y si no funcionaba? ¿Iba a hacer una inversión que podría no dar frutos? Una vez más, se ponía a prueba mi capacidad como esprintista profesional.

Hoy en día, tenemos un hogar hermoso, lleno de vida, luz y mucho amor, un espacio tan nuestro que cada vez que llegamos a casa nos invade una sensación de paz y calma, similar a la que se siente al entrar en una iglesia, templo o santuario. ¿Quién nos lo iba a decir a nosotros, que llegamos a odiar esa casa con todas nuestras fuerzas? Él, porque lo llevó a la ruina económica y personal; y yo, porque se convirtió en una trampa mortal, un foso del circo romano donde cada pocos días tenía que combatir contra «el enemigo», siempre temiendo no salir viva.

Lo más notable, a diferencia de otras heridas emocionales, es que la del abandono es la más ligada a la sexualidad. En este sentido, como persona dependiente, tiendes a usar el sexo como una forma de conectar con los demás. Cuando sientes que alguien te desea, crees que eso te otorga mayor valor.

En el caso de Juan, el sexo siempre ha ocupado un lugar importante, aunque también ha experimentado mucha frustración al respecto. A menudo, esto se daba por la ausencia de este en su vida, pero también ha sucedido cuando lo ha tenido y no ha podido disfrutarlo debido a la falta de motivación de la persona con la que lo compartía. Afortunadamente, en nuestra relación eso no ha sido un problema, ya que ambos somos muy sexuales. Disfrutamos de nuestros cuerpos y del otro con total confianza, libertad y placer, cerrando así esta parte de nuestras heridas de abandono, forjadas a fuego en nuestras relaciones anteriores. Aunque, como veremos en la herida de la humillación, aún quedan suturas que realizar, pero estamos dispuestos a coger aguja e hilo y practicar hasta que queden perfectas, de algo tiene que servir que sea cirujano, ¡jajaja!

Con él, superé todos mis complejos respecto a mi imagen, ya que me hizo sentir segura, atractiva, deseada y sexy. Estos complejos habían condicionado mi sexualidad en muchos aspectos: el temor a hacerlo con la luz encendida, la necesidad de taparme para que mi pareja no me viese mucho, la vergüenza de mirarle a la cara mientras hacíamos el amor y el rechazo a mantener relaciones sexuales por la mañana, debido a la falsa creencia de que mi sequedad vaginal se debía a la falta de excitación al recién levantarme. Sin embargo, hoy puedo decir que he descubierto el verdadero placer y la sexualidad plena con él, y él conmigo; un tándem perfecto en el que pedalear hasta que el cuerpo aguante y el amor nos invite a seguir recorriendo kilómetros juntos.

Como curiosidad, tiene una forma de expresarse muy llamativa y a menudo exagerada con el fin de captar la atención, y esto es tan Juan. Sus sarcasmos, ironías y múltiples datos que solo él entiende los utiliza en muchas ocasiones para atraer la atención de los demás y sentirse arropado y querido. Y la verdad es que su humor tan peculiar siempre acaba por sacarte una sonrisa, aunque en otras ocasiones te desesperes al no entender muy bien qué es lo que intenta comunicar con tantas referencias históricas y bélicas que tú no has escuchado jamás. ¡Jajaja! Pero eso me encanta de él; lo hace único, genuino y especial.

Debes tener en cuenta que la herida del abandono no solo es importante cuando te sientes abandonado/a por otros, sino también cuando te sientes abandonado/a por ti mismo/a, en el sentido de decidir no intervenir en el malestar que te afecta. Y aquí nuevamente nos reconocemos ambos: siempre pendientes de los demás, menos de nosotros mismos, incapaces de decir «no» por sentirnos culpables al hacerlo y de atender nuestras propias necesidades por pensar que seríamos vistos como egoístas o egocéntricos, alejándonos así de nuestro amor propio.

Como te mencioné al principio de este apartado, es prácticamente imposible que te identifiques completamente con todos los aspectos mencionados. Cada una de las heridas emocionales tiene sus propios patrones de comportamiento y actitudes internas. Las formas de pensar, sentir, hablar y actuar que corresponden a cada herida reflejan una reacción frente a lo que sucede en la vida.

Cuando reaccionas, no estás en tu centro, lo que te impide sentirte bien o experimentar alegría, bienestar o felicidad. Por eso es tan valioso darte cuenta de los momentos en los que realmente eres tú mismo/a, en contraste con aquellos en los que solo estás reaccionando. Al reconocer esto, podrás tomar el control de tu vida en lugar de ser gobernado/a por tus miedos.

Justo hoy, Juan y yo hablábamos de ello. A veces, él reconoce lo patológico de la herida, pero en otras ocasiones dice que simplemente está reaccionando. Para justificar la diferencia, argumenta: «Es normal sentirse nervioso, triste y llorar cuando ves que tu pareja, a la que tanto quieres, está recogiendo todo, dando portazos, gritándote, diciéndote que no te acerques a ella, que no la toques y que empieces a asimilar que no va a volver más. Pues, hombre, patología o reacción, lo único cierto es que muy contento no te pones».

¿Cómo ha sido el viaje de introspección hasta ahora? ¿Te está resultando muy duro? Cualesquiera que sean las emociones que estés experimentando, obsérvalas sin juzgarlas. Permite que fluyan a través de ti. No hay mejor manera de tomar consciencia que dejarlas transitar por cada poro de tu piel, porque forman parte de tu identidad, tu esencia, tu alma. En definitiva, eso es lo que eres, y solo por eso ya vale la pena, ¿no crees?

HERIDA DE LA HUMILLACIÓN

PERFIL PSICOLÓGICO

Nombre: Herida de la Humillación.

Activación: Sientes que las personas a las que amas se avergüenzan de ti o temes que lo hagan.

Máscara: Masoquista.

Apego predominante: Desorganizado - Evitativo.

Mayor temor: Libertad.

Principales actitudes y comportamientos observados:

- Las comparaciones, burlas o castigos te afectan de manera particularmente negativa.
- Sientes vergüenza de ti mismo/a o de los demás, y temes ser ridiculizado/a.
- A pesar de que conoces tus propias necesidades, estas no son respetadas, y sueles asumir más responsabilidades de las que te corresponden, aunque te cause estrés. Esto se debe a que tu enfoque tiene un toque masoquista y sientes que debes demostrar que eres capaz.
- Casi nunca te permites disfrutar de la vida porque, para ti, «estar libre» implica no tener límites y experimentar un exceso de placer.
- Tiendes a ser muy sensible y a tomarte las cosas de manera personal.
- Sueles reprimir lo que quieres decir, ya que has aprendido a creer que no tienes derecho a expresar algo que pueda afectar a los demás. Incluso, logras llegar a justificar sus acciones.
- Acostumbras a responsabilizarte de todo; además, asumes la culpa o la responsabilidad de otros, ya que es tu manera de sentirte una buena persona.
- Aunque te consideras una persona sensual y sexual, te resulta complicado entregarte por completo debido a tus creencias limitantes y a la percepción desfavorable que tienes sobre tu aspecto físico.
- A menudo te castigas a ti mismo/a, pensando que de esa manera castigas a otros.
- A veces sientes repulsión hacia ti mismo/a, sintiéndote indigno/a, sucio/a y poco atractivo/a para los demás. Esto puede llevarte a rechazar lo que te desagrada, tanto de ti como de otros, buscando así protegerte.

- El sentido del deber es muy importante para ti.
- Tienes la tendencia a recompensarte con comida, convencido/a de que lo haces por placer, pero rápidamente la culpa y la vergüenza te hacen darte cuenta de que ese disfrute no es real.
- Engordas con facilidad y haces de ello un mecanismo de defensa que justifique la razón por la que no disfrutas de ti mismo/a ni de tu pareja, tanto en el ámbito emocional como en el sexual.
- Tienes la habilidad de hacer reír a los demás burlándote de ti mismo/a y humillándote.
- Te sientes atraído/a por lo pequeño, lo simple y lo cotidiano, lo que te brinda una sensación de seguridad, estabilidad y permanencia, porque no logras reconocer la grandeza de tu esencia y de tu ser.
- Te suele costar identificar cuándo estás siendo manipulado/a directa o indirectamente.
- En tu forma habitual de hablar, a menudo usas palabras y expresiones como: digno/a, indigno/a, pequeño/a, gordo/a, sucio/a, me siento atrapado/a, asco… así como insultos como: puta, cerdo…

Vamos a empezar definiendo qué es la «humillación», ¿te parece? Básicamente, es cuando haces que alguien se vea inferior, que hieres su orgullo o su dignidad, ya sea rebajándolo o menospreciándolo de manera evidente. Sinónimos que pueden aportar claridad al concepto podrían ser: desprecio, degradación, afrenta, vejación o incluso menosprecio. Todos estos términos giran en torno a la idea de hacer que una persona pierda su valor o respeto.

Por lo tanto, cuando te sientes humillado/a, las comparaciones, burlas o castigos te impactan profundamente, dado que los percibes como una negación de tu valor personal, venga esta de alguien más o de ti mismo/a. Por lo que, como ya has podido deducir, esta se relaciona principalmente con el plano físico, con el «tener» y el «hacer», igual que ocurría con la herida del abandono, manifestándose en diversos aspectos, como has observado en el conjunto de actitudes y comportamientos asociados.

Aunque esta herida la hemos sufrido ambos, en mayor o menor medida, Juan quizás es el que más la ha sostenido en el tiempo. Sin embargo, antes de trabajarla juntos, ni siquiera la sentía como tal.

Te sientes despreciado si te percibes demasiado controlado; sin embargo, es común que reconozcas en tu comportamiento, especialmente durante la infancia o adolescencia, que buscabas hacer cosas prohibidas como si anhelaras ser regañado, humillado o llamar la atención, aunque esto pueda parecer contradictorio. De aquí que la máscara que te creas sea la del masoquista.

El masoquismo es la tendencia de una persona a obtener satisfacción, e incluso placer, a través del sufrimiento. Aunque muchas veces lo hace de manera inconsciente, suele buscar el dolor y la humillación. A menudo, se las arregla para infligirse daño o castigarse antes de que otro lo haga.

Él sentía que no era suficiente para sus padres, sobre todo para su madre. La relación entre ellos fue complicada. No entendía cómo, objetivamente, según su parecer, era un buen estudiante, deportista, no bebía y llegaba pronto a casa, pero nada de esto parecía bastar. Reconocía que tuvo su época «heavy», en la que fumaba y se metió en política, y esto no gustó; sin embargo, no le parecía que eso justificara que no se sintieran orgullosos de él. Le pedí ejemplos más concretos para poder enmarcar su sensación, pero se le dificultaban, así que decidí recurrir a su madre para observar cómo lo vivió la otra parte. Aquí pude clarificar más cosas:

«De niño era terrible; a los tres años, le preocupaba la Santísima Trinidad. En la parcela, cuando alguien hacía una travesura, solía estar implicado. En ocasiones, llegamos a asumir los costes de los desperfectos cuando no se identificaba al culpable, porque lo más probable es que hubiese sido él. Hizo desaparecer la llave de un coche y ponía castañas en los tubos de escape para que explotaran cuando se ponían en marcha; era la época de ETA. Le daba un consejo y no hacía caso; nunca obedecía. En el colegio, estaba en el despacho del director o en el patio, para no molestar a los compañeros. Nos peleábamos mucho, horas enteras tratando de convencerlo; en aquella época no sabía que era Asperger. Le hicieron muchas pruebas y no lo diagnosticaron; yo no paraba de buscar bibliografía, pensaba que era un problema de superdotación, que es el diagnóstico que siempre tuvo. Me leí todo lo que se publicaba. No lograr ayudarlo y verlo sentirse desgraciado, lo llegué a sentir como el fracaso de mi vida. Siempre sufrí porque sabía que no era feliz. Estoy alucinada con su comportamiento actual y sé que es por ti. Estoy logrando conectar con él y ha llegado a decirme "te quiero"; es la primera vez que se lo escucho».

Todo esto me lo cuenta con mucho dolor, envuelta en lágrimas y emocionada por empezar a ver la luz al final del túnel y reencontrarse con su «pequeño».

Juan reconoce que sus padres han sufrido mucho por él, por no verle feliz, y que ha necesitado 47 años para llegar hasta aquí; pero cada día está más convencido de que el camino ha valido la pena, y nada me emociona más que haber contribuido a su bienestar y paz interior.

Como emoción predominante sentirás vergüenza, que puede estar o no asociada, junto con la humillación, a la herida en sí misma. Sin embargo, también puede ocurrir que vivas una experiencia de rechazo y te sientas humillado/a antes que rechazado/a.

Una de las maneras en que Juan expresaba esta emoción era a través de frases como: «A veces os veo a los cuatro juntos, tan felices, y siento que sobro» (refiriéndose a los niños y a mí) o «Lo peor de mi lucha es que es contra mí mismo, mis miedos y mis inseguridades». En mi caso, esto se manifestaba más en el sentimiento de humillación ante el rechazo del Sr. G., un personaje narcisista perverso que estuvo presente en mi vida durante veinticinco largos años, después de haberme dicho que le daba asco tras haber mantenido relaciones sexuales juntos.

La vergüenza tiende a asociarse con el miedo y la culpa —el Triángulo de las Bermudas que te mencioné en capítulos anteriores—, pero en el caso de esta herida, es importante destacar la segunda. Por ello, voy a dedicar un pequeño espacio para clarificar conceptos, de modo que quede clara su vinculación e implicación en tu proceso de cicatrización.

Te sientes culpable cuando piensas que lo que hiciste o dejaste de hacer estuvo mal. La vergüenza aparece cuando te das cuenta de que no actuaste como deberías. Si no te sientes orgulloso/a de ti mismo/a, es fácil que te sientas avergonzado/a, te castigues y quieras esconderte. Puedes sentir culpa sin experimentar vergüenza, pero es imposible sentir vergüenza sin que haya culpa involucrada.

Cuando cargas con la herida de la humillación, tiendes a ser muy sensible y a tomarte las cosas de manera personal, lo más mínimo te duele. Te esfuerzas al máximo por no herir a los demás. Cuando alguien, especialmente si son tus seres queridos, se siente infeliz, crees que es tu responsabilidad; piensas que quizás dijiste o hiciste algo inapropiado, o que no hiciste lo necesario. No te das cuenta de que, al estar tan concentrado en las emociones de los demás, descuidas tus propias necesidades.

Este comportamiento estaba muy marcado en Juan. Cada vez que me veía mal, me preguntaba: «¿Qué he dicho ahora?», «¿Qué he hecho?», «¿Qué puedo hacer por ti para hacerte sentir mejor?», «Daría lo que fuera por saber qué te puede ayudar a trascender ese dolor». Sin embargo, muchas veces mi situación emocional no tenía nada que ver con él. A pesar de ello, tendía a personalizarlo, viéndolo a través de las emociones implicadas en el Triángulo de las Bermudas.

De los cinco tipos de personalidad (máscaras), el masoquista es el que menos atención presta a lo que necesita, a pesar de que a menudo es consciente de sus deseos. Al ignorar sus propias necesidades, se causa un sufrimiento mayor, lo que alimenta su herida de humillación y su comportamiento masoquista. Se esfuerza por ser útil, lo que le permite ocultar su herida y convencerse de que no está sufriendo humillaciones. Algo muy marcado en su relación con Otto, como puedes ver en los siguientes ejemplos:

Otto: Inútil.
Otto: Hijo de puta.
Otto: No has entendido todavía por qué te he dejado.
Otto: Te he dejado para no soportar esos comentarios misóginos hacia mí y para que no conviertas a nuestro hijo en un maltratador, pero tú sigues.
Otto: ¡Hijo de la gran puta! ¡Te odio a rabiar!
Otto: ¡Eres la peor lacra que puedo tener en mi vida! ¡Que te den por culo, hijo de puta!
Otto: ¡A ver si te follan bien y te relajas de una vez! ¡Déjame tranquila y ataca a la otra, ojalá, Dios lo quiera pronto!

¡Que te follen!
Otto: Como vuelvas a decirle al niño cosas en mi contra y explicarle cosas de nuestro divorcio, te juro por mi vida que saco a la luz tu agresión verbal al niño y te quedarás sin ellos. ¡Ahora ya no tengo por qué aguantar más! Me he divorciado por no sentirte, y como vea que hablas mal de las mujeres delante del niño, te los quito. ¡Misógino de mierda! ¡Esta es la Otto que has conseguido tener a partir de ahora! ¡Hijo de la gran puta!

Situación real que provoca esta respuesta: nuestro hijo mayor se enfada con una compañera de clase que es muy mandona. Para quitarle hierro al asunto, el padre le pone como ejemplo las discusiones que tiene con su madre y cómo gestionarlas. El niño, como niño, llega a casa de su madre y le cuenta lo sucedido. Y esa es la respuesta de «la señora educación». Por cierto, la agresión verbal a la que se refiere son las pocas veces que él ha reaccionado ante ella diciéndole que se callara, lo que equivale al estallido de una olla a presión que acaba por explotar. Sin embargo, es probable que ella obviase este detalle en su supuesta conversación con su hijo. Se admiten apuestas.

Más ejemplos: respuesta ante un mensaje de Juan que decía: «Si contacto contigo es para cosas puramente operativas de los niños».

Otto: Lacra.

Otto: Lacra de Persona.

Otto: Agotas a todos.

Otto: ¡Que te den!

Utilización de la humillación en respuesta a los silencios de Juan, quien no entra en conflicto ante sus constantes ataques durante la negociación del convenio de custodia de los niños.

Otto: Y no me tengas tanto miedo que no muerdo.

Otto: Si eso grabas la conversación cuando nos sentemos.

Otto: Cobarde.

Otto: Si quieres hacemos un 75 y 25 según sueldo.

Otto: ¿Te parece bien?

Otto: Pues entonces cierra la boca, bocazas.

Otto: Y no gastes tanto en putas.

Otto: Ah no... ese dinero no duele.

Otto: 

Ataques y humillaciones constantes en relación con su rol como médico, por su condición de Asperger, y como padre, siendo acusado de agresivo e irresponsable. Quien no conociera a Juan podría pensar que es un maltratador psicológico que le ha hecho la vida imposible, cuando en realidad la historia es al revés.

Otto: ¡Supermédico, supermierda!
Otto: Ya que vas a la abogada, ¿le preguntas si me los puedo quedar yo, porfa?
Otto: Y tú los vienes a ver y tal.
Otto: Pero estarían mejor ellos y yo.
Otto: ¡Esta lengua te mata!
Otto: ¡BOCAZAS!
Otto: Si supieras el daño que haces al niño, te callarías.
Otto: Estoy por pedir la total. Que lo sepas: no sé si voy a firmar el acuerdo.

Esa misma madrugada, ante un nuevo silencio de Juan, pasa a la táctica del *gaslighting* (luz de gas), un maltrato sutil.

Otto: Hola Juan, hablando con una compañera que tiene a su hijo diagnosticado con trastorno del espectro autista, me ha dicho que este centro está muy bien, que también atienden a adultos. Hacen terapias para adquirir habilidades sociales, etc. Por si lo necesitas... Y si quieres que te acompañe, ningún problema. No sé si vas a algún sitio o no, pero deberías buscarte un centro de referencia sobre lo que tienes. No quiero ofenderte, solo verte feliz. Buenas noches.

O reacciones ante el comentario cariñoso de la empleada de la papelería, a la que van todos los lunes, diciendo que la niña era muy graciosa y traviesa:

Otto: Hemos ido a comprar el estuche. La señora me ha dicho que ayer se te escapó la niña por la tienda y no la vigilabas. ¿Tú te crees que esto es normal? ¡Tanto señor y tanta historia para qué!

Otto: ¡Si no te enteras! Como pierdas a la niña o le pase algo por tu culpa, ¡te los quito, cabrón!

Sin embargo, aunque te pueda parecer increíble, a él le costaba ver todo esto como una humillación; lo percibía como una descarga de rabia por su parte. Fue difícil hacerle entender que no se trataba simplemente de eso. Su falta de sensación de humillación se debía a que sabía que lo que ella decía no era cierto y la consideraba una persona con problemas mentales, lo que le impedía proyectar ese sentimiento hacia él en forma de vergüenza. Hasta la fecha, no hay diagnóstico alguno que justifique sus ataques como un trastorno o enfermedad mental. ¿La maldad existe? Sí. ¿Por qué? Porque existe.

Desde fuera, entre sus amigos y familiares, él era percibido como masoquista, como alguien que no se alejaba a pesar de las constantes humillaciones, o que siempre acababa por tenderle una mano cuando ella lo necesitaba, aun cuando, por ejemplo, el día anterior lo había insultado y tratado como basura. Un claro ejemplo de esto fue cuando le montó los muebles de su nuevo piso, después de dos años de batallas con convenios, horarios y ratificaciones a las que no se presentaba, así como de ofensas y vejaciones que aún seguían presentes en su cotidianidad. Él justificaba su comportamiento diciendo que, si no lo hacía él, ella se lo pediría a cualquier otra persona, en el sentido de que le encasquetaría el muerto a otro y no quería que ese otro se comiese el marrón. Asumía eso como parte de su responsabilidad y cuidado de la supuesta persona de la que ella se iba a aprovechar.

Siguiendo con los comportamientos y actitudes de esta herida, tiendes a reprimir lo que realmente quieres decir porque has aprendido a creer que no tienes derecho a expresar algo que pueda afectar a los demás. Incluso llegas a encontrar razones para justificar tus actos.

Esto era algo muy propio de Juan; lo hacía desde el principio con todo el mundo. Con nuestros hijos, ante cualquier comportamiento desadaptado; con Otto, cuando se limitaba a acatar órdenes; o cuando no hablaba abiertamente conmigo sobre algo que sabía que me iba a doler, lo que lo llevaba a dar vueltas y vueltas, como en un circuito de carreras en el que nunca se llega a la meta, y esto provocaba en mí el efecto contrario: que me enfadara. Incluso al inicio de los problemas con Gandhi, empatizaba con él y justificaba su comportamiento, viéndolo como el de una persona que se sentía perdida, aterrada, sin rumbo y que no lograba encontrarse.

Si te reconoces portando la máscara del masoquista, tendrás que aceptar que puedes ser una persona controladora. Sin embargo, ese control está motivado principalmente por el miedo a sentir vergüenza, ya sea de ti mismo/a o de los demás, lo que te hace sentir ridiculizado/a. Este tipo de control es muy distinto al que veremos en la herida de la traición, el cual está más relacionado con la imposición de la propia voluntad.

Como deseas mostrarte firme y no ser controlado/a, sueles cargar mucho sobre tus hombros, sin pararte a pensar que todo ese peso acabará por doblegarte.

En mi caso, durante el proceso, literalmente he tenido unos dolores de espalda horribles. A pesar de los masajes terapéuticos que Juan me hacía y de los muchos antiinflamatorios que tomaba, ante la mínima situación de tensión o estrés, mi espalda se resentía enormemente. Finalmente, llegó un punto en el que tuve un ataque de ciática con el que estuve batallando casi un mes. Mi cuerpo me dijo: «o te paras o te paro», y eso es exactamente lo que hizo: me detuvo, literalmente. El primer día no pude ni levantarme de la cama.

Como masoquista, te resulta fácil encontrarte en situaciones donde te ocupas de los demás para evadirte de ti mismo/a. Esto significa que priorizas las necesidades de los otros por encima de las tuyas, y aunque las conoces, no les prestas atención.

Parece que deseas hacer cosas por los demás, pero la realidad es que lo haces para crear limitaciones y obligaciones que te mantendrán ocupado/a. Dedicar ese tiempo a otros no hará que dejen de humillarte, y aunque eres consciente de que lo hacen la mayor parte del tiempo, sigues prestándoles «servicio». Al final, no deja de ser un autoengaño que utilizas como mecanismo de defensa para sobrevivir a lo que no estás siendo capaz de afrontar de una manera más adaptativa.

Sin embargo, si eres honesto/a contigo mismo/a, te darás cuenta de que, por más servicial que te presentes, no te sientes reconocido/a en ningún momento. Esto no significa que debas dejar de ser servicial, si es tu modo de dar amor, pero necesitas aprender a identificar cuándo realmente lo haces dentro de un vínculo afectivo de apego seguro y cuándo lo haces para evitar, evadir o no afrontar tu herida de humillación, que ya lleva un tiempo doliéndote y comienza a supurarte.

Un ejemplo de diálogo interno ante este tipo de situaciones, en mi caso, guarda relación con Gandhi: «Le he dado 20 años de mi vida, una hija, un sustento, una familia, un hogar. Ha vivido como un rey y, ¿así me lo ha pagado?» También está la situación con el Sr. G, donde se aplica el dicho «prometer hasta meter»: «Solo le he ofrecido amistad, cariño, ternura, compañía, ayuda, y él a mí simplemente basura». O el caso de Mr. M., quien ni siquiera se dignó a decirme a la cara que me dejaba, después de años de relación y convivencia, eligiendo hacerlo a través de una llamada a mi padre: «¿Tan poco signifiqué para él?».

Estas frases reflejan mi lamento por el poco reconocimiento, amor, respeto y aceptación que he recibido de aquellos que consideraba mis amores. Duele, duele mucho tomar conciencia de ello; por eso, a veces, la mente prefiere mirar para otro lado. ¿En qué me ayuda esa acción? La realidad es que solo perpetúa la herida y evita que cicatrice. Sin embargo, he de aprender a practicar la compasión conmigo misma, dado que, en todas las heridas, tendemos a hacer todo lo posible por no percatarnos de nuestro sufrimiento, debido al gran temor que tenemos de sentir el dolor que se asocia a ellas.

La libertad es esencial para ti, como persona con tendencias masoquistas. Ser libre significa no tener que dar explicaciones a nadie, no estar sometido/a al control de otros y poder hacer lo que desees en el momento que lo desees.

Cuando te sientes realmente libre, percibes que no hay obstáculos en tu camino; brillas, disfrutas cada momento y no tienes límites. Comienzas a actuar de manera exuberante en diversos aspectos de tu vida, como si te regalaras un viaje extraordinario o un festín, porque te lo mereces. Sin embargo, también sientes que, si te concentras únicamente en ti mismo/a, dejarás de ser útil para los demás, y acabas atrapado/a en una rueda de hámster.

Esto también era algo muy marcado en Juan; siempre decía que antes de tener niños disfrutaba de tener todo el tiempo del mundo gracias a la diferencia de horarios con Otto, lo cual le encantaba. Decía que era como si tuviera una relación a distancia, resaltando la positividad de estar lejos el uno del otro. Tomando esto como referencia, se puede entender que, al inicio de nuestra relación, hablar cada día, algo que surgía de manera espontánea, era para él una pérdida de libertad, lo que le generaba mucha tensión. Luego, al reflexionar, se sentía culpable, porque estaba ahí de forma voluntaria y realmente quería pasar ese tiempo conmigo. Nadie le imponía nada.

Ha sido uno de los grandes obstáculos de nuestra relación y el que más conecta con mi herida del rechazo. Ante cada «la relación era buena porque había espacio», mi cabeza comenzaba a maquinar toda una trama de autodestrucción, haciéndome sentir como un incordio, un estorbo, una carga, un agobio, un aburrimiento para él. Esto ha provocado muchas discusiones entre nosotros y lágrimas: yo, por no entender por qué me decía eso, y él, por la impotencia de ver que mi interpretación nada tenía que ver con la intención con la que había dicho la frase.

¿La verdad? Pues hay pocas absolutas; todo depende del ojo con que se mira. Siempre habrá la verdad, tu verdad y mi verdad. Pero sigo pensando que, en muchas ocasiones, cuando me ve mal, recula y, a pesar de querer estar haciendo otras cosas, me dice que siempre está deseando estar y hablar conmigo. Y si me permites que me dirija a él: mi amor, tendrás que reconocer que esto no siempre es así y no pasa nada; más vale un «no» sincero a que te pesquen en un renuncio. ¡Jajaja!

¿Recuerdas el fin de semana en el que tú estabas de guardia, yo escribiendo este libro y teníamos que organizarnos con nuestra hija mayor? Me dijiste: «Te voy a ganar tiempo para escribir, así que no te preocupes, que yo me ocupo de la niña». Y sí, te ocupaste de ella; eres un papá fantástico. Pero también eres un papá que se cansa y se agota, y eso a veces te cuesta reconocerlo, porque te gustaría que todo fluyera y fuera perfecto.

El caso es que te sentiste abrumado y comenzaste a contestar mal, subiendo un poco la voz y molestándote por cualquier cosa. Tu justificación es que no soportabas la hiperalerta de estar pendiente del busca y que el sonido del teléfono te ponía en modo «disparador». A eso, te llama tu madre, y ya solo descolgar el teléfono le contestaste mal, cosa que ella te hizo ver.

Hablamos entre nosotras y le dije que no entendía muy bien qué te pasaba, porque no había sucedido nada, a mi entender, que justificara ese comportamiento. Al rato, recibiste un mensaje de tu padre que describía perfectamente lo que te estaba pasando, como luego reconociste. El mensaje decía:

«Por si te sirve de algo te diré que yo también sufrí el esforzarme por ayudar a tu madre y que no resultase eficaz. Llegué a la conclusión de que en esos casos debía renunciar a todo lo mío, incluidas mis costumbres, manías y obsesiones más arraigadas. En esos momentos para mí no debería existir nada más que apoyo cariñoso a costa de todo lo demás. Eso incluye que si ella tiene un agobio personal hay que aislarla completamente de las criaturas, debe sentir que están atendidas y satisfechas contigo en su ausencia, y eso exige renuncia total a tus pasatiempos favoritos para brindar una atención cariñosa y total. Quizás esto ya lo tengas pensado, pero mejor si te lo digo, no es intromisión».

Quiero darte las gracias, Juan (padre), porque ese mensaje me ayudó mucho a entenderlo y a él a identificar lo que le pasaba, lo cual no sabía expresar por miedo, inseguridad o por no aceptar lo que consideraba sus propias limitaciones.

La libertad se convierte, entonces, en tu mayor temor como masoquista. Estás convencido/a de que no sabrás cómo actuar si te encuentras en una situación de plena libertad. Inconscientemente, evitas la libertad y, de hecho, sueles ser quien toma esta decisión. Crees que al optar por tu propia libertad no podrás ser dominado/a por otros, aunque a menudo tus elecciones te conducen a lo contrario, generándote aún más restricciones y responsabilidades.

Al querer cuidar a las personas que quieres, piensas que estás asegurando tu libertad, ya que sientes que estás en control. Sin embargo, en realidad te encierras en ti mismo/a. Es decir, lo que intentas hacer para liberarte de un entorno te atrapa en otro tipo de escenario. Además, te creas numerosas situaciones en tu vida diaria que te obligan a actuar en contra de tus verdaderas necesidades, lo que se traduce en la imposibilidad de establecer límites, en sentirse agobiado/a por ello y en la recurrente presencia del sentimiento de culpa, que te lleva a buscar el perdón y a intentar empezar de nuevo.

Cuando sufres humillación, tiendes a culparte de todo, e incluso a cargar con la culpa de los demás. Es tu manera de demostrar que eres una persona valiosa, pero ¿realmente necesitas demostrárselo a ellos o a ti mismo/a? Te invito a reflexionarlo.

Algo muy marcado en Juan era su tendencia a absorber los comportamientos desadaptados de Otto en todas sus interacciones: con la familia, amigos, compañeros de trabajo y cualquier ser vivo que se le acercara. A menudo, asumía la responsabilidad de lo que ocurría, tratando de proteger su relación o evitar que los problemas se agravaran. Por ejemplo, cada dos por tres le enviaba listas de la compra por WhatsApp, pero a menudo se olvidaba de apuntar algún producto que él, evidentemente, no compraba. Cuando llegaba a casa, Juan soportaba la reprimenda de Otto por no haberse dado cuenta del error que ella misma había cometido. Entonces, su reacción era asumir la culpa por no haberlo comprado, porque «se tenía que haber dado cuenta» de que faltaba en la canasta básica.

Otro ejemplo de esto fue cuando recibí una multa de tráfico por exceso de velocidad, la primera en mi vida, el día que fui a conocer a los niños. Me había quedado atrapada más de cuarenta y cinco minutos en una caravana y no podía llegar a la hora acordada, ya que ellos se tenían que ir con su madre. Cuando llegó la notificación de la infracción, sin siquiera ver la fecha ni el motivo, me dijo: «La pago yo porque seguro es de un día en que yo cogí el coche». Al ver la fecha, añadió: «¿Ves? Es culpa mía, porque si no hubiese tenido que salir a llevar a los niños, no habrías tenido que ir tan deprisa». En realidad, la responsabilidad era únicamente mía. Si no los veía en ese momento, igual los iba a ver esa misma noche después de su festival de fin de curso.

Incluso llega a utilizar la broma culpándose a sí mismo. Una de sus frases más características es: «Yo ya sé que la culpa de todo es mía, pero como no doy abasto, derivo algunas cosas en Vladímir Vladímirovich».

Estos ejemplos demuestran claramente el hábito que puedes llegar a desarrollar como masoquista: asumir la responsabilidad de algo que no te corresponde y sentirte culpable. Al final, acabas entrando en un círculo vicioso, dado que la asunción de la culpa, el perdón o la disculpa no solucionan nada. Cada vez que se dé una situación similar, como masoquista, te volverás a culpar. Es importante que recuerdes que los demás no pueden hacerte sentir culpable; las emociones son propias, por lo que la culpabilidad solo puede proceder del interior, según la interpretación que haces de la situación.

Y es que, como masoquista, a menudo te sientes impotente ante las personas que te son más cercanas y a las que quieres. Cuando te dejas invadir por el sentimiento de culpa ante los demás (algo que, a pesar de ti, atraes), te quedas en shock, sin saber qué decir para defenderte, y esa sensación te abruma. A veces, el sufrimiento es tan intenso que solo quieres escapar de la situación. En ese momento, buscas rápidamente justificaciones y explicaciones, solo para poder restaurar la paz. Al considerarte culpable, piensas que eres tú quien debe arreglar las cosas. No estoy diciendo que el masoquista sea el único que se siente así; cada una de las personalidades propias de las cinco heridas tiene sus propias razones para sentirse culpable. Pero, curiosamente, cuando se siente humillado, el masoquista parece ser quien más esfuerzos hace para salir de esa sensación y, a menudo, es el que más culpa siente.

El campo de la sexualidad también juega un papel importante en la manifestación de la herida de la humillación, como comentamos brevemente al exponer la del abandono. Preguntas como: «¿Y tú no eras la que se corría rápido?» —proferida por el Sr. G. al ver que no alcancé el orgasmo durante nuestra relación sexual— o acciones como las de Mr. M., a quien descubrí masturbándose en el salón una noche, tras meses sin que me tocara pese a siempre dormir desnuda a su lado, me hicieron sentir realmente humillada.

Cada vez más, en consulta, me encuentro con casos de jóvenes, especialmente adolescentes, que experimentan un aumento de peso a medida que sus deseos sexuales comienzan a surgir. Este aumento de peso parece ser una estrategia para evitar ser deseados y así prevenir el acoso. De manera inconsciente, se privan del placer sexual debido a la vergüenza que sienten hacia sí mismos. Y aquí me siento plenamente reconocida.

Durante mi adolescencia, mi peso me hacía sentir segura ante el acoso. Daba por hecho que, al tener sobrepeso, no sería deseada por ningún hombre, lo que me proporcionaba una falsa sensación de protección. ¿Recuerdas el episodio del abuso sexual de mi infancia? Sin embargo, era una persona enamoradiza; supongo que la idealización del amor romántico también me daba seguridad.

Si miro hacia atrás, me doy cuenta de que han sido muchas las ocasiones en que, cuando me he sentido mal, he experimentado un aumento de peso, debido a que no asimilaba la humillación o el rechazo que sentía. Esto se agudizó claramente en mis relaciones con el Sr. G y Mr. M.

Con Gandhi, la manifestación de la herida fue diferente. Siempre me quejaba de mi peso, me veía y sentía horrible, pero él siempre me decía que no estaba gorda. Sin embargo, en vez de ayudarme a trascender ese concepto que tenía de mí misma y fomentarme, por ejemplo, hábitos saludables, me compraba cosas que sabía que no quería o no debía comer si quería mantenerme dentro de un peso adecuado. Llegué a pensar, en muchas ocasiones, que por su cabeza, consciente o inconscientemente, pasaba la idea de que si «me mantenía gorda», nadie más me desearía y, por lo tanto, yo nunca lo dejaría. Quizás sea una idea descabellada, pero en mi mente fue muy real durante mis últimos años de relación.

Dentro del mismo contexto de la sexualidad, al llevar la máscara masoquista, te reconocerás como una persona sexual y sensual, aunque te resulte difícil expresarlo. A menudo, tu mente puede evocar fantasías que nunca admitirías en público por el temor a sentirte vulnerable. Superar esta herida te permitiría disfrutar del amor y del sexo con mayor regularidad, permitiéndote ser auténtico/a y satisfacer así todas tus necesidades.

Esta ha sido la gran transformación en nuestro caso. Nunca habíamos tenido una sexualidad así de buena con otras personas, y tenemos claro que se debe a que ahora tratamos de ser nosotros mismos: honestos, sinceros y genuinos en lo que nos gusta y lo que no. No te negaremos que esa comunicación verbal, aunque no así la física, haya sido, en ocasiones, ineficiente; continúan existiendo ciertos traumas relacionados con determinadas prácticas sexuales que seguimos tratando de abordar, superar y dejar atrás. En caso de no conseguir el resultado que nos gustaría, aceptaremos la situación y buscaremos otras alternativas tanto o más placenteras, porque lo que importa es estar el uno con el otro, disfrutarse, respetarse y amarse por encima de todo lo demás.

Otorgarte el derecho de disfrutar del sexo y descubrir a la pareja con la que puedes ser tú mismo/a puede resultar difícil. Dejarte llevar por completo demostraría lo mucho que te gusta la sexualidad, pero temes ser juzgado/a por ello. Es cierto que hay muchos estigmas y tabúes todavía presentes en nuestra sociedad, especialmente en lo que respecta a las mujeres, y eso no ayuda mucho.

Recuerdo que Juan siempre me decía que le encantaba que viviera el sexo como algo natural y no por compromiso. Al escucharlo, me preguntaba: ¿tendría sentido vivirlo de otra manera? Sin embargo, en nuestros primeros encuentros, después de lo que me pasó con el Sr. G., me costaba muchísimo dejarme llevar en una relación sexual. Hacía mucho tiempo que no tenía contacto íntimo con nadie y, cuando lo tuve con él, recuerdo que me decía: «Suéltate, no te retengas; quiero escucharte disfrutar».

Un rasgo adicional que exhibes como masoquista es la tendencia a autocastigarte, ya que piensas que así infliges un castigo a otra persona, lo cual resulta poco razonable al analizarlo detenidamente. Y aquí, muy a mi pesar, me reconozco por completo. Tantas veces le he dicho que no me voy a comunicar durante todo el día, que se sienta liberado con su jornada de Rodríguez, o que no me hable más, para después pasar horas llorando si él, respetando el límite que yo misma le había impuesto, no aparecía. Esto, a pesar de haberse despedido con todo el amor y el cariño del mundo: «Noooo, espera, déjame decirte al menos que te quiero. Buenas noches (y tres emoticonos de besos con corazones)».

Por otro lado, ese castigo que te infliges a ti mismo/a también está motivado por la anticipación de que alguien más te lo haga. Parece que deseas darte el primer latigazo como una forma de prepararte y hacer que el golpe que te dé otra persona resulte menos doloroso. Sin embargo, en realidad, te duele tanto o más y te sientes avergonzado/a igual. No te permites disfrutar de las cosas o de los demás; estás en un constante estado de hiperalerta que solo te aporta sufrimiento.

El sentido del deber es muy importante para ti cuando llevas la máscara del masoquista, y esto también es muy propio de Juan: la forma en que vive su profesión, el sentido de lealtad hacia la pareja y los amigos, que a veces le ha jugado malas pasadas, o, por ejemplo, una anécdota que me contó su madre: durante su segundo año de MIR, mientras ella estaba de vacaciones en Italia, él la llamó diciendo que quería abandonar una guardia. Tras muchos minutos de conversación, logró convencerlo de que continuara. Sin embargo, esa misma llamada se repitió tres veces más a lo largo del día. Al final, lo que lo llevó a no abandonar fue que ella le dijo que hacerlo sería un delito. En él aplica la frase de Martín Lutero «Cuando la batalla se recrudece, se prueba la lealtad del soldado».

Y es que él ni siquiera se permitía sentarse un rato en el sofá y relajarse, porque decía que había muchas cosas por hacer u ocupaba todo su tiempo «para estar con los niños», si es que se le podía llamar así, porque más bien les echaba un ojo mientras hacía muchas otras cosas. No había un solo día en que dijéramos de ir los cinco a bañarnos en la piscina de casa sin que nosotros cuatro ya estuviéramos aburridos de estar dentro y él aún no se hubiera metido por h o por b: limpiar filtros, recoger ramas, buscar gafas, traer toallas, regar árboles, sacar bichos del agua... Y cuando yo me quejaba de este tipo de comportamientos, él me respondía: «¿Qué pensarías de mí si no lo hiciera así? Que sería un padre irresponsable». Nada más lejos de la realidad, pensaba yo. Prestar atención consciente a los niños, jugar con ellos, abrazarlos, besarlos, acariciarlos, reír con sus ocurrencias... también forma parte del cuidado de su salud y desarrollo, en este caso mental y emocional. Pero parecía que, como médico, él solo lo reflexionaba desde la parte del cuidado físico, aunque lo hacía de manera totalmente inconsciente. Hoy día, esto no es tan así. Hace poco me comentó que se había dado cuenta de que necesitaba darles más autonomía, porque ya no eran tan demandantes y él, en cambio, seguía siendo ese padre helicóptero, así que vamos avanzando.

En el ámbito de la alimentación, tiendes a ser extremista como masoquista. Puedes entregarte a la glotonería o limitarte a consumir solo pequeñas porciones, justificando así que comes en exceso sin sentir vergüenza. Por ejemplo, tiendes a comer de pie. Juan, cuando lo conocí, no comía a mediodía porque decía que quería hacer un poco de ayuno y así no dormirse en el coche mientras iba a recoger a los niños al colegio. Esperaba a la noche, cuando comía de manera desordenada, porque sus hijos le demandaban atención constantemente: que si no les gusta la comida, que si comemos lo que nos apetece, que si ahora pruebo una cosa y dejo otra, que si es mejor ver la tele, que si lo que quiero es lo que hay en el plato de papá, aunque yo ya haya comido, etc. Esto lo llevaba a comer de pie, apoyado en la barra de la cocina, en busca de satisfacciones inmediatas. El chorizo volaba en esa casa. Aún hoy, desayuna de pie en la cocina cuando yo no estoy en casa, pero al menos lo hace de manera más ordenada, relajada y mientras lee todas las noticias que le resultan interesantes en la tablet.

Normalmente, sientes una gran culpa y vergüenza al comer cualquier cosa, especialmente aquellos alimentos que consideras poco saludables o que engordan, como el chocolate. En su caso, eran los hidratos de carbono; siempre trataba de evitarlos lo máximo posible y, sin embargo, luego se atiborraba de cualquier porquería sabrosa, calórica y perjudicial para la salud a partes iguales.

Y es que, por desgracia, tiendes a recompensarte alimentándote. Pero ¿es esta un hambre real? La respuesta es no. Lo que te sucede se llama *hambre emocional*, como vimos al abordar los mecanismos de defensa y como trabajaremos para solucionar la cicatriz de esta herida. Ves la comida como una tabla de salvación con la que salir a flote a través de las gratificaciones que te concedes en cada degustación. Curiosamente, cuando empiezas a desviar la atención hacia otras cosas que también te proporcionan bienestar, sientes menos necesidad de compensarte a través de la ingesta.

Lo que sucede con este tipo de comportamientos o malos hábitos es que terminas desarrollando un cuerpo del cual te sientes avergonzado/a. No me refiero solo a una cuestión de estética o salud, ya que todos los cuerpos deberían ser aceptados, sino a la percepción negativa que tienes sobre el tuyo. Esta ha sido una de las grandes lacras de mi vida.

Me he sentido humillada en multitud de ocasiones con comentarios referentes a mi cuerpo, tanto si estos eran negativos: «Baja al notario a que te firmen estos papeles, cuidado no vayas por el sol que, con el peso que tienes, te vayas a derretir», lindeza que mi jefe me suelta delante de un cliente con quien siempre bromeaba sobre robarme de la empresa y llevarme a la suya a trabajar; como si estos tuviesen intención positiva, aunque yo los percibía como lo contrario: «Por tu constitución de torso grueso, extremidades delgadas y esa capa de grasa que se forma en la nuca como si fuese una pequeña chepa, diría que tienes un exceso de corticoides. La próxima vez que te tenga que hacer una analítica te mando pruebas específicas y vemos cómo lo podemos abordar», comentario que me hace Juan al decirme que dejase de tomar la medicación que me habían recetado para la diabetes y la pérdida de peso, porque me provocaba bajadas de azúcar y mareos. Evidentemente, él solo estaba mirando por mi salud; sin embargo, mi cabeza empezó a distorsionar toda mi autoimagen.

Además de lo mencionado, tu cuerpo revela que estás sobrecargando tu espalda. Te encorvas cada vez más al llevar los problemas de los demás, lo que provoca dolor en esa zona. Es evidente cuando tu cuerpo alcanza su límite: la piel parece estirarse al máximo, como si no pudiera contenerse y estuviera ajustada sobre ti. En este punto, comienzas a optar por ropa muy ceñida, dando la sensación de que si inhalas profundamente, tus prendas podrían desgarrarse. Es precisamente en este instante cuando tu cuerpo intenta comunicarte que es hora de sanar la herida de la humillación, ya que no puedes cargar con ella más tiempo.

Recuerda que no es lo que experimentas lo que causa tu sufrimiento, sino la manera en que interpretas esas experiencias lo que impide que la herida sane.

Esto es algo que él me remarca constantemente. Juan: «Yo no te he dicho eso; es tu cabeza interpretando las cosas desde tu herida. Es una obsesión tuya. Me gustaría no tener que medir lo que digo. Cuando no quiera hablar contigo o necesite espacio, te lo diré».

La falta de prisa es otra de tus cualidades como masoquista. A veces te sientes avergonzado/a por no poder seguir el ritmo de quienes avanzan más rápido que tú. Sin embargo, es importante que aprendas a permitirte el derecho de actuar a tu propio ritmo.

Y aquí se produce una situación muy graciosa entre nosotros: a mí me desespera la calma con la que él hace las cosas. Deberías verlo cortar patatas, ¡con esa precisión de cirujano! Quedan perfectas y simétricas. Y ni te cuento el proceso de freírlas: las coloca en la sartén una a una, asegurándose de que no se toquen, con la temperatura del aceite justa... ¡uff! Solo de recordarlo me pongo nerviosa. Raya en el perfeccionismo, pero la verdad es que le encanta hacerlo; es feliz con esa tarea. Y, sobre todo, los niños siempre dicen que las mejores patatas fritas del mundo son las de papá, así que, pobrecito, ¿por qué quitarle la ilusión? ¡Jajaja! Sin embargo, yo sí conecto en este punto con la herida de la humillación cuando siento que voy más lenta de lo que debiera.

Esto me ha pasado, sobre todo cuando era más joven, en las clases de educación física o cuando viajé a hacer la ruta inca. Mi capacidad pulmonar me hacía tener dificultades, y escuché de un excursionista que lo que me pasaba era que tenía que bajar de peso. Recuerdo las escaleras de Pisac, donde llegué la última. El guía era maravilloso, pero las caras de algunos excursionistas, que mostraban cero empatía, me hicieron sentir francamente mal.

También recuerdo cuando no conseguía quedarme embarazada; pasaron ocho años hasta lograrlo. Un día escuché a mi tía decir: «Si te ingresases en una clínica para bajar de peso, seguro que ya te habrías quedado embarazada». Eso lo tengo grabado a fuego, un sentimiento de vergüenza y culpa con el que me castigaba a mí misma.

Otra situación fue al separarme de Mr. M. y mudarme de nuevo a Barcelona. Metí todas mis cosas en una habitación, donde permanecieron casi un año. No lograba ponerles orden; el dolor era muy fuerte. Un día, otra de mis tías se presentó sin avisar en mi casa con cubos y materiales para limpiar. Se metió en la habitación y comenzó a vaciarla hasta dejarla niquelada. Su intención era ayudarme a salir de ese pozo y seguir avanzando, pero mi sentimiento, en cambio, fue de vergüenza, al no sentirme digna ni de atender mi propia casa, y de humillación al sentirme invadida, sintiéndome una «guarra» o «sucia» por no tener la casa ordenada.

Además, como masoquista, a menudo te destacan por tu habilidad para hacer reír a los demás y para reírte de ti mismo/a. Tienes una forma muy expresiva de contar historias y logras presentarlas de manera divertida. A menudo, te ves a ti mismo/a como el objeto de las risas ajenas, lo que puede ser una forma inconsciente de menospreciarte. Nadie puede imaginar que, detrás de tus palabras humorísticas, puede ocultarse un temor a la vergüenza.

Quizás sea el recurso que más emplea Juan, aunque no siempre utiliza sus sarcasmos, ironías y explicaciones bélicas como mecanismos de defensa. A veces, simplemente le sale de manera espontánea, como cuando dice que no puede opinar sobre los precios de las peluquerías porque lleva treinta años sin pisar una. Lo cierto es que, como ya he dicho en otras ocasiones, me encanta su sentido del humor.

Yo, en cambio, soy poco dada a reírme de mí misma y menos aún para ridiculizarme; más bien, tiendo a fustigarme. Como mucho, suelto un «qué suertuda soy» ante lo que considero una concatenación de malos acontecimientos que me están sucediendo.

Cualquier crítica, por más leve que sea, te provoca una profunda sensación de humillación y menosprecio. Además, tienes la tendencia a menospreciarte a ti mismo/a, viéndote como alguien inferior y menos valioso de lo que realmente eres. Te resulta difícil aceptar que los demás puedan verte como una persona especial y significativa. Y esto es algo que mi futura suegra (espero) me ha recordado muchas veces: cómo Juan era reconocido como un alumno brillante por sus profesores, aunque él decía que eso era por quienes eran sus padres (también profesores).

Te suele costar identificar cuándo estás siendo manipulado/a, ya sea de forma directa o indirecta. ¿Sabías que existe una correlación entre la herida de la humillación y la manipulación emocional? Pues te lo confirmo: sí. Algunos de estos recursos de manipulación son claramente sutiles, como el *gaslighting*, mientras que otros van directos a la yugular. Las técnicas más comunes incluyen el control personal, el control social, el chantaje emocional, la baja autoestima, el refuerzo intermitente, la incongruencia entre lo que pensamos, sentimos y hacemos, y la venganza. Encontrarás un desarrollo de todas ellas en mi libro *Si aprieta, no es de tu talla* (Ed. Oberon).

¿Y quién es la reina, la diosa, la inigualable maestra de la manipulación? ¡Lo has adivinado, nuestra gran Otto! Veamos algunos ejemplos:

Otto: El niño está muy rebelde; deberías venir antes porque te reclama.

[Veinte minutos después] Ya está, el pobre está muy demandante.

Realidad de la situación: pensaba que tenía hora en la peluquería y se le había olvidado. Sin embargo, cuando lo comprobó de nuevo, se dio cuenta de que la cita era para el día siguiente.

Juan: Simplemente pido que no seas una «quejamalacara» en los cambios de turno.
Otto: ¿Quieres que empiece a decirle al niño lo que opino de ti?
Juan: Tú misma.
Otto: Te gustaría que tu hijo te dijera:
Otto: La mamá me dijo que tal.
Otto: La mamá me dijo que le has hecho esto.

Otto: ¿Te gustaría?
Juan: También lo hace a veces.
Otto: ¿Tu padre hablaba mal de tu madre?
Juan: Y te cubre mucho.
Otto: Uix, sí.
Otto: Claro, yo soy mala madre.
Otto: Ahora.
Juan: Nunca he dicho eso.
Otto: Venga a dormir, no me marees más.
Otto: ¿Pues qué soy?
Otto: A ver.
Otto: Una golfa por dejarte.
Otto: Por no luchar más.
Otto: ¡Me agotaste!
Juan: Mala sargento.
Otto: ¡Me agotaste!
Juan: Y gracias por liberarme.
Otto: Como agotaste a tus compañeras de trabajo.
Otto: Solo quiero que sean mayores para perderte de vista.
Otto: Nada más.
Juan: Y yo a ti.
Otto: Y no quiero discutir más.
Otto:

Otto: Tenía la sensación estos últimos días de que nos llevábamos mejor... Pero veo que no... Que esto es imposible... Y llevo días callando cosas que me dice el niño.

Otto: Pero que hoy me haya dicho que lo quieres más a él que a su hermana, esto me ha superado...
Otto: Y no quiero discutir más.
Otto: No quiero discutir más.
Otto: Quiero que seas feliz.
Otto: No sé si lo ves.
Otto: Que te dejé para que fueras feliz.

Otto: ¿Estarás en el hospital o en el piso?
Otto: Llama a los niños.
Juan: Al piso no entro hasta que firmemos.
Juan: Esta tarde llamo.
Otto: Juan, por mí no hay problema.
Otto: De verdad.
Otto: No te denunciaré por nada.
Otto: Solo si agredes a los niños.
Otto: Nada más.
Juan: Ok.
Juan: Pero haré las cosas bien y conforme a procedimiento.

En uno de tantos días, ella lo amenaza con solicitar la custodia total de los niños. Cuando Juan, agotado por el hartazgo, la desesperación y la necesidad de escapar de esa terrible situación emocional, cede, ella entonces comienza a decirle que es un buen padre y que no se rinda.

Otto: Llámame.
Otto: Dejo cena hecha. Empanadillas.
Otto: Juan, ¿le puedes decir a la señora esta que venga a las 19:30? Así estaré yo también.
Otto: Gracias, y solo quiero ayudar, pero no lo pones fácil.
Otto: Ya me dices, ¿vale? Yo creo que iría bien los días que tú los tienes que te ayude en las comidas y duchas, y de paso que limpie la casa.
Otto: Y los días que yo trabajo, ¿que venga por la mañana? ¿Qué te parece?
Juan: Lo decide ella.
Otto: ¿Ella qué?
Otto: ¿Puedes hablar?
Juan: Hablaré con ella esta tarde.
Otto: Juan, ¿puedes hablar ahora?
Juan: No quiero hablar más.
Otto: Vale.
Juan: Voy a acabar cometiendo un error.
Juan: Imagino que es lo que quieres.

Otto: Pues decide qué quieres, si ser padre o no. Y quiero conocer a esta mujer.
Otto: Noooooo.
Otto: ¡Quiero que seas feliz!
Otto: ¡Joder!
Juan: Pues deja de machacarme y que lo arreglen los abogados. La mía ya lo sabe.
Otto: Entonces, ¿qué hago?
Otto: ¿Voy al mío y pido la completa?
Juan: Lo que te dé la gana, como siempre.
Otto: ¿O lo solucionamos si te coges a una señora?
Otto: No, tú me tienes que decir qué quieres.
Juan: Vivir.
Otto: Así no me aclaro.
Juan: Tú haz lo que TÚ quieras y los demás nos adaptamos, como siempre.
Otto: Juan, yo quiero que mis hijos tengan padre.
Otto: Prefiero que haya una señora que te ayude en tus días, a pedir la total.
Otto: Si tienes soporte, sé que estarás mejor.
Otto: Pero si no quieres, pido la custodia total y ya está.
Juan: No puedo más, haz lo que creas que tienes que hacer.
Otto: ¿Quieres renunciar a ellos?
Juan: El niño ya ha renunciado a mí.
Otto: No.
Otto: Él te quiere.
Otto: ¿De dónde sacas esto?
Juan: Pues que deje de joderme.
Otto: No es verdad. Ellos te quieren, Juan, mira cómo te reciben.
Otto: Pues aprende a ser padre.
Otto: Pon límites.
Otto: Te jode porque le has enseñado a ser así.
Juan: Aclárate, ¿soy buen padre y seguimos, o soy mal padre y te los quedas?
Otto: Ya me dirás qué te dice la señora.
Juan: Me voy a tratar pacientes.
Otto: Los niños te quieren y te echan de menos.
Otto: Juan, intentemos ser unos padres correctos. Hay que pedir ayuda cuando nos desbordamos, y al igual que yo lo hago, tú también. Pero no puede pasar lo que pasa últimamente. Y no es el niño. Eres tú y yo, somos los adultos. ¡Nosotros!
Juan: Pues deja de joderme o quédate con ellos.

Otto: A ver, Juan, los niños han de tener a su padre. Y ellos te quieren mucho. Y tú debes ser su padre y no dejarte pisotear. Entonces la solución es que cuando estés con ellos busques soporte... Yo creo que te iría muy bien una señora para los dos y tú desconectar 3-4 horas.
Otto: Pero esto como tú veas.
Otto: Céntrate y respira hondo.
Otto: No puedes dejar así a tus hijos.
Juan: Fue idea tuya y de tu agente.
Otto: Yo solo quiero que te des cuenta de que tienes un problema y tenemos que ayudarnos entre los dos.
Otto: Tú tienes problemas en todo.
Otto: No te adaptas.
Juan: Pues vale.
Otto: Entonces habrá que buscar una solución.
Juan: No quiero hablar más hoy.
Otto: Una señora que te deje descansar unas horas de los niños.
Juan: Estoy agotado.
Juan: Y harto.
Otto: Pues duerme.
Otto: 
Juan: Ayudarme es despedir a la niñera y no machacarme.
Otto: No voy a despedir a la niñera.
Juan: Ni amenazarme.
Otto: Porque es una gran profesional.
Juan: Sí, del Mossad.
Juan: Si me vuelves a amenazar con la custodia, tuya es...

Lo voy a dejar aquí porque recordar toda esta época es doloroso. Podría pasar horas redactando ejemplos, cada uno más cruel que el anterior, pero afortunadamente hemos aprendido a trascender todo eso, enfocándonos en lo que realmente importa: nuestra unión como familia.

Por todo lo mencionado, la herida de la humillación es, a menudo, la más difícil de reconocer. La vergüenza que sentimos es tan profunda que aceptarnos como indeseables o incapaces ante los demás se asemeja a un procedimiento quirúrgico mayor, cuya recuperación requiere tiempo, tranquilidad y un gran respaldo emocional.

HERIDA DE LA TRAICIÓN

PERFIL PSICOLÓGICO

Nombre: Herida de la Traición.

Activación: Desconfianza ante aquellos que consideras desleales o infieles, sobre todo en el plano amoroso o sexual.

Máscara: Controlador.

Apego predominante: Desorganizado.

Mayor temor: Disociación, separación y que te repudien.

Principales actitudes y comportamientos observados:

- Te esfuerzas en demostrar a los demás que tienes una personalidad dominante, utilizando tus cualidades para hacer prevalecer tu voluntad.
- No reconoces tu propia vulnerabilidad y prefieres proyectar una imagen de fortaleza. Deseas que los demás vean de lo que eres capaz.
- Te esfuerzas por ser percibido/a como una persona responsable, ya que asocias la responsabilidad con el liderazgo. Sin embargo, en realidad evades tus propias responsabilidades, culpando y criticando a los otros. Además, siempre encuentras la forma de evitar ser señalado/a.
- Deseas destacar y sentirte importante, persiguiendo reconocimientos y títulos. Tiendes a llamar mucho la atención cuando estás en un grupo.
- Te dejas impresionar fácilmente por la presencia de una persona con notoriedad, confiando en ella de inmediato. Olvidas ser precavido/a y, si la decepcionas, te vuelves desconfiado/a.
- Valoras mucho tu reputación, y si percibes que está en riesgo, no titubeas en dañar la de alguien más para protegerla.
- Mientes con facilidad para evitar una situación incómoda, pero no toleras que te engañen. Lo que realmente te irrita no es el motivo de la mentira, sino el hecho de que te hayan mentido.
- Tienes altas expectativas de los demás y eres muy exigente. Al delegar, insistes en que todo se haga a tu manera y a tu ritmo, buscando reafirmar tu importancia y superioridad. Constantemente supervisas el trabajo debido a tu falta de confianza.
- Prefieres tener todo planeado para poder ejercer un mejor control. No toleras que alguien interrumpa tus planes y te cuesta aceptar los imprevistos.
- Te consideras esencial y disfrutas la idea de que los demás no tendrán éxito sin tu presencia.

- Te cuesta confiar y evitas que los demás te conozcan. Tienes miedo de que puedan aprovecharse de ti y nunca compartes tus debilidades o errores.
- Eres un/a hábil manipulador/a cuando se trata de controlar a tu pareja. Te resistes a reconocer que buscas constantemente pruebas de su amor. Utilizas cualquier método para manipular: desde mostrar mal humor y chantajear hasta mentir, seducir, llorar de rabia, gritar, amenazar o quejarte... incluso puedes recurrir a la violencia.
- Comprendes y actúas con rapidez, pero la mayoría de las veces te apresuras demasiado.
- Estás seguro/a de que tienes la razón y tratas de imponer tu perspectiva a los demás, disfrutando de tener la última palabra.
- Eres una persona rencorosa. Puedes cortar una relación de manera abrupta y sin aviso previo, y negarte a reanudar el contacto durante un largo periodo.
- Eres intolerante e impaciente con las personas que consideras lentas, y no tienes reparos en expresar tu ira.
- Intentas proyectar una imagen de independencia para evitar enfrentar tu miedo a la separación y al abandono. Criticas a quienes son dependientes, a pesar de haber sido uno de ellos.
- Utilizas con frecuencia expresiones y palabras como: «francamente», «soy capaz», «no confío en él/ella», «escúchame», «tenía razón», «asociado/a», «separado/a», «lo sabía», «¿has comprendido?», «dejado/a», «disociado/a», «es verdad», «confía en mí», etc.

Esta es una herida poco frecuente tanto en Juan como en mí, aunque puedo reconocer el sentimiento de traición cuando conecto con mi parte ansiosa. Sin embargo, dentro de los personajes secundarios de nuestra historia, claramente Otto se sitúa en el centro de la diana.

No todo comportamiento está justificado por una herida o por la presencia de un trastorno o enfermedad mental, pero lo cierto es que tampoco se puede descartar esta posibilidad. Hay personas que realmente cargan con un sufrimiento profundo que no reconocen en sí mismas, lo que puede llevarlas a proyectarse de una manera desadaptada. Y es que hay heridas que se proyectan hacia dentro, como cuando uno se compadece de sí mismo, y otras que se proyectan hacia fuera, culpando y atacando al otro, como es el caso de la herida de traición.

No sé a qué grupo pertenece Otto, ya que no conozco su historia en profundidad, más allá de haber tenido una mala relación con su padre y de sentirse abandonada por su madre. Sin embargo, si practico la compasión con ella y la veo en perspectiva como una posible paciente, estos podrían ser motivos suficientes para que la herida de la traición se manifieste en su vida.

Me consta que lleva años en terapia pero, claro, a nadie le gusta reconocerse portando la máscara del controlador, ya que puede percibirse como el villano o la villana de la historia. Ciertamente, para quien sufre las consecuencias de esas actitudes y comportamientos, lo es.

Este punto de consciencia aún no lo ha alcanzado Otto. Y si ha llegado a vislumbrarlo, no tiene la voluntad de cambiar, algo que resulta evidente. Es una pena, porque quien primero sufre es ella, y luego sus hijos.

Sé que puede resultarte difícil admitir que puedes llegar a relacionarte de una manera tan desadaptada. Sin embargo, asumir el rol de víctima solo perpetuará tu herida e impedirá que cicatrice. Por eso, te pido que lo que vas a leer a continuación, a través de sus reacciones, intentes verlo con objetividad, sin juicios. Solo observa lo que tienes delante y sé honesto/a contigo mismo/a si te reflejas en ella. Es el mejor regalo que puedes hacerte.

La traición puede manifestarse de diversas formas, como engañar, decepcionar o actuar en contra de los intereses de alguien que confía en uno. Esto se da tanto en la acción de traicionar como en la experiencia de ser traicionado. Si buscamos su definición en el diccionario, encontramos que la traición es el acto de deslealtad o infidelidad hacia una persona, grupo, causa o principio en el que se confía. Este acto implica romper un compromiso, confianza o lealtad, ya sea de manera intencionada o accidental.

En el caso de la herida causada por la traición, la clave está en la desconfianza que generas hacia la persona que quieres, al considerarla desleal o infiel. Te sientes traicionado/a cuando no se cumple una promesa y sueles hacerlo, sobre todo, en el plano amoroso o sexual.

Ten en cuenta que no es necesario identificarse con todas las características; cuanto menos las reconozcas, menos peso tendrá la herida. Así que simplemente obsérvalas, reflexiona sobre si forman parte de ti y asume el compromiso de abordarlas si es necesario.

Cuando enfrentas situaciones de traición, sientes la necesidad de crear una máscara como mecanismo de defensa, al igual que lo haces para otras heridas emocionales. Esta máscara se manifiesta en la figura del controlador. Sin embargo, el control que ejerces no surge por las mismas razones que el de una persona masoquista, quien intenta dominar la situación para evitar sentir vergüenza o para no incomodar a los demás. En el caso del controlador, tu comportamiento se desarrolla como una forma de asegurarte de cumplir con tus compromisos, mostrarte fiel y responsable, o garantizar que los demás también cumplan con los suyos. Sin embargo, lo haces de una manera desadaptada, como veremos a continuación.

Por lo general, al llevar puesta la máscara de controlador, tiendes a ocupar tu lugar y tu apariencia física cobra gran importancia. A menudo transmites una actitud de «miradme», lo que puede llevar a que esta herida se confunda fácilmente con el Trastorno Narcisista de la Personalidad o con el Narcisismo Perverso. Es cierto que muchas personas narcisistas desarrollan su personalidad a partir de las heridas de abandono y traición, las cuales analizaremos más adelante para entender cómo se refuerzan mutuamente. Sin embargo, esto no siempre es así. En el caso del Narcisismo Perverso, la personalidad se construye desde una sensación de superioridad y acoso moral, lo cual no es patológico, sino más bien similar a las características de un psicópata.

Otto podría decirse que destaca físicamente, algo que en ocasiones parece explotar, incluso literalmente, debido al ajustado tallaje de sus vestimentas. Domina el arte de ocupar espacio físico para hacerse notar, y parece disfrutar del foco, el micrófono y las miradas. ¿Es narcisista o simplemente se siente herida por traición? Lo iremos descubriendo a medida que profundicemos en cada uno de los rasgos, ¿te parece?

En cuanto a tu comportamiento y actitud como persona controladora, lo que predomina es la necesidad de mostrar fortaleza. Tienes una gran dificultad para aceptar cualquier tipo de traición, ya sea de tu parte o de los demás, por lo que te esfuerzas en proyectarte, aunque no siempre lo seas, como una persona responsable, fuerte, especial y valiosa. Al actuar como controlador/a, alimentas tu ego, que prefiere no reconocer las veces en que, sin darte cuenta, te traicionas a ti mismo/a o a los demás. Como la traición es algo inaceptable para ti, no quieres admitir que puedes incurrir en ella. Si llegas a ser consciente de haber fallado a alguien al no cumplir una promesa, tiendes a justificarte con diferentes excusas, e incluso puedes recurrir a la mentira para evitar enfrentar la realidad, algo que vemos repetidamente en las interacciones verbales o escritas de Otto, lo que puede llegar a resultar agotador.

Los valores que siempre estuvieron muy presentes en Juan —compromiso, fidelidad y lealtad— fueron los que sostuvieron su relación con ella durante tantos años. Son también los que una persona controladora más valora en el otro, ya que le otorgan notoriedad y estatus. ¡Cuánto le gustaba ser la mujer de un médico! Ese mismo médico al que tanto despreciaba, atacaba y humillaba. ¡Qué contradicción! Pero claro, ¿cómo iba a soltar un caramelo tan dulce? Lástima que le gustaban de muchos sabores, y la situación empezó a complicarse, ¿verdad, reina?

Lamento si en esta parte del relato te sientes identificado/a con la herida y consideras que no es justo «atacar a Otto». Yo no lo siento como un ataque; más bien, es el reflejo de mi propia herida y de cómo la afronto. Está siendo muy duro lidiar con ella, y traerla a la conciencia me ayuda a expresar cómo me siento, algo que necesito hacer para encontrar mi propio equilibrio emocional. Quizás te parezca un gesto egoísta, pero, como decimos en psicología, «al otro lo que es del otro». Si ese otro tiene un mal comportamiento, pues lo tiene, y ha llegado el momento de levantar la cabeza y decir «¡basta!».

Volviendo a la descripción, como persona que porta la máscara de controlador, en relación con la fuerza y los valores, puedes ser muy exigente contigo mismo/a, ya que sientes la necesidad de demostrar a los demás de lo que eres capaz. Vives cada acto de cobardía, es decir, de falta de valor, como una traición. Te arrepientes enormemente de abandonar un proyecto y de no haber tenido el valor de llevarlo a cabo. Te resulta muy difícil aceptar este tipo de cobardía en los demás.

Aquí me reconozco plenamente. Aunque más que verlo como un acto de cobardía, me da vergüenza admitir que no he podido llevar el proyecto adelante de la manera o en el tiempo que me hubiese gustado, o que el resultado obtenido no ha sido el esperado.

En un momento de ofuscación, sí llegué a soltarle a Juan: «Eres un cobarde», en relación con su falta de establecimiento de límites a Otto y las consecuencias que de ello se derivaban. Pero no porque realmente piense que lo es, sino que esa expresión era un reflejo del dolor tan grande que sentía, de la impotencia de no poder cambiar la situación y del miedo a que ella acabara ganándonos la partida.

Si algo lo impulsó durante los primeros meses de nuestra relación y los tornados que nos pasaban por encima, era la creencia de: «No la vamos a dejar vencer. Somos los buenos, ¿recuerdas?» o un constante «Vamos a ganar», mientras me miraba fijamente a los ojos con amor cuando yo me venía abajo ante todo lo que nos rodeaba: el acoso de ella, la lucha judicial con Gandhi, los problemas en el trabajo, el estar alejada de mis hijos y de él...

Y es que, cuando asumes el papel de controlador, tiendes a generar muchas expectativas respecto a quienes te rodean, ya que intentas anticipar situaciones para mantener el control. Como recordamos en la herida del abandono, el dependiente también forma expectativas acerca de lo que otros piensan, sienten o hacen, pero estas expectativas están ligadas a su necesidad de recibir apoyo, lo que lo hace sentir valorado. En tu caso, como controlador/a, tus expectativas están dirigidas a confirmar si haces bien lo que debes hacer, ya que esto te brinda seguridad. Además, eres hábil para intuir lo que los demás esperan de ti, y a menudo dices o respondes en función de sus deseos, aunque no siempre tengas la intención de cumplir lo que mencionas. Más bien, analizas cómo usar esa información según te convenga, buscando tu propio beneficio.

Además, eres una persona muy sensible, aunque esta sensibilidad no parece ser notoria, ya que estás demasiado centrado/a en mostrar tu fortaleza. Si lo comparamos con el momento en que usabas la máscara del dependiente, te ocupabas de los otros para asegurar tu apoyo. Cuando llevabas la máscara del masoquista, lo hacías para ser una persona íntegra y evitar avergonzar a nadie. Sin embargo, como controlador/a, te encargas de los asuntos ajenos para evitar traiciones o asegurarte de que respondan a tus expectativas. Te conviertes en alguien que asume la responsabilidad de organizar la vida de quienes te rodean.

Y esto, justamente, es uno de los grandes dones de Otto: organizarle la vida a Juan, pero desde la perspectiva de que este cumpla sus expectativas, lo que él llama «sus órdenes». De lo contrario, prepárate para una ardua batalla, porque la luchará con uñas y dientes hasta el final, hasta la extenuación, el agotamiento o el desate de la locura del otro. Porque lo que para cualquier ser humano con un poco de consciencia es control, para la persona controladora significa «ayuda». Aunque quizás deberíamos empezar a llamarlo «autoayuda», un término que me parece más aplicable en este caso que en la categorización editorial en la que nos incluyen a todos los psicólogos (guiño a mis editores para que no se enfaden mucho, ¡jajaja!).

Podría darte millones de ejemplos de este tipo dentro del «Universo Otto». Desde sugerir que contratara a una limpiadora para la casa que, además, sirviera como canguro, para que él «tuviese unas horas libres» (cuando su verdadera intención era obtener información de lo que sucedía dentro y hacerle creer que tenía un problema y que no sabía ni podía cuidar a sus hijos), pasando por criticar cómo los vestimos y cambiarlos apenas llegaban a su domicilio porque argumentaba que la ropa no era de su estilo, hasta pretender prohibirnos cocinarles a los niños, bajo el argumento de que ella era su madre y decidía lo que podían o no comer.

No voy a seguir amargándome, relatando más incidentes; ya te haces una idea, ¿verdad? Una frase que repetía constantemente, a veces con un tono positivo y, la mayoría de las veces, con mucha agresividad, era: «Nos tenemos que ayudar como padres», lo que, traducido a su idioma, significa: «Haz lo que te digo y no me toques el coño». Sí, qué le vamos a hacer, es así de chabacana y vulgar hablando. Disculpa las molestias.

En otras ocasiones, proyectaba la culpa sobre él, diciéndole: «Siempre piensas mal, yo solo quiero ayudarte, que seas feliz y que estés más relajado». Eso sí, olvidaba mencionar que, a escondidas, pedía las llaves de nuestra casa a los cuidadores de nuestros hijos porque habíamos cambiado las cerraduras. Además, los invitaba a abrir armarios y cajones para obtener información sobre si yo me había ido o tenía intención de volver. Incluso nos tiraba los almuerzos y comidas que preparábamos para que los niños llevasen al campus de verano. Pequeños detalles, vamos.

De acuerdo, pongamos que damos por veraz el hecho de que ella es portadora de la herida de la traición. Pero ¿qué cuerpo y mente pueden soportar estos comportamientos mientras se la mira con empatía? Desde luego, la mía, por muy psicóloga que sea, no. Cuando te sientes atacada, lo natural es defenderte o huir; y aunque llevo conmigo la herida del rechazo desde bien niña, en este caso la huida no era una opción para mí. Lo que me salía era proteger a mi familia por encima de todo y de todos.

Aun como psicóloga, tenemos que ayudar al paciente a ver lo que no gestiona bien; de lo contrario, le haríamos un flaco favor. Sin embargo, debo decirte que es difícil encontrar este tipo de personalidades en consulta, ya que, en la mayoría de los casos, están asociadas al narcisismo, como ya comentamos. Cuando una persona es narcisista, no reconoce que tiene un problema; por lo tanto, rara vez busca ayuda o, si lo hace, suele ser desde el rol de víctima y no desde el de «verdugo», como sucede en el caso de Otto.

Posees una personalidad marcada por una gran firmeza, lo que Otto justificaba siempre con un «Ya sabes que tengo carácter». Expresas tus creencias con convicción y esperas que otros acepten tus puntos de vista. Tiendes a formarte rápidamente una opinión sobre las personas o situaciones y estás convencido/a de que tienes razón.

Siguiendo con nuestra reina mora, al ver que nuestra hija mayor no quería interactuar con ella, se llenaba la boca diciendo que era una niña caprichosa o malcriada. Sin embargo, nada más lejos de la realidad; lo que ocurrió fue que, tras tantos desplantes, nuestra gran mujer tuvo la valentía de ponerle un límite, respetándose a sí misma y defendiendo y protegiendo a su familia. Dicen que no hay mejor desprecio que no hacer aprecio, y eso es precisamente lo que hizo nuestra valiente: demostrar ser emocionalmente mucho más inteligente que ella, lo que, sin restarle mérito, tampoco era muy difícil. Sorry, pero por mis hijos ma-to.

Sueles presentar tus ideas de manera rotunda y deseas persuadir a quienes te rodean. A menudo utilizas la frase «¿Me entiendes?» para verificar que has transmitido tu mensaje de manera clara. En su caso, sus frases predilectas eran: «¿Te enteras?», «¿Te ha quedado claro?», y siempre las aderezaba con un «nunca te enteras de nada, tú y tu desorden, inepto, inútil, lacra».

Cuando portas la máscara del controlador, crees que, si alguien comprende lo que dices, también está de acuerdo contigo, aunque esto no siempre sea así. Por eso ella soltaba lo que fuese, se validaba sola y luego lo defendía con un «esto ya lo hablamos y estabas de acuerdo».

Muchas personas con una tendencia controladora no son conscientes de cuán insistentes resultan al tratar de convencer a otros de su opinión. De hecho, suelen negar esta intención. Sin embargo, esto no sorprende, ya que quienes llevan estas «máscaras» a menudo no se dan cuenta de que lo hacen. Esta percepción es mucho más evidente para quienes observan desde afuera, lo que representa una dificultad, ya que las personas se quedan atrapadas y no logran identificarlas para poder trascenderlas.

Tu mirada suele resultar profunda y cautivadora. Cuando miras a alguien, logras que esa persona se sienta especial y valorada. Tienes un talento para captar lo que sucede a tu alrededor en un abrir y cerrar de ojos, a diferencia de Otto, que se lo inventa en un pispás, creando su propia realidad y dándola por buena. Es una de sus actitudes más características, y mi mente científica entra en modo de análisis de la situación, planteándose interrogantes como: ¿porta la herida o «juega» a portarla, justificando así su comportamiento? Si fuera mi paciente, ya le estaría aplicando el test de sinceridad para evaluar la viabilidad de la terapia (guiño a mis colegas de profesión).

A veces, usas tus ojos para mantener a la gente a distancia, sobre todo cuando te sientes un poco a la defensiva, lo cual puede resultar bastante intimidante. Es como si fuera tu forma de protegerte y evitar mostrar tus debilidades o tu vulnerabilidad.

Te resulta complicado confiar en los demás porque temes que tus secretos o tu confianza puedan ser utilizados en tu contra en algún momento. Para que alguien se convierta en tu confidente, necesitas tener una gran seguridad en esa persona. No obstante, sueles ser el primero/a en compartir lo que otros te han confiado, aunque siempre encuentras una justificación para hacerlo, asegurando que había una buena razón detrás de tu acción.

Ella, más que buscar confidentes, busca aliados, y no aplica la frase de *El Principito*: «La lealtad no se jura, se demuestra». Cuando ya no seas amigo/a de alguien o te hayas separado de tu pareja, respeta los secretos que compartió contigo, porque eso es la lealtad. Es un código que nuestra agente 007 no entiende.

Aunque no eres alguien que confía fácilmente, tiendes a sentirte más seguro/a en situaciones donde no hay un interés sexual involucrado. Eres una persona muy seductora, pero cuanto más profunda es tu herida emocional, más prefieres mantener las relaciones en el ámbito de la amistad en lugar de buscar un romance. Te sientes más cómodo/a actuando como amigo/a y empleas tu capacidad de seducción para influir en los demás, lo que generalmente te resulta efectivo.

Cuando hablo de seducción, no me refiero únicamente a la seducción sexual; como controlador/a, utilizas esta habilidad en todos los aspectos de tu vida, incluyendo las relaciones de pareja, la «amistad», las dinámicas familiares y el entorno laboral, entre otros.

La seducción de Otto está muy ligada a su hipocresía, pero se le ve tanto el plumero que solo tienes que rascar un poco la roña de la superficie para darte cuenta de que es todo chapa y pintura.

Cuando llevas esta máscara, te conviertes en alguien seductor/a. Como habrás notado, tu vida sexual suele ser satisfactoria solo en respuesta a esa seducción. Esa es la razón por la que te gusta enamorarte: el aspecto apasionado de una relación te lleva a lo que comúnmente se llama adicción a las mariposas. Sin embargo, cuando la pasión comienza a extinguirse, buscas que la decisión de terminar la relación surja del otro, lo que refleja una forma de evitar enfrentar tu realidad emocional y ser acusado/a de traición. ¡Qué valiente! (válgase la ironía).

Otto es una gran seductora. Sin duda, pasar desapercibida no es su estilo. Si eso la hace sentirse segura de sí misma, genial, pero me da la impresión de que es todo lo contrario.

En este caso, no es que la pasión se extinguiese entre Juan y ella; es que nunca hubo el fuego suficiente para provocar un incendio que necesitase de un bombero para apagarlo. Eso sí, acusarlo de que era pésimo en la cama y de que tardaba mucho en eyacular, así como escuchar «date prisa, chico, que soy madre», tras haberse corrido ella, se le daba de miedo.

Cuando llevas la máscara del controlador y quieres tener intimidad sexual, pero el otro te rechaza, experimentas una sensación de traición. No logras entender por qué, a pesar de tu amor, la otra persona no desea unirse a ti y compartir ese momento. ¿Te llama algo la atención? Eso es: «consejos vendo que para mí no tengo», como diría la Sra. Otto.

Juan siempre me decía que, por mucho que ella se mostrase tan exuberante y lo provocase, ya de separados, por ejemplo, dejando su lencería fina en el cesto de la ropa sucia para que cuando él hiciese la colada la viese, en realidad, sexualmente es una persona que no tiene iniciativa. Se tumba y se deja hacer, y, por supuesto, lo de complacer a su pareja ni se le pasa por la mente. Aquí claramente aplicaría lo de que es más sensual que sexual, y es que lo que realmente le gusta es gustar. Por eso, los portadores de esta herida son los que más desean tener un amante, y esto lo ha cumplido ella a rajatabla. Digamos que ha sido una alumna no solo aplicada, sino aventajada. Hay que reafirmarla también de vez en cuando, ¿no?

Como una persona que busca mantener el control, tiendes a evitar involucrarte en situaciones conflictivas o aquellas en las que no puedes tener el dominio. Si te encuentras con personas que percibes como ágiles e influyentes, prefieres retirarte, ya que temes no estar a la altura para enfrentarlas.

Esto es lo que le ocurre a Otto cuando aún siente que te puede seducir o conquistar. Sin embargo, cuando te percatas de sus manipulaciones de chichinabo y la enfrentas, empieza a verte como alguien más fuerte y poderoso que ella, alguien a quien no puede dominar. En ese momento, sus respuestas evasivas o justificativas se vuelven casi divertidas. Estas suelen empezar con un tono pasivo-agresivo, buscando en ti empatía a través de la comprensión, lo cual es una pésima estrategia comunicativa, claro está, y terminan con un desprecio, abandonando la conversación. Ni siquiera se molesta en insultar, como hace con Juan, a quien considera débil o cobarde.

Entiendo que, en los últimos tiempos, habrá notado que ese «soldado raso» ya ha ascendido a sargento y aspira a ser coronel.

Un ejemplo de esta dinámica lo encontramos en la única conversación que he tenido con ella, a través de un mensaje de WhatsApp, y fue la siguiente:

> **Ciara:** Hola Otto, soy Ciara. Dado que veo que me tienes bloqueada en mi móvil personal, que entiendo lo has sacado de los comentarios del grupo del campus, te escribo por aquí.
>
> Te comunico que, si vuelves a decir o insinuar que pego a tus hijos, o alertas a la gente para que mire si llevan señales de golpes por mi parte, te voy a poner una denuncia.
>
> Quedas avisada.
>
> Yo no soy Juan, no el Juan que tú conociste, así que a mi familia y a mí nos dejas en paz o nos veremos en los tribunales.
>
> **Otto:** Hola, Ciara.
> Creo que como madre debes entender que un hijo es lo más sagrado.
> Un día mi hija me dijo que le habías pegado, y como es normal, me alerté (algo que hubiera hecho si me lo hubiera dicho de cualquier persona, no es algo personal contigo). Tras esto, pregunté a mi hijo y, por supuesto, a la siguiente persona que pasa más tiempo con ellos, que es la canguro. Solo le dije que, si ella había visto alguna vez una marca en mis hijos o alguna cosa, que me avisara.
> Creo que lo que he hecho es lo que haría cualquier madre y, por supuesto, no anduve diciendo por ahí que eres una maltratadora ni nada por el estilo. Solo quiero saber cuándo les pasa algo a mis hijos.
>
> No entiendo por qué este malestar contra mí. Estoy muy contenta de que Juan pueda rehacer su vida, y de verdad que lo que menos quiero es interferir entre vosotros, porque si me separé de él fue para olvidarme de esa relación, no para seguir estando mal.
>
> Por mi parte, estoy intentando que la situación con los niños la llevemos de la manera más fácil posible, ya que ellos son los que más sufren. Por

favor, agradecería que pusierais también algo de vuestra parte para que pudiéramos llevar las cosas cordialmente, que los intercambios de niños sean sin gritos y que no haya amenazas por ninguna de las dos partes.

Espero que esto quede en una anécdota, porque como te he dicho, ya no quiero seguir con malos rollos. Me separé para estar bien.

Ciara: Tengo montones de mensajes tuyos amenazando, diciendo que me quieres fuera de esta casa, que vas a cambiar estrategias, diciendo que el niño no me quiere... Quizás los demás se crean tu hipocresía; yo desde luego, no.
Ciara: ¿Conciliar? ¿Como ayer, que los trajiste dos horas más tarde?
Ciara: Te crees tus propias mentiras.
Ciara: Hubiese deseado tener una relación...
Ciara: Excelente contigo.
Otto: Ciara, lo que veas.
Otto: Tú misma.
Ciara: Por eso me he mantenido al margen hasta el momento.
Ciara: Pero lo dicho,
Ciara: Ni una mentira, ni un ataque, ni una manipulación más contra mi familia o contra mí.
Otto: Yo no quiero ninguna relación. Hola y adiós. Lo mejor para mis hijos y paz
Otto: Buenas tardes.
Ciara: Perfecto, a ver si es verdad.
Ciara: Buenas tardes a ti también.
Otto: Lo mismo digo, eh [mensaje en contestación al mío de «ni una manipulación más», porque como ya vimos, el controlador siempre quiere tener la última palabra].

Ya te imaginarás el desenlace, ¿verdad? *Efectivy Wonder*, ipso facto me bloqueó también este número de teléfono.

Otro ejemplo fue el día en que Juan la esperó en casa para que llegara a sacar a Troya y decirle que ya era suficiente. Su primera reacción fue: «No, pero si yo estoy encantada con tu relación con Ciara, me parece perfecto que seas feliz». Hubiese sido interesante que escucharas su tono de voz al decirlo, tan hipócrita, tan, como dice Juan: «madre de Gurruchaga» (guiño para los de nuestra generación), que me daban arcadas solo de oírla desde lejos. Dos minutos después, se pone a hablarle con toda la tranquilidad del mundo, como si fueran unos padres separados que se llevan estupendamente, sobre cómo coordinarse con los uniformes de los niños. Mejor que Houdini y su número de escapismo, oye.

Eres muy ágil y rápido/a en tus acciones. Captas o anhelas captar la información de inmediato, lo que dificulta tu interacción con quienes tardan mucho en explicar o contar algo. A menudo interrumpes y respondes antes de que la otra persona haya finalizado su discurso. Sin embargo, si alguien se atreve a hacer lo mismo contigo, no dudarás en manifestar con firmeza: «¡Espera un momento, no he terminado de hablar!».

Cuando asumes el papel de controlador, sueles ser una persona talentosa y actuar con rapidez, lo que te lleva a mostrar poca tolerancia hacia quienes son más lentos. En el caso de Juan y Otto, se puede aplicar perfectamente el cuento de la liebre y la tortuga. No hace falta que te diga quién es quién, ¿verdad? Por mucho que corra la liebre, se burle y se desespere ante el ritmo de la tortuga, esta acaba llegando antes a la meta al no perder el control, mantener la templanza y seguir un ritmo constante.

Debes esforzarte por ceder, lo cual a menudo se convierte en una oportunidad para intentar dominar a los demás. Por ejemplo, seguir a un conductor lento puede frustrarte y hacerte perder la calma. Una madre controladora espera que sus hijos sean rápidos y aprendan con agilidad, ya que eso es lo que ella misma se exige. Cuando las cosas no avanzan al ritmo que deseas, especialmente si surgen imprevistos que te incomodan, tiendes a enfadarte.

La verdad es que la paciencia a veces no es lo nuestro. Es algo que he tenido que aprender a cultivar con el paso del tiempo, pero reconozco que me ha costado, sobre todo en el ámbito profesional y en la gestión de mi equipo de trabajo. También en el ritmo de desarrollo de mi hija; me frustraba que los resultados no fueran los esperados, pero no por presionarla, sino porque temía que no pudiera avanzar.

En el caso de Juan, a pesar de que, como vimos en la herida anterior, se deleita cocinando sus patatas, tiene paciencia cero con cosas como la lentitud del coche de delante. Escucharle simular irónicamente la velocidad de una Citroën Berlingo, como si fuera a la velocidad del rayo—«Berlingooooooo»—o verle resoplar cada vez que se topa con una de estas furgonetas es una de esas peculiaridades suyas que me saca una sonrisa, de lo absurdo que me resulta a veces verlo perder el control emocional por cosas tan simples.

Pero cuidado, que él tenía argumentos para todo. Me decía que, en un entorno rural como el que vivimos, una Citroën Berlingo está más cerca de ser una maquinaria agrícola que una furgoneta. Reforzaba tal argumento con: «Si a eso le añadimos que suelen ser conducidas por gente mayor que maneja asombrosamente despacio y obvia las normas de tráfico más elementales, pues apaga y vámonos». ¡Jajaja! Como me dijo un día nuestro amigo José Luis: «Con esas respuestas, ¿cómo no quererlo?».

Otras de sus frases típicas, ante su impaciencia, son «¡venga, florero!» o «uff, qué estrés», ante cualquier situación, cosa o persona que tarda más de un segundo en empezar a rodar. Desde luego, le tengo que estar muy agradecida porque no será por el material que me facilita para escribir este libro; así resulta más fácil, ¿dónde va a parar?

Cuando las cosas no van como esperabas, es fácil que te muestres agresivo/a, aunque no lo parezca. A menudo, proyectas una imagen de confianza, fortaleza y de alguien que no permite que lo menosprecien. De las cinco máscaras que llevamos, la del controlador es la que experimenta más altibajos emocionales. Un momento puedes ser todo cariño y atención, y al siguiente explotar por cualquier cosa. Esto deja a las personas a tu alrededor desorientadas, y muchos interpretan esta conducta como una traición.

Aunque la motivación detrás de este comportamiento no es exactamente la descrita, sí me reconozco en los estallidos emocionales cuando algo no sale como espero. Las expectativas me han jugado malas pasadas muchas veces, debido a mi nivel de perfeccionismo y autoexigencia. Esa sensación de que todo está bien y, de repente, explotar como un volcán, la he experimentado en muchas ocasiones, especialmente en fases de mayor ansiedad o depresión. Esa ansiedad tiene sentido porque necesitas notar que tienes el control para sentirte segura, lo que puede confundirse fácilmente con la herida de la traición. En mi caso, no sería tanto la herida, sino más bien un comportamiento derivado de tal ansiedad.

En el caso de Otto, llega a un punto en el que se muestra abiertamente agresiva, sobre todo con Juan. Con los demás mantiene cierta distancia al principio, ya sea como estrategia de seducción, como hemos visto, o bien evitando el contacto cuando percibe que la otra persona es más dominante o que, debido a su actitud, podría perder reconocimiento y apoyo social.

Por ello, como controlador/a, es fundamental que cultives la paciencia y la tolerancia, especialmente cuando te enfrentas a situaciones que no te permiten actuar como deseas o alcanzar las metas que habías previsto.

Sueles adelantarte a los acontecimientos, tratando de prever lo que ocurrirá en el futuro. Tu mente está en constante actividad, siempre pensando en lo que vendrá. Cuanto más profunda es la herida emocional, mayor es tu necesidad de controlar lo que está por venir, especialmente para evitar ser traicionado/a. El problema principal de este enfoque es que esperas que todo se desarrolle tal como lo has planeado, ya que tus expectativas sobre el futuro son muy altas. Esto, a su vez, te dificulta vivir plenamente el presente. A menudo te preocupa más imaginar lo que sucederá y si todo saldrá según lo previsto, en lugar de disfrutar el aquí y el ahora.

Esto es lo que me sucede cuando vuelvo a conectar con la ansiedad: me anticipo, a veces planificando en exceso y otras, prediciendo catástrofes. Por ejemplo, durante este proceso de escritura, que ha coincidido con una etapa emocional difícil, estoy pasando por situaciones muy duras. De repente, me agobio y pienso: «Dios mío, quiero que el libro salga bien y pueda ayudar a mucha gente». Pero al segundo, me entra el pánico: «Dios mío, si va bien, no sé si voy a sobrevivir a escribir otro», y me pongo a llorar por el estrés que siento. En estas situaciones, Juan siempre me dice una frase que, debo admitir, me toca un poco los ovarios, ¡jajaja!: «No construyamos el puente antes de llegar al río».

Si nos centramos en la gran Otto Skorzeny —permítaseme la licencia de cambiarle el género al Sr. Skorzeny—, frases como «tengo que cambiar de estrategia, no voy a parar hasta verla fuera de esa casa» indican claramente cómo su coco-loco está todo el rato maquinando sobre el destino fatídico de mi existencia. Una pena que, como pitonisa, no tenga mucho futuro.

Otro intento desesperado de boicotear nuestros planes, con la intención de anticiparse a los acontecimientos, es a través de sus comentarios sutiles. Preguntaba a todo aquel que tuviera oportunidad si íbamos a estar en casa un día determinado. Llegamos al punto de ocultar información a los niños solo para evitar la mínima posibilidad de que llegara a oídos de la madre, lo que nos generaba cierto estrés. Al final, la situación nos «obligaba» a ser, nosotros también, controladores, y la verdad es que era agotador. Así es imposible que sea feliz; por eso, aunque intente saludarte con su sonrisa cínica, se nota a leguas su cara de amargada.

Me da pena en parte, porque es evidente que sufre, pero dejarme llevar por la empatía hacia su persona solo me condena a seguir encadenada a una situación que me causa mucho dolor y que la otra parte no quiere solucionar. Ya viste cómo, en la conversación en la que le puse un límite a sus insinuaciones de maltrato hacia su hija, ante mi «me hubiese gustado llevarme bien contigo», su respuesta fue un frío «pues yo no, hola y adiós».

Cuando te encuentras un muro, no siempre la opción es derribarlo; a veces, es mejor buscar otro camino para seguir adelante, dejándolo atrás, pero sin desviarte de tu destino. En mi caso: mi bienestar y el de mi familia.

Como controlador/a, prefieres llegar con antelación para asegurarte de tener todo bajo control. No te agrada retrasarte y te resulta difícil tolerar a quienes lo hacen, incluso si esto te brinda una oportunidad para influir en ellos y motivarlos a cambiar. La impaciencia te invade si finalizas una tarea con retraso o si alguien se compromete a entregar un trabajo y lo hace tarde.

Esta sí soy muy yo; sufro con los tiempos y nunca he soportado la impuntualidad. Eso sí, lo asocio más al sentido de la responsabilidad y el compromiso que al de control.

Respecto a Otto, sucede todo lo contrario: utiliza el tiempo para desquiciar a los demás. Dice que vendrá el lunes a sacar a Troya y, el mismo día por la mañana, afirma que finalmente no vendrá, que lo hará el miércoles. Luego, el martes por la noche, cambia de nuevo y dice que será el viernes. Su único objetivo con este comportamiento es mantener a los demás en un estado permanente de hiperalerta.

El día en que los niños se despedían después de haber pasado todo el verano juntos, era uno de esos días intersemanales que le tocaban a Juan. Habíamos decidido pasar la tarde juntos haciendo algo divertido: cenar y ver una película que nos dejara un buen sabor de boca y nos hiciera valorar que no era un adiós, sino un hasta pronto, ya que seguiríamos viéndonos cada fin de semana, a veces solo los tres (Juan, nuestra hija mayor y yo) y otras veces la familia al completo.

Después, nos iríamos a dormir y por la mañana nos daríamos un fuerte abrazo, deseándonos volver a encontrarnos. Sin embargo, resulta que a la fantástica dama de la complacencia se le cortocircuita esa información en la cabeza y decide que no va a traer a los niños a las 17 h, que era la hora acordada. Ante nuestro monumental enfado al ver sufrir a nuestra hija mayor por no haber podido despedirse de sus hermanos, ella pasa a decir: «Voy a haceros un gran favor y os los dejo; les dais de cenar y a las 21 h en punto los quiero en mi casa».

¿La realidad? Se presentó a las 19 h, asegurándose previamente de que viéramos en los estados de su WhatsApp que los niños estaban en un parque de bolas jugando, como si solo quisiera retrasar al enemigo, exigiendo además cumplir con el horario de entrega.

En conclusión: tratamos de disfrutar todo lo que pudimos de ese rato, cenamos a la hora que nos pareció conveniente y Juan se los llevó a casa cuando todo eso acabó, porque la salud emocional de nuestros hijos está por encima de todo. Ella lo recibió tirando de los niños hacia dentro de su casa y dándole un portazo en las narices.

Como probablemente ya sabes, especialmente en el ámbito laboral, si te identificas con esta herida, puede resultarte complicado delegar tareas y confiar en los demás. Sueles estar en constante revisión de si las cosas se están haciendo como esperas. También te cuesta enseñar a otros cuando son más lentos, ya que, como persona controladora, sientes que no puedes perder tiempo. Cuando decides delegar, sueles optar por tareas simples o aquellas de las que no te responsabilizarán si no se realizan correctamente. Por ello, te sientes presionado/a a actuar rápidamente y hacer casi todo por ti mismo/a; de lo contrario, terminarás supervisando a quienes te ayudan.

Uff, esta soy totalmente yo. Me cuesta mucho delegar y, cuando lo hago, tengo que supervisar constantemente para quedarme satisfecha. Es algo en lo que he tenido que trabajar con mi equipo, porque debo aceptar que mis chicas no son yo, ni tienen por qué serlo.

He sufrido en el diseño de cualquiera de mis proyectos, en la consulta, en el gimnasio emocional... Y al final, lo que consigo es cargarme de más trabajo. Lo que podría ganar de tiempo al delegar, lo agoto en energía al no terminar de confiar en que las cosas estén bien hechas.

Esto me pasa en todos mis ámbitos: relaciones sociales, abogada... A veces pienso si es que tengo el ego muy subido, pero al analizarlo detenidamente, no creo que sea así. Lógicamente, el ser humano no es carente de ego, y yo tengo el mío. Sin embargo, un día, hablando con Juan, me hizo verlo de otra manera. Como ya sabes, tiene altas capacidades y siempre me dice que tengo una mente privilegiada que yo no reconozco. Eso es algo que le ha costado integrar, ya que nunca había tenido una pareja más inteligente que él, según sus palabras.

Yo no me reconozco en la descripción que hace de mí. Sí, quizás, en que tengo más habilidades y capacidades emocionales; ¡mala psicóloga sería si no fuera así! ¡Jajaja! Sin embargo, me puso un ejemplo que le dijo su padre de adolescente: «Si tú estás en el percentil 95, esto quiere decir que el 95 % de la población tiene una capacidad inferior a la tuya. Eso significa que la probabilidad de toparse con un profesional que no llegue a tus estándares mínimos es muy alta».

Conclusión: en muchas ocasiones, yo veré las cosas de manera clara, y el interlocutor que tenga delante no las verá como yo o simplemente no las verá. Debo aprender a vivir con ello.

Es importante recordar que la herida de la traición se activa en ti cada vez que te encuentras con alguien que no cumple con sus compromisos. Esto es fundamental para mí: el compromiso, la lealtad, la comunicación, el respeto, el ensamblaje de valores y el proyecto común, como pilares de mi relación, sea esta del tipo que sea, son esenciales.

En el caso de Otto, más bien exige tales compromisos; sin embargo, no cumple ni con los que ella misma establece y, encima, te culpa por ello. No me digas que no es una *crack*.

Como controlador/a que se considera muy trabajador/a y responsable, te enfrentas a dificultades con la pereza. Crees firmemente que nadie debería permitirse descansar hasta que haya cumplido con todas sus obligaciones. Ver a alguien sin hacer nada te irrita, ya que lo consideras una falta de compromiso, lo que dificulta tu confianza en esa persona.

En contraste, *Missis* Otto es todo lo contrario: la reina de la procrastinación, la vagancia y la pereza, de las que no se quitan el pijama durante todo el día. Esto resultaba en un choque frontal con Juan, quien es un culo de mal asiento y no para de hacer cosas, especialmente cuando está estresado o ansioso. Como podrás imaginar, esa casa se convertía en una bomba a punto de estallar cada pocos minutos. ¡Qué estrés solo de pensarlo!

Por otro lado, te esfuerzas por asegurarte de que todos estén al tanto de tus acciones, tus métodos y la cantidad de trabajo que realizas; para ti, es esencial que se reconozca tu responsabilidad y que se pueda confiar en ti. Te desagrada no recibir esa confianza, ya que te consideras sumamente responsable y capaz, y crees que los demás deberían hacerlo en todo momento. Sin embargo, no te das cuenta de lo complicado que te resulta confiar en otros. Aquí, en boca de Otto, los superlativos respecto a ella misma no escasean: «supermamá», «mujer diez», «gran profesional»... Como se dice en mi país, «no tiene abuela».

Te gusta contribuir a lo que dicen o hacen los otros. Sueles querer tener la última palabra y te resulta sencillo encontrar algo que aportar a la conversación, casi siempre. Sin embargo, esto no implica que tu aportación, necesariamente, sea positiva ni para ti ni para los demás. Esta es Doña Otto, quien, como ya habéis podido apreciar a lo largo de la exposición de toda la herida, siempre busca tener la última palabra, considerando que Juan le es desleal como «familia», al haber perdido el control sobre él.

Si intentas ejercer control sobre los demás, no lograrás lo que anhelas, ya que es esencial que el control surja de tu propia voluntad y no que te haya sido impuesto por alguien más. Esto es muy característico de «La Señora», quien no cumple con horarios ni sigue sus propias indicaciones. Su objetivo es estratégico: crear incomodidad para dejar constancia de que ella tiene el poder.

Te preocupas en exceso por los problemas de otras personas. Tu aguda percepción te permite notar rápidamente todo lo que sucede a tu alrededor, y como te consideras más fuerte que el resto, asumes el control con facilidad.

Crees que es tu deber ayudar a otros a organizar sus vidas, sin darte cuenta de que este comportamiento es una forma de control. Al involucrarte en la vida de los demás, influyes en lo que quieren hacer y en cómo y cuándo lo hacen. Al asumir la responsabilidad de sus problemas, te sientes superior, pero en realidad esto revela una debilidad en ti.

Cuando no confías realmente en tu propia fortaleza, sientes la necesidad de demostrarla. Ocuparte de quienes consideras más débiles constituye un medio para conseguir un fin, que es lo que hace Otto como toda buena maquiavélica que se precie: manipular en favor propio. Porque sí, también hay que considerar que pertenece a más criterios de la tríada oscura de la personalidad: narcisistas, maquiavélicos y psicópatas. El análisis debe ser amplio; no solo debes contemplar la parte «humana»; hay personas que te sorprenderían por lo «animales» que son.

Te esfuerzas por demostrar a los demás que tienes una personalidad dominante, utilizando tus cualidades para hacer prevalecer tu voluntad. Esto hace que tu ego controlador reaccione de manera intensa cuando alguien te critica por tus acciones, ya que no te gusta sentirte bajo la mirada de los demás, especialmente si son personas con una actitud similar a la tuya. Te cuesta lidiar con figuras autoritarias porque sientes que intentan dominarte. Siempre encuentras una justificación para actuar a tu manera, convencido/a de que tienes razones válidas para ello. Rara vez aceptas tus miedos y prefieres mantener tus debilidades en secreto. Desde pequeño/a, has cultivado pensamientos como: «Puedo hacerlo solo/a». Deseas llevar a cabo las cosas a tu modo, pero anhelas que los demás reconozcan tus logros, te feliciten y, sobre todo, comenten lo bien que lo haces.

No deseas revelar tu vulnerabilidad por miedo a que alguien la utilice en tu contra y te manipule. Prefieres presentarte como valiente, audaz y fuerte en la mayoría de las situaciones.

Normalmente, actúas solo cuando lo consideras conveniente. Tiendes a decir a los demás lo que quieren oír sin darte cuenta, y al final terminas haciendo las cosas a tu manera.

En el caso de Otto, yo no diría que actúa sin darse cuenta, dado que su manipulación es plenamente consciente. Juan comentaba que en su relación las cosas funcionaban siempre que ella daba la orden y él obedecía; si no, más le valía poner los pies en polvorosa.

Cuando alguien intenta persuadirte sobre una idea novedosa, es natural que tu primera reacción sea el escepticismo. Lo más complicado es ser sorprendido/a sin haber tenido la oportunidad de prepararte. Esta falta de preparación puede hacer que pierdas el control de la situación, exponiéndote al riesgo de ser manipulado. Podríamos llamarlo «el cazador cazado».

Para no perder tu reputación, no dudas en dañar la imagen de los demás, y aquí Otto se mueve como pez en el agua. Hemos visto muchos ejemplos en los que su misión imposible es deshacerse de mí, algo que Juan ha llegado a plantearse de manera opuesta: «La única forma de librarnos de ella no puede ser, porque acabaría en Brians 3 y mis hijos se quedarían sin madre y sin padre, ya que no les dejaría ir a visitarme». Haciendo alusión a la prisión conocida por albergar a ilustres presidiarios como Jordi Pujol Ferrusola, hijo del expresidente de la Generalitat de Cataluña, Jordi Pujol, encarcelado por su implicación en casos de corrupción, o Josep Maria Solà, un exalto cargo del gobierno catalán, también vinculado a casos de corrupción. Vamos, lo mejorcito de la clase alta de nuestro país.

Dado que el efecto de la sorpresa puede resultar complicado para ti cuando asumes el rol de controlador/a, tu reacción inicial tiende a ser alejarte y adoptar una postura de alerta. Sientes la necesidad de estar preparado/a para cualquier eventualidad, lo que te lleva a contemplar todas las posibilidades con antelación. Sin embargo, no te das cuenta de cuántas veces tú mismo/a has modificado tu opinión y has sorprendido a quienes te rodean con cambios inesperados. Cuando tomas decisiones, sientes que tienes el derecho de cambiar de opinión sin problemas. Reconoces a nuestra protagonista del día, ¿verdad?

Por esto, Juan la llama «el enemigo» y fundamenta su discurso en términos como «táctica», «estrategia», «confrontación» y «ataque». Siempre está dispuesta a presentar batalla, hasta el punto de que lo que dijo hace diez minutos puede quedar obsoleto cinco minutos más tarde. Esto le lleva a él a respuestas como «la última información es esa» cuando le pregunto en qué ha quedado con ella, en lugar de «hemos quedado en tal», porque nunca puede asegurar si tal información va a cambiar. Esos cambios podían variar más de tres veces en un corto periodo de tiempo, lo cual desquicia a cualquiera, ¿no crees?

Al principio, este tipo de situaciones nos trajo problemas en la relación, ya que él estaba tan acostumbrado a vivir el momento y a no dar nada por supuesto que, a veces, no cumplía con los compromisos adquiridos conmigo. Argumentaba que no tenía la confianza necesaria para certificar si realmente íbamos a hacer lo que habíamos planeado. En esos momentos, me venía a la cabeza, a modo bocadillo de cómic, un «*What*? Pero ¿qué me estás contando?».

En un momento dado, me dijo que se dio cuenta de que estaba tan acostumbrado a reaccionar sobre la marcha que no se percataba de que, cuando yo decía «A», se hacía «A», aunque lo hubiéramos planeado semanas antes. Sin embargo, su mente lo obviaba, porque para él nunca era «A», sino «B», «C», «D» o incluso todo el abecedario. Esto lo llevaba a pasar por alto cosas, y su déficit de atención no ayudaba. Al final, yo me enfadaba al relacionar sus olvidos con mi herida de rechazo y abandono.

Es cierto que el comportamiento impredecible de las personas que amas puede provocarte un sentimiento de traición, y reaccionas en proporción a la magnitud del dolor que sientes. Por lo tanto, es importante que prestes atención a tu forma de actuar, para no hacerte más daño ni a ti mismo/a ni a los otros, si realmente deseas ayudar a la cicatrización de esta herida.

Como controlador/a, tiendes a considerar a los demás como hipócritas debido a tu profunda desconfianza. Sin embargo, tu comportamiento manipulador a menudo hace que caigas en la hipocresía. Por ejemplo, cuando las cosas no salen como deseas, te enfureces y hablas a espaldas de la persona involucrada, sin darte cuenta de que en ese instante eres tú quien actúa de manera hipócrita.

La esencia genuina de Otto. Aunque no podría asegurarte que no sea consciente de que incurre en la hipocresía, o que se aproveche de esta para molestar al personal. Ejemplo: para el cumpleaños de nuestro hijo se organizan tres celebraciones (una locura, ya lo sé). Es lo malo de tener padres separados que no se llevan bien: la fiesta común con los amigos de clase, la celebración con nosotros, y la que organiza su madre.

A esta última, nuestra hija mayor no es invitada. Puede tener sentido, dado el desprecio que le muestra «doña Educación» cada vez que se la cruza o cuando nuestros hijos hablan de su hermana mayor con mucho amor y alegría. El caso es que el niño le pide por favor que quiere que su hermana venga, a lo que la madre responde con un rotundo no.

Sin embargo, a los comensales de esa merienda, entre los que estaban invitados los cuidadores de nuestros pequeños, tiene la cara dura de decirles: «Es una pena que la niña no haya podido venir».

En la celebración conjunta del colegio, después de pasar todos los meses previos tratando de fastidiarme la vida, al marcharse del lugar tras solo un rato de estar allí —abandonando, con ello, el propio cumpleaños de su hijo—, se me acerca para despedirse y me pregunta: «Ciara, ¿llevas bolso?». Yo, un poco atónita y casi sin saber cómo reaccionar, le respondo instintivamente que sí, y me dice, entregándome el chupete de nuestra hija menor: «Vale, pues te dejo aquí el tete para que se lo guardes». Después, me toca el brazo en plan amigable y me suelta un «Venga, nos vemos».

Recuerdo que una mamá me dijo: «¡Qué buen rollo, ¿no?!», y yo le respondí: «Pues en realidad es la segunda vez que se dirige a mí, todo lo demás es por la espalda, y con un cuchillo a modo asesino de Psicosis». Esto provocó unas risas en todos los presentes.

Te aterra la idea de que te mientan. Frases como: «Preferiría un buen puñetazo a una mentira» describen perfectamente cómo experimentas tal engaño. Sin embargo, a menudo tú mismo/a recurres a mentir, aunque no lo percibas de esa manera. Justificas esas distorsiones de la verdad con razones válidas para ti; tus mentiras, que suelen ser discretas, las consideras esenciales para lograr tus objetivos o para justificar tus acciones.

Y es que, para entender esto, hay que saber cómo funciona la mentira en el cerebro. Si no estás acostumbrado/a a mentir y lo haces, tu cerebro te hará sentir incómodo/a porque no hay coherencia entre lo que piensas, sientes y haces. Pero si mientes una segunda vez, esa incomodidad disminuye; si lo haces una tercera vez, aún más. Y si sigues mintiendo con asiduidad, acabarás convirtiendo esas mentiras en tu verdad. Ahí es donde está el peligro: comienzas a actuar en función de tus creencias, amargando la vida de los demás, quienes se desquician tratando de encontrar una explicación al no reconocimiento de la mentira por tu parte.

Por ejemplo, hemos mencionado que eres hábil para anticipar las expectativas de los demás y en decirles lo que desean escuchar. Sin embargo, no siempre logras cumplir lo que prometes, lo que te lleva a encontrar una variedad de excusas, incluso a alegar que no recuerdas haberte comprometido. Los demás suelen interpretar esto como una mentira y lo viven como una traición. Para ti, no hay nada engañoso en este comportamiento; puedes verlo como una forma de establecer límites, por ejemplo. Paradójicamente, te resulta muy difícil aceptar que alguien no confíe en ti. Si sientes que alguien no te cree, lo interpretas como una traición, y para evitar esa herida emocional, te esfuerzas al máximo para que los demás depositen en ti su confianza.

Otto, de entrada, es una persona que transmite confianza, que cae bien y que hace amigos con cierta facilidad. Sin embargo, pronto se descubre que es una cortina de humo y va dejando cadáveres allá por donde pasa. Será que, como nací el Día de Muertos, ya me fui para el otro barrio y no me puede volver a matar. ¡Jajaja! Eso sí, estoy rodeada de aliados, como en la película *Coco*. Al escribir esto, mi mente tararea la canción «Un poco loco» de su banda sonora, y es que es tan ella:

Que el cielo no es azul
Ay, mi amor; ay, mi amor
Que es rojo, dices tú
Ay, mi amor; ay, mi amor
Ves todo al revés
Ay, mi amor; ay, mi amor
Creo que piensas con los pies
Ay, mi amor; ay, mi amor.

Juan me llegó a decir, ante tanta mentira que sufría por su parte y que le hacía perderse entre la duda, la incertidumbre, el nerviosismo y el miedo:

«Toda mi vida cometí el error de pensar que la verdad se cuenta sola y que la mentira no hay que explicarla. Cuán equivocado estaba».

Tu reputación es fundamental para ti, especialmente desde la perspectiva del controlador. Cuando alguien hace o dice algo que puede perjudicar la imagen que intentas mantener, te sientes profundamente ofendido/a o te enojas, ya que lo interpretas como una traición significativa. En ocasiones, incluso puedes recurrir a la mentira para proteger esa buena imagen. Lo que más valoras es ser visto/a como una persona confiable, responsable y competente en tu trabajo. Al hablar de ti mismo/a, no te muestras por completo; en cambio, solo compartes aquellos aspectos que refuercen tu reputación positiva.

Está claro que, cuando lea este libro —porque lo hará por puro cotilleo—, Otto se convertirá en el muñeco del «enfadado», como llama nuestra hija menor a la emoción de la rabia en la película *Del Revés*. No es que le esté sirviendo la venganza en un plato frío, pero tampoco me voy a echar a llorar. Lo llaman karma.

Hay una característica de Otto, como controlador/a, que me duele especialmente porque afecta a mis hijos. Algunos padres, cuando portan esta máscara, tienden a preocuparse más por preservar su propia imagen que por el bienestar de sus hijos. Aunque intentan hacerles creer que sus decisiones son por su bien, los niños no se dejan engañar y perciben cuándo sus padres actúan por interés propio. A diferencia de un/a padre/madre controlador/a, que impone sus decisiones, quien realmente busca el bien de sus hijos les preguntaría primero qué desean o prefieren. En el caso de ella, primero es ella, luego ella, y después ella, ignorando por completo los intereses y necesidades de sus hijos, por mucho que insista en proclamarse una «supermamá».

Podría poner millones de ejemplos de cómo esta situación afecta la salud emocional de los niños, con frases como: «Ella no es tu mamá» (que obviamente no lo soy, pero a ellos les gusta llamarme «mamami» como muestra de amor y del vínculo entre nosotros), «Es mala» (refiriéndose a mí para que los niños no me quieran) o «Ella no es tu hermana, tu hermana es... Debes tener claro quién es tu familia» (incluso llegando a hablar con la psicóloga del niño para que le diga que debe llamar a mi hija «hermanastra»). Quizás debería reflexionar sobre si ella es la «madrastra malvada del cuento», un rol que parece encajarle bastante bien.

En fin, un agotamiento emocional para todos nosotros, que provocó que nuestro hijo mayor se sintiera acorralado entre lo que sentía y lo que podía expresar, generándole crisis de angustia que se manifestaban en berrinches que desquiciaban tanto a él como a los que estábamos a su alrededor. Empezaba a hablarme mal, le decía a mi hija que esa no era su casa y que ya no la dejaría dormir en su habitación... Sentimientos muy dolorosos en un niño que, en ese momento, solo tenía siete años y no entendía por qué amar a otras personas estaba mal. Y una niña de ocho años que no comprendía por qué su hermano, a quien adoraba con locura, de repente la despreciaba con tanta rabia.

Como persona con tendencia al control, te incomoda estar en situaciones en las que no tienes una respuesta a cualquier pregunta. Cuando no la sabes, idearás, fantasearás, crearás... pero nunca darás la callada por respuesta. No soportas los «No lo sé», ya sean propios o ajenos. Los propios, porque dejarían entrever tu falta de conocimientos y temes ser percibido/a como poco capacitado/a o que interpreten que estás mintiendo. Por eso, recurres a frases como «Ya lo sabía, pero en este momento no me venía a la cabeza» o «Cierto, lo leí en algún lado», aunque sea la primera vez que escuchas esa información.

Tampoco toleras los «No lo sé» ajenos, ya que interpretas que la persona te está ocultando información, lo que te hace sentir que pierdes el control sobre ella. Precisamente, este «No lo sé», especialmente viniendo de nuestro hijo, es algo que ella no soportaba, y él lo utilizaba frecuentemente como un recurso para protegerse, como si fuera un escudo, salvaguardando así su relación con nosotros.

Era su manera de frenar el constante acoso de su madre, quien lo acribillaba a preguntas sobre lo que sucedía en nuestro hogar. Como él no decía nada, ella empezó a enfadarse y a advertirle que no le toleraría un «No lo sé» más. Entonces, él, dentro de su corta edad, buscó herramientas para evitar que ella explotase y al mismo tiempo seguir siendo leal a nuestra familia, lo que lo llevó a empezar a mentirle. Por supuesto, esto se convirtió en un arma de doble filo, ya que ella aceptaba las mentiras —que, como podrás imaginar, consistían en hablar mal de casa para que ella se quedara satisfecha y lo dejara en paz—, lo que desencadenaba insultos, ataques y despropósitos hacia nosotros.

Afortunadamente, logramos reconducir esta situación hablándole con mucho amor y cariño, dándole el espacio necesario para que validara sus propias emociones, dejara de mentir y afrontara sus sentimientos sin temor, porque no había nada de malo en amar a su familia, incluida a ella, que es su madre. Lamentablemente, ahora que él va perdiendo el miedo a su reacción y se muestra de una manera más natural, la táctica de ella ha cambiado a decirle que cuelgue porque necesita su móvil, por supuesto en el preciso instante en que está hablando con nosotros. Esto demuestra la gran responsabilidad afectiva que tiene con su propio hijo, válgase el sarcasmo.

Y es que ese aire de intelectual no es más que un enmascaramiento de su propia inseguridad y la negación de sí misma. Lo curioso es que se proyecta como todo lo contrario, lo que a veces la hace parecer hasta ridícula, sobre todo cuando contradice las opiniones médicas, pese a vivir rodeada de médicos. Porque, claro, ella es la que más sabe y la que mejor conoce a sus hijos. Parece que el hecho de que Juan sea médico y padre de las criaturas es irrelevante frente a su gran potencial.

Te resulta fácil impresionarte rápidamente por la presencia de una persona con notoriedad, reconociéndola como una igual, ya que tú mismo/a sueles tener la reputación de destacar y ser visto/a. Ese «hijos míos, hijos míos» tan teatral que utiliza Otto cuando está siendo observada. Sin embargo, te disgusta que tu pareja ocupe más espacio que tú, y esto es algo muy evidente en ella. No soporta que la gente quiera tanto a Juan, que incluso sus propios amigos sigan en la vida de él y se hayan alejado de ella por sus actitudes altivas, desplantes, desaires, gritos, insultos, improperios, acusaciones y un largo etcétera, cada cual peor que el anterior. Por supuesto, que a él le vaya bien en lo emocional y que yo sea un personaje notorio y público es lo que la ha motivado a intentar destruirnos con tanto ahínco. Y oye, hay que reconocerle la constancia a la buena mujer. Dicen que quien la sigue la consigue; todo puede ser que se estrelle por el camino, pero qué le vamos a hacer. Quien no arriesga, no gana, ¿no?

Este tipo de actitudes se pueden confundir fácilmente con una personalidad narcisista, donde uno exhibe todas sus habilidades sociales para obtener reconocimiento, pero no duda en anular a quien está a su lado para que no le haga sombra.

Otra característica que te define como controlador/a es tu clara dificultad para tomar decisiones cuando percibes que la elección conlleva el riesgo de perder algo. Esto se debe a que, al tomar esa decisión, sientes que podrías perder el control de la situación. Por ello, en ocasiones te cuesta decidir o te acusan de analizar demasiado las cosas. Sin embargo, cuando te sientes seguro/a de ti mismo/a y, sobre todo, tienes el control, tomas decisiones sin ningún problema.

Un claro ejemplo de esto lo encontramos en todas las vueltas que ella dio respecto a la firma de los convenios, no solo con la intención de fastidiar a Juan, sino porque implicaba perder las comodidades y el control de la casa. Aunque repetía con insistencia que no le importaba y que estaba deseando irse, la realidad era muy diferente. Según el convenio, solo podía estar en la vivienda cuando le correspondía quedarse con los niños, pero en la práctica hacía uso de ella incluso cuando no le tocaba. Si Juan se iba de viaje con los niños, aprovechaba para coger las llaves, disfrutar de la piscina, hacerse fotos y subirlas a las redes sociales con mensajes como «Viviendo la buena vida». En otras ocasiones, llegaba a llamar desde el teléfono fijo, dejando claro que había entrado «porque le había salido de su potorro». Siempre se creyó la dueña y señora de la casa, pero claro, se le olvidaba que no estaba a su nombre y la había pagado otro.

Sabía muy bien cómo justificar sus decisiones, ya estando separados, como cuando decidió pintar los muebles del jardín de marrón, sabiendo que Juan los quería grises. Se excusaba diciendo: «Ha querido pintarlos el niño, así que te callas». Y Juan, en esa época, respondía: «Si lo ha querido el niño, entonces está bien». Qué ingenuo resultaba a veces, pues le estaba entregando toda la artillería para que ella siguiera manipulándolo a través de su control, como finalmente sucedió durante una larga temporada.

La negación se convierte en un gran temor para ti al cargar con el dolor de la traición, y esto se refleja en tu comportamiento controlador, ya que experimentar un rechazo lo asocias a una nueva traición. Sin embargo, no eres consciente de cuántas veces tú mismo/a rechazas a los demás y decides apartarlos de tu vida. Por ejemplo, no sueles ofrecer segundas oportunidades a quienes han quebrantado tu confianza, e incluso evitas dirigirte a ellos. Cuando te enfadas, especialmente si las cosas no van como esperabas, es común que des la espalda a alguien en medio de una conversación o lo dejes hablando solo por teléfono.

Esta característica la define perfectamente. Cada día está más sola, alejada de su familia y amigos, y enfrentada con compañeros de trabajo. Perder el control a través de sus ataques de cólera es uno de sus comportamientos habituales. Se nota mucho, por ejemplo, cuando empieza a enfadarse y estás manteniendo una conversación por WhatsApp con ella. Las letras parecen bailar, y los emoticonos con sarcasmo o el dedito arriba en señal de «que te den» ocupan media pantalla. Empezar con un «hola carinyet» (hola cariñito) y acabar con un «tú mismo/a» cuando no está de acuerdo con lo que se le dice es algo habitual.

Te sientes ofendido/a cuando alguien se entromete en tus asuntos sin tu consentimiento. Si otra persona interviene o responde por ti en tu presencia, puedes sentir que no confían en tus habilidades. Sin embargo, a menudo no te das cuenta de que tú mismo/a también tiendes a intervenir y hablar por los demás. En el caso de Otto, resulta paradójico con los ejemplos que he mencionado anteriormente, ¿verdad?

Cuando uno de los miembros de la pareja asume el rol de controlador y el otro se presenta como dependiente, el primero siente que tiene el derecho de decirle cómo y por qué debe hacer ciertas cosas. Lamentablemente, el segundo lo sufrirá en silencio.

Pregunta de Trivial: ¿quién es quién en el caso de Otto y Juan? Esta es una de las fáciles para conseguir la porción de quesito. ¡Anímate a responder! Tienes una alta probabilidad de acertar.

Es importante señalar que en una pareja donde uno de los miembros presenta un comportamiento controlador y el otro dependiente, hace que el controlador a menudo se sostenga en la debilidad o dependencia de su pareja. Aunque puede parecer que tiene el poder por su capacidad de control, en realidad, está exhibiendo una forma diferente de dependencia; es decir, al final se queja de lo mismo que él o ella es. En el caso de que dos personas controladoras convivan, se genera una dinámica de poder entre ellos, como el popular «a ver quién la tiene más larga» tan típico de los egos adolescentes.

Para ti, como controlador/a, todas las situaciones mencionadas son percibidas como traiciones. Esto, a su vez, guarda relación con el resentimiento que sientes hacia la otra persona por no haber atendido tus necesidades de amor y sexuadas, ni haber cubierto tus expectativas.

No puedes soportar ver o percibir a la otra persona como alguien irresponsable o débil, especialmente si es tu pareja.

Esto es algo que Otto le echa en cara a Juan millones de veces: que es un irresponsable, que si los niños se enferman, que si no está la casa limpia, que si no se aclara con nada. Sin embargo, esto no es del todo cierto; muchas veces él acaba cometiendo lo que llama «errores» debido al estrés al que ella le somete. A pesar de todo, él es la persona más responsable del mundo. ¿Recuerdas su perfil de leal, comprometido y excesivamente responsable que vimos en la herida de la humillación? Qué distorsionada es la imagen que ella tiene de su persona al verlo como irresponsable, ¿no? Esto dice más sobre su herida que sobre el comportamiento de él.

Al final, ella acaba despreciándolo porque Juan no cede a sus ataques, y ella es muy explosiva. Esto lo hace verlo como un débil, alguien que no merece ni su amor ni su respeto, y se encarga de hacérselo saber constantemente. De ahí que Juan acabe acusando mucho la herida de la humillación y se llegase a poner la máscara del masoquista.

Como controlador/a, experimentas un temor a los compromisos que se origina en un miedo más profundo: el temor a romper un compromiso. Consideras que no cumplir con tu palabra y cancelar un compromiso equivale a traicionar, lo que te lleva a sentirte obligado/a a honrar lo que has prometido. Sin embargo, asumir demasiados compromisos te hace sentir atrapado/a. Por ello, antes de enfrentar la posibilidad de tener que romper un compromiso, prefieres evitar comprometerte en primer lugar.

Esta característica quizás sea más de Juan, pero en relación con sus valores, entre los que destacan el compromiso y la lealtad, como ya vimos. Sin embargo, comprometerse es algo que, cuando lo hace, es de manera consciente; no es que trate de evadir el compromiso. Recuerdo una anécdota divertida entre nosotros al respecto. Yo le había autografiado mi primer libro y firmé con un «te quiero». Él hizo alusión al comentario bonito previo a esa demostración de amor, pero omitió el resto, lo que no quiere decir que lo obviara. Yo me quedé en shock y empecé a pensar que quizás me había precipitado, que se había asustado, o que el amor podría no ser correspondido, lo que también podía pasar.

El caso es que, al día siguiente, mientras paseábamos, él sacó el tema: «Supongo que te diste cuenta de que no dije nada ante el "te quiero" de tu libro». Yo le respondí que claro, pero que no tenía que sentirse obligado a decir algo que no sentía. Él me dijo: «Para mí, un "te quiero" es algo muy importante y no lo puedo decir por decir». Yo le pregunté: «¿Piensas que yo te he dicho el mío a modo de formalismo?» y él respondió: «En absoluto. Solo quiero que entiendas que no es un rechazo por mi parte, sino que el día que te lo diga será un sentimiento real y comprometido, porque yo quiero esto». Media hora después, nos tumbamos en el césped del parque y, mientras nos besábamos, me miró a los ojos y me dijo: «Te quiero».

Tu mayor temor es la disociación en sus diversas formas. Te resulta extremadamente complicado separarte de tu pareja, ya que lo consideras una forma de disociación y una gran derrota personal. Si decides la separación, temerás estar traicionando a tu pareja, quien podría acusarte de desleal. Por otro lado, si la separación es decisión de tu pareja, te sentirás como la persona traicionada. Además, la ruptura te recuerda que no tenías control sobre la relación. Curiosamente, las personas con tendencias controladoras son las que más suelen experimentar rupturas. Si temes comprometerte, es porque también temes a la separación. Este miedo te lleva a atraer relaciones en las que el otro no tiene interés en comprometerse, lo que puede ser una señal de que tú tampoco deseas ese compromiso.

No es el caso de Otto, ya que ella actúa desde una superioridad moral; su perfil es claramente narcisista, a pesar de reconocer en ella la herida de la traición.

Cuando dos personas controladoras cohabitan y su relación no funciona, suelen posponer la decisión de admitir que lo mejor sería separarse. En una relación de pareja, se experimenta una sensación de total conexión o de desconexión; es decir, puedes sentirte tan unido/a al otro que parece que formas parte de él/ella, o puedes sentirte distanciado/a, especialmente si el otro no te valora adecuadamente. Para alguien que es controlador/a, la sensación de desconexión implica sentirse aislado/a o alejado/a del otro.

Y aquí, aunque no lo hago desde la máscara del controlador, me siento plenamente reconocida cuando conecto con mi herida del rechazo y, por ende, me pongo la máscara de la huida. Sentirme en una montaña rusa emocional, donde a veces me siento una con él y otras me siento desconectada, me provoca un sentimiento tal que comienzo un largo peregrinaje entre la frustración y la ansiedad, que nos hace sufrir mucho a ambos: a mí en primera persona y a él por conectar con el miedo al abandono y a la pérdida de la relación.

Recuerdo haberme confesado desconectada de él en momentos en que mi dolor era insoportable y mi mente luchaba por aliviar esa tensión de algún modo. Para que entendiera a lo que me refería, le expliqué que, cuando empiezo a colapsar o a aburrirme en la relación, me desconecto emocionalmente de la persona y mi mente tiende a irse hacia la indiferencia. Él me preguntaba: «¿Y qué puedo hacer para reconectar?» A lo que yo respondía que sentía que no podía hacer nada, que cada uno somos como somos, con nuestras cosas, mejores o peores, y que la conexión se da o no; no es algo que se elige. Él, proyectando su dolor, me decía: «Eso lo entiendo, pero me duele», y yo le contestaba: «A mí también».

Cuando conseguíamos calmarnos, teníamos una de esas conversaciones incómodas y siempre acabábamos llegando a la misma conclusión: «A pesar de todo, nos queremos, así que vamos a seguir luchando por esto porque vale la pena».

Como último aspecto a destacar, es importante mencionar que la herida de abandono, en muchos controladores, suele manifestarse antes que la de traición. Aquellos que desde una edad temprana eligen ignorar o rechazar su necesidad de dependencia (su herida de abandono) desarrollan una fortaleza que les permite ocultar esta herida. En este proceso, comienzan a construir su máscara de controlador.

Es fácil imaginar a alguien que, al sentirse abandonado o al no recibir la atención que desea, intenta seducir a la persona que ama, con la esperanza de atraer su interés y obtener su apoyo. Se convence de que es tan encantadora y simpática que la otra persona no podrá resistirse a prestarle una atención especial. Sin embargo, cuanto más intenta controlar a esa persona con esta actitud, más expectativas genera en su mente. Cuando estas expectativas no se cumplen, comienza a experimentar sentimientos de traición. A medida que esto ocurre, se vuelve más controladora y se encierra en su propio caparazón, convencida de que así evitará nuevas decepciones y abandonos, la indefensión aprendida o la incapacidad de reaccionar de una manera adaptativa ante el dolor que ya comentamos. Esta parte controladora motiva a la persona dependiente a buscar independencia, a pesar de que lo verdaderamente saludable es alcanzar una interdependencia: el valor del tú, del yo y del nosotros.

Ahora bien, una persona puede experimentar abandono sin que eso implique una traición, sin embargo, quien atraviesa una traición también experimenta abandono.

Como habrás notado, quienes temen ser abandonados o traicionados comparten varias características. Además de las mencionadas, ambas heridas tienden a buscar la atención de los demás. El dependiente no solo anhela atención, sino que también desea que se preocupen por él. Por su parte, el controlador busca tomar el mando de la situación, mostrando su fuerza y carácter con el fin de impresionar a los demás.

¿Qué sentirá el rígido al expresar la herida de la injusticia? ¡Averigüémoslo!

HERIDA DE LA INJUSTICIA

PERFIL PSICOLÓGICO

Nombre: Herida de la Injusticia.

Activación: Sentir una falta de afecto por parte de personas queridas y, como respuesta, levantar barreras emocionales, esforzándote en mejorar tu desempeño y aspirando a ser impecable.

Máscara: Rígido.

Apego predominante: Desorganizado - Ansioso.

Mayor temor: Frialdad.

Principales actitudes y comportamientos observados:

- Quieres dar la impresión de estar lleno/a de energía y vitalidad, aunque te sientas exhausto/a.
- Casi nunca reconoces que algo te preocupa o que tienes dificultades. Si llegas a admitirlo, rápidamente restas importancia al asunto, asegurando que lo manejas bien por tu cuenta o explicando cómo lo resolviste tú solo/a.
- Eres una persona muy optimista que siempre busca proyectar una actitud positiva.
- Te esfuerzas por proyectar una imagen perfecta y ajustarte al ideal que te has impuesto o al que crees que los demás esperan de ti.
- Los conceptos de «bien/mal» y «correcto/incorrecto» pesan mucho para ti.
- Te aseguras de mantener a raya la ira que reconoces por temor a perder el control.
- Puedes dar la impresión de ser controlador/a con los demás, pero en realidad, solo te estás defendiendo porque han cuestionado tu propia perfección.
- Aunque anheles que todo sea perfecto y justo, a veces eres el/la primero/a en exagerar un hecho o una acusación. No eres consciente de cuán injusto/a puedes llegar a ser con los demás y contigo mismo/a.
- Como persona rígida, evitas sentir. Solo de vez en cuando muestras tus emociones porque no sabes cómo manejar tu intensa sensibilidad. Temes perder el control y parecer imperfecto/a ante los demás. De hecho, puedes dar la impresión de ser frío/a e insensible, lo que te hace creer, y a los demás también, que nada te afecta. Esto te impide establecer relaciones íntimas satisfactorias.

- Eres muy exigente contigo mismo/a y solo de vez en cuando reconoces que estás enfermo/a. No sientes ni el frío ni el dolor, y te jactas de no necesitar medicamentos ni atención médica.
- Piensas que te valoran por tus acciones y por tu apariencia. Te esfuerzas por mantenerte activo/a hasta que todo esté perfecto y completo. Antes de darte un gusto, sientes que necesitas haber merecido el premio por haber hecho un buen trabajo.
- Te exiges demasiado, buscando siempre mejorar tu rendimiento y sin respetar tus propios límites. Por eso, te resulta difícil aceptar a las personas que consideras perezosas.
- Eres un experto en autosabotearte cuando, a tu juicio, las cosas van demasiado bien. Sientes que todo debe ser equitativo, estar justificado y ser defendible. Cuando te atrapan en un acto comprometedor, te justificas al instante. Para ello, no dudas en mentir y, por miedo a que los demás se den cuenta, preparas con antelación tus justificaciones.
- No puedes resistir la tentación de interrumpir a quienes consideras injustos en sus intenciones, pensando que así les estás ayudando. Criticas con facilidad a aquellos que no actúan de la manera que consideras perfecta y justa, y te haces la misma crítica a ti mismo/a.
- Consideras que tus conocimientos tienen más valor que tus sentimientos. Te enorgulleces de lo que sabes y de tu capacidad de memoria.
- Cuando alcanzas tu límite, puedes volverte muy brusco/a, sarcástico/a, obstinado/a e inflexible.
- Sueles usar las siguientes expresiones y palabras: «seguramente», «exactamente», «sin problema», «por supuesto», «siempre», «correcto», «jamás», «hace falta», «(yo) debería», «extraordinario» y «fantástico». Empleas superlativos tales como: «especialísimo», «hiperbonito», «superbueno», etc.

Muchas veces he sentido que la vida no ha sido del todo justa conmigo. Me desgarraron desde muy temprana edad, robándome la inocencia. Sufrí *bullying* a los ocho años por ser migrante, producto del temor de una sociedad andaluza que se sentía invadida por unos catalanes, que consideraban que venían a quitarles su pan; secuelas de unos años ochenta en los que la democracia apenas empezaba, mientras los coletazos de la dictadura anterior eran más que evidentes. Aún recuerdo la canción que me cantaban: «Pavofrío, la Ciara, asquerosa catalana, que se vaya a Cataluña, que aquí no la queremos más».

Experimenté el desarraigo en mi adolescencia cuando tuve que dejar el que había llegado a ser mi hogar para volver a empezar de cero. A lo largo de mi vida, he vivido relaciones con parejas narcisistas que solo miraban su propio ombligo. Estuve en un matrimonio durante veinte años que podría catalogar como sereno, pero también aburrido, el cual terminó desconectándome emocionalmente de mí misma y del mundo. Finalmente, el tsunami que ha supuesto para mi vida el inicio de mi relación con Juan, por todo lo que acontecía a nuestro alrededor, sensación que podría englobarse bajo el título de la película estadounidense «Todo a la vez en todas partes» (*Everything Everywhere All at Once*)... por mencionar lo más significativo.

Y es que, cuando la herida de la injusticia arraiga en ti, sientes que todo se te acumula, que no sabes qué más te tiene que pasar, ese: «¿Quién me pone la pierna encima para que no levante cabeza? ¿Quién?» (un guiño a nuestra generación). Esta sensación la he tenido durante muchos años, lo cual resulta triste, a la par que agotador y horrible.

Claro que ha habido momentos muy buenos también: convertirme en madre, mi carrera profesional, que me ha dado muchas satisfacciones y con la que me he sentido muy realizada; cumplir mi sueño de ser escritora; los viajes; y Juan y los niños, que son mi luz, los amores de mi vida, mi familia y mi todo, incluyéndome a mí misma, «porque yo lo valgo».

¿Definimos juntos el concepto de injusticia? Tenerlo claro desde el principio te ayudará a comprender el desarrollo de la herida.

La injusticia se entiende como la falta de equidad en el trato hacia las personas o situaciones. En contraste, la justicia implica el reconocimiento y la valoración de los derechos y méritos de cada individuo. Entre los sinónimos de justicia encontramos: imparcialidad, honradez, equidad, rectitud, neutralidad y objetividad. Aquellos que sienten que su valor no es apreciado o que no reciben el respeto adecuado pueden experimentar esta falta de equidad. Asimismo, es posible que se sienta un descontento al recibir más de lo que se considera justo. Por lo tanto, el malestar puede surgir de comparaciones con otros, ya sea al tener más de lo que se necesita o al sentir que se carece de lo esencial.

Opinas que es injusto no poder integrar tu individualidad y expresarte libremente como eres, aunque la mayoría de las veces es tu percepción, no las limitaciones que crees que los demás te están imponiendo.

Le he mencionado muchas veces a Juan que sentía que no podía ser yo misma al mostrar mi vulnerabilidad emocional porque eso lo desestabilizaba a él. Además, me sentía culpable por ello. Lo cierto es que jamás me impuso, ni siquiera sugirió, que dejara de mostrar cómo me sentía, por duro que fuese para él verlo y no saber cómo ayudarme. Sin embargo, una simple frase como «me duele verte así» podía ponerme en el disparadero.

En el contexto de las relaciones afectivas y sexuales, tu herida se activa cuando experimentas la frialdad por parte de tu pareja o de la persona que amas. Esto se traduce en la dificultad de esta para sentir y expresar sus emociones, así como en la forma en que percibes su comportamiento: las críticas constantes, su severidad, su falta de tolerancia o su conformismo.

Sincronicidades de la vida. El Sr. G., narcisista del que te hablé en la herida de la humillación, respondió a mi ataque de llanto y angustia —provocado por su comportamiento perverso, que yo no alcanzaba a comprender y que me producía un dolor enorme— poniendo a todo volumen una canción de Triana, titulada «Tu frialdad». Me sonreía de oreja a oreja, dejando constancia de que sabía perfectamente qué era lo que me estaba causando tal sufrimiento. La letra comienza así:

Cada noche mi vida
Es para ti
Como un juego cualquiera
Y nada más
Porque a mí me atormenta
En el alma
Tu frialdad.

Cuando enfrentas una injusticia, tiendes a desconectarte de tus emociones como un mecanismo de autoprotección. La barrera que levantas para protegerte se manifiesta en forma de rigidez; aunque aparentes cortar de raíz tus sentimientos, esto no implica que no experimentes emociones. Al contrario, como persona rígida, tienes una gran sensibilidad, pero has aprendido a bloquear esa sensibilidad y ocultarla de los demás. Te convences de que nada debe afectarte. Por eso, puedes parecer distante y poco emocional. Es decir, al usar la máscara de la rigidez, a pesar de estar emocionado/a, prefieres no expresarlo abiertamente. Sin embargo, esto puede notarse en el tono de tu voz, que se vuelve más seco y tenso. ¿Recuerdas a ese adolescente que soñaba con ser robot para no sentir? (Juan) Incluso podrías reírte para disimular tu vulnerabilidad y emociones. A veces te ríes sin razón aparente, por cosas que a los demás no les parecen divertidas.

Eres una persona que valora la justicia y la precisión por encima de todo. Al tender al perfeccionismo, siempre buscas ser equitativo/a en tus acciones. Crees que, si actúas o te expresas de manera impecable, eso garantizará que también sea lo más justo. Sin embargo, te cuesta ver que, aunque tus acciones sean perfectas según tu visión, podrían no ser completamente justas desde otra perspectiva.

Juan me ha dicho esto en varias ocasiones cuando yo le expresaba mis sentimientos y lo que consideraba que él no estaba gestionando bien: «Me frustra sentir que, a pesar de todos los esfuerzos que hago, no sean suficientes» o «Siento que estás siendo injusta conmigo porque siempre estoy ahí». Y aunque no le falta parte de razón, su manera de estar no siempre era la que yo esperaba, necesitaba o consideraba adecuada. Él se frustraba porque no obtenía el efecto que esperaba en mí, y yo me frustraba porque no me sentía comprendida.

En el plano emocional, cuando sientes que has sido víctima de una injusticia, puedes desarrollar sentimientos de envidia hacia aquellos que poseen más o que, según tu percepción, no lo merecen. A su vez, podrías estar convencido/a de que los demás te envidian por lo que tienes. Sin embargo, no debe confundirse esta emoción con los celos, más característicos de quienes adoptan las máscaras del dependiente o del controlador. El dependiente siente celos por el temor al abandono, mientras que el controlador los experimenta por miedo a la traición.

Yo no definiría mi sentimiento como envidia hacia quienes tienen más, pero sí he llegado a sentir que determinadas personas, sobre todo en el ámbito profesional, no merecían estar donde están, lo que me ha generado una gran frustración o me ha hecho conectar con mis propias inseguridades.

En alguna ocasión, le he escuchado a Juan decir que Otto actúa así porque nos tiene envidia. Considerando su vinculación con la herida de la traición, podría ser cierto. Sin embargo, al mirarme a mí misma, me preguntaba: ¿pero envidia de qué? Claramente, me estaba sintiendo indigna, difuminada, disociada, alejada, huidiza; vamos, con la herida del rechazo en pleno apogeo.

Como alguien que tiende a ser rígido, notas que los demás suelen valorarte más por tus acciones que por tu esencia. Siempre procuras evitar conflictos, y en caso de verte en uno, prefieres negarlo para no lidiar con el malestar que te genera. Sueles tener una actitud optimista, a veces en exceso, creyendo que al afirmar «¡No hay problema!», todo se resolverá al instante. Además, tiendes a encargarte personalmente de las dificultades y solo buscas apoyo externo cuando ya no queda otra opción.

Cuando nos enfrentamos a un conflicto emocional sin saber cómo manejarlo, surge una sensación de incertidumbre acompañada de pensamientos irracionales que se presentan de manera incontrolable, como una reacción en cadena. A este tipo de pensamiento lo llamamos en psicología una distorsión cognitiva. Estas ideas distorsionan nuestra percepción de la realidad, lo que a menudo resulta en emociones y comportamientos inadecuados o desproporcionados. Este fenómeno tiende a manifestarse cuando rechazamos o no aceptamos la situación tal como es, deseando que las personas a nuestro alrededor (como nuestra pareja, hijos, padres o amigos) o las circunstancias cambien según nuestras expectativas. En otras palabras, queremos que los demás y la vida se ajusten a lo que creemos que debería ser.

Una de estas distorsiones cognitivas, o trampas del pensamiento, es la del optimismo ingenuo, propia de esta herida y de la máscara del Rígido. Se trata de una inclinación a enfocarse únicamente en los aspectos favorables, ignorando las dificultades y la necesidad de tomar acción, convencido de que las situaciones se resolverán sin intervención.

Ejemplos de esto, en nuestro caso, incluyen pensamientos como: «Aún no se ha dado cuenta de lo que siente por ti» (respuesta de José Luis ante mi impotencia de tener a un «ciego emocional» delante, que me gustaba demasiado y a quien le lanzaba señales de humo, flechas y hasta machetes para que se percatase de que me interesaba) o «Con el tiempo, las cosas se solucionarán y todo estará bien» (propio de Juan, cada vez que me veía agobiada con todo lo que tenía que afrontar, tratando de ayudarme a que me enfocase en una cosa a la vez. Aunque lo cierto es que, pese a que su intención era buena, no me ayudaba mucho escuchar este tipo de afirmaciones arriesgadas, al no poder tener control sobre lo que nos deparará el futuro).

Cuántas veces le habré escuchado el «déjate ayudar», y es cierto que pongo mucha resistencia a ello. Sin embargo, no lo hago desde el ego de «yo puedo sola con todo», sino más bien desde un sentido de responsabilidad y compromiso con mi vida y mis propias decisiones, asumiendo las consecuencias de estas.

Cuando te enfrentas a desilusiones o situaciones inesperadas, sigues respondiendo con un «¡No pasa nada!» o «¡Todo está bien!». Tu habilidad para disimular tus verdaderos sentimientos es tan notable que parece que no te afecta en absoluto. Este comportamiento es muy característico de Juan: mostrarse impertérrito ante las circunstancias, como si nada estuviese sucediendo, para luego acabar explotando en el ámbito más íntimo con las personas que menos lo merecemos; las mismas que lo queremos con locura y sufrimos al verlo mal o, como dice su madre, al percibirlo desgraciado.

Al igual que el controlador, tú también sueles enfrentar dificultades relacionadas con la gestión del tiempo, aunque las razones son distintas. En tu caso, la sensación de escasez de tiempo proviene de tu deseo de alcanzar la perfección, mientras que el controlador se ve abrumado porque se enfoca en los problemas de los demás. Aunque no te agrada la idea de llegar tarde, a veces te retrasas debido al tiempo que dedicas a tu preparación.

Cuando tienes la firme creencia de que tu perspectiva es la correcta frente a alguien que se considera un experto o una figura de autoridad, buscarás respaldar tu postura hasta que logres que te den la razón. Tienes una aversión hacia la autoridad, ya que has aprendido que frecuentemente esta figura se considera infalible. Si los demás parecen cuestionar tus ideas y te plantean numerosas preguntas sobre un tema, lo interpretarás como un ataque o un cuestionamiento injusto, a pesar de que te consideres una persona honesta y equitativa.

De más joven, me describía a mí misma como intolerante a la autoridad. No soportaba que me dieran indicaciones, que yo interpretaba como órdenes, sin que se me justificara el motivo de estas, sino que se me imponían solo porque era mi padre, mi jefe o quien fuera. Por eso, yo me rebelaba. Recuerdo haber escuchado a Juan describir una experiencia similar en su adolescencia, refiriéndose a su relación con sus padres. Ese no entenderse entre ellos, el sentir que nada era suficiente, y la sensación de que todo era una imposición o una exigencia, lo llevaban a actuar de manera más rígida y distante, sobre todo con su madre. El típico «lo haces porque te lo digo yo, que soy tu padre/madre», seguro que te suena, ¿verdad?

Dado tu constante esfuerzo por la justicia, deseas asegurarte de que lo que recibes es realmente merecido. Para ti, el concepto de mérito tiene un gran peso; consideras que merecer implica obtener una recompensa por tus acciones positivas. Si sientes que recibes más de lo que has trabajado, te resulta difícil aceptar esos beneficios y a menudo encuentras formas de deshacerte de ellos. Aquellos que son muy rígidos consigo mismos tienden a organizarse de tal manera que evitan recibir algo, ya que piensan que solo lo extraordinario merece ser recompensado.

Sin llegar a los extremos, Juan es un poco así; a veces le entra el síndrome del impostor, como si lo que hiciese no fuera para tanto. Sin embargo, una cosa es ser humilde, que es una virtud que le honra, y otra es no darse valor a sí mismo, que es lo que hace muchas veces y lo que lo condena. Aunque yo tampoco puedo escupir para arriba sin esperar que luego me caiga encima. Por ejemplo, el día en que fui a recibir la mención honorífica que me otorgaron por mi proyecto «Psicóloga Emocional» en Psicofundación, me sentí la más impostora del mundo. Recuerdo que estaba en la habitación del hotel haciendo tiempo para que llegara la hora de la entrega de premios y me puse a llorar, preguntándome qué hacía allí y sintiendo que no merecía ese reconocimiento. De hecho, ni siquiera preparé un discurso. Ahora lo pienso y me sorprende lo grande que fue esa negación de mí misma; me asombra ver hasta qué punto no me doy valor muchas veces.

En tus explicaciones, buscas ser preciso en cada detalle, pero a menudo tus expresiones no reflejan esa intención, ya que tiendes a exagerar. Es común que uses términos como «siempre», «nunca» y «muy», lo que resulta más propio del comportamiento inmaduro e infantil de nuestros hijos: «siempre estoy solo/a», «nunca juegas conmigo», «nada me sale bien»... Y tú, por dentro, piensas: «la madre que los parió, que soy yo», aunque literalmente solo haya parido a una. ¡Jajaja!

Siguiendo un poco con el sentido del humor, dichas expresiones absolutistas me transportan a la época en que estaba sacándome el carné de conducir. Recuerdo que mi instructor, al enseñarme pequeños trucos para intuir las respuestas del examen tipo test, me decía que, si en las alternativas aparecía «siempre» o «nunca», lo más probable era que no fueran las respuestas correctas. ¡Ahí te lo suelto para reflexionar! ¿A que soy una persona adorable?

Juan sí es más dado a expresiones con estos absolutismos: «Todo lo hago mal», «Siempre cometo errores», «Tengo asumido que nunca podré ser feliz del todo». En mi caso, no es que brillen por su ausencia —porque sería mentirte—, pero las comunico de manera más implícita, con frases como: «No me escuchas» o «No me entiendes», igualmente rotundas y con la misma intención.

Como hemos comentado antes, tiendes a ver todo de manera muy positiva, considerándolo siempre excelente (Muy bueno), admirable (Muy bien) o singular (Muy especial). Sin embargo, te incomoda cuando otros emplean esos mismos términos y los criticas por exagerar o no ser precisos en su elección de palabras.

Tus valores de lo bueno y lo malo, así como de lo correcto e incorrecto, son fundamentales en tu vida y orientan tus decisiones. Esto se refleja en tu manera de comunicarte, ya que resultan conceptos que tienen mucho peso en ti. Sueles iniciar tus oraciones con términos como «bien» o «bueno», lo que asegura que lo que vas a expresar sea positivo y justo. Además, frecuentemente finalizas tus intervenciones con «¿de acuerdo?» para confirmar la validez de lo que has compartido. Es común que utilices adverbios que terminan en «-mente», tales como «justamente», «exactamente», «seguramente» o «probablemente». También tienes la tendencia a decir «no está claro», evidenciando tu preferencia por explicaciones que sean directas y precisas.

Esto es tan propio de nosotros dos que hasta nos asombra sentirnos tan reconocidos. Es como si alguien se hubiese metido en nuestro cerebro a espiar, y de repente nos sintiésemos desnudos y vulnerables ante el mundo. En el caso de Juan, sus expresiones más habituales son: «buenoooo», «claro», «seguro», «no está claro» y todos los «-mente» posibles. En mi caso, suelo hacer preguntas que invitan a la validación o al consenso, como: «¿de acuerdo?», «¿vale?» y «¿te parece?», buscando el entendimiento por parte de mi interlocutor/a.

Cuando alguien te pregunta cómo te encuentras, sueles contestar de inmediato con un entusiasta «¡Superbien!». Esta respuesta es casi automática y no te das un momento para reflexionar sobre tus verdaderos sentimientos. Sin embargo, a medida que avanza la conversación, compartes diferentes situaciones en tu vida que no están yendo tan bien. Al escuchar: «Pero mencionaste que todo estaba genial», tu respuesta será que, en realidad, no son problemas graves los que enfrentas.

En el último capítulo, hablaremos de la importancia del lenguaje para el proceso de cicatrización y la posterior reconstrucción personal.

El miedo a equivocarte es bastante intenso cuando te pones en modo rígido. Cuando alguien te menciona un comportamiento o actitud que ves como un defecto nuevo, a menudo interrumpes para preguntar: «¿Y qué se hace con eso?». Te apuras por ser perfecto/a y sientes que tienes que controlar todo para no caer en lo que acabas de descubrir. No te das cuenta de que te estás tratando con demasiada dureza. Quisieras solucionar todo al instante, pero no te tomas el tiempo para sentirte bien contigo mismo/a y aceptar que, como cualquier persona, tienes derecho a ser humano y a tener otras cosas que resolver.

Aquí identifico claramente a Juan cuando conecta con su inseguridad. Se siente en un callejón sin salida o se agobia al ver que sus acciones no logran satisfacerme. En esos momentos, recurre a preguntas como: «¿Qué puedo hacer al respecto?». Ante un «No sabes querer» de mi parte, él responde: «Pero quiero aprender, enséñame. Esto es nuevo para mí».

La vergüenza es como un recordatorio de que a veces nos enfrentamos a situaciones injustas o de que podemos ser injustos con otros. Cuando sientes vergüenza, es porque estás tratando de esconder algo, ya sea una actitud o una acción. Es común que te sientas incómodo por comportamientos que criticas en los demás. Al final, lo que realmente quieres es que nadie se dé cuenta de que, en el fondo, actúas de manera similar, porque eso te hace sentir mal contigo mismo/a y con lo que haces o dejas de hacer. ¿No te resulta agotador?

A veces te pasa que te sientes bien al elegir algo, pero luego te arrepientes porque crees que hubiera sido mejor tomar otra decisión. El miedo a equivocarte te hace dudar de ti mismo/a después de decidir, y te quedas dándole vueltas, preguntándote si realmente tomaste la mejor opción para ti.

En cambio, Juan y yo solemos tomarnos nuestro tiempo para decidir, pero cuando finalmente lo hacemos, estamos bastante seguros de que es lo que queremos en ese momento. No solemos arrepentirnos, independientemente del resultado, porque confiamos en que fue la mejor opción para nosotros en ese instante, por lo que no nos identificamos con esta última característica mencionada.

Eres una persona que tiende a ser muy exigente contigo mismo/a en muchos aspectos de tu vida. Tienes una gran habilidad para mantener el control y fijarte metas o tareas, mostrándote siempre comprometido/a a cumplirlas. Esta es una de las señas de identidad de Juan: mantener tanto el control que, al final, acaba por explotar de mala manera.

Un ejemplo de esto ocurrió cuando, antes de irnos a vivir todos juntos definitivamente, pasábamos los fines de semana en una ciudad o en la otra. Este ir y venir implicaba largos desplazamientos, cansancio y un cierto estrés: niños para arriba, niños para abajo. Sin embargo, era lo que teníamos que hacer si queríamos seguir juntos y esperar a que se resolviera el proceso judicial por la custodia de nuestra hija mayor.

El caso es que uno de esos domingos, a Juan se le hizo más tarde de lo que hubiese querido salir. Esto ya lo puso en alerta. Para empeorar la situación, nuestro hijo esperó a estar montado en el coche para pedirle a su padre que conectara los datos móviles y poder entretenerse durante el trayecto. Al intentar la conexión, esta no funcionaba, lo que los retrasó aún más. Cuando todo estuvo listo para iniciar el viaje, nuestra calle, que es de sentido único, empezó a llenarse de vehículos que buscaban aparcamiento, causando otro retraso.

La conclusión: cuando Juan vio la calle despejada, aceleró de tal manera que podría haber sido comparado con un arranque de carrera en la Fórmula 1. Esto me provocó un enfado monumental, el cual repercutió en él dos minutos después, cuando me llamó para pedirme perdón.

Por mi parte, no me quedo atrás: como buena perfeccionista, el control también forma parte de mi huella dactilar. Durante el proceso creativo del libro, él llegó a decirme que era una «apisonadora» conmigo misma, por mi nivel de autoexigencia con los textos y los tiempos, aunque la verdad es que soy así en todo. Me estaba asfixiando con la carga que llevaba a cuestas, especialmente con el proceso de custodia, y aun así no me bajaba del burro en cuanto a la exigencia de lograr un resultado que considerara óptimo. Me sentía como Emily, la protagonista de *La Novia Cadáver*, condenada a no poder casarme con un vivo (Juan), en la salud y en la enfermedad, en la riqueza y en la pobreza, hasta que la muerte nos separe, porque ya me sentía muerta (por mi depresión); o con un muerto (la versión antigua de Juan), ya que él mismo se consideraba «mercancía dañada», como bien sabes. ¿Lo positivo? Que la respuesta siempre era Juan, al menos eso lo tenía claro. ¡Jajaja!

Observamos que el controlador tiene la tendencia de querer dominar todo lo que ocurre a su alrededor. Por tu parte, como persona rígida, persigues la perfección al punto de intentar controlarte a ti mismo/a. Tus acciones y expectativas son tan elevadas que, a su vez, los demás también tienden a exigir mucho de ti.

¿Cuántas veces he tenido la sensación de que todos me ven como la persona fuerte y perfecta? Esta imagen, que tanto me ha agotado, me lleva a reflexionar si realmente es así, ya que es lo que proyecto. Lamentablemente, la respuesta es sí. Digo «lamentablemente» por el sufrimiento que esto conlleva. Aunque el perfeccionismo, en sí mismo, no es malo, ya que genera motivación, nos ayuda a superar obstáculos y nos mantiene persistentes en la consecución de nuestros logros, cuando se vuelve patológico nos hace vivir en constante tensión. Nos angustiamos con facilidad, tememos equivocarnos o cometer errores, y no disfrutamos de lo que hacemos bien. Todo depende, entonces, de hacia qué lado se incline la balanza.

Ejemplos de esto los encontramos en manifestaciones mías como: «Estáis todos acostumbrados a que yo sea quien os apoye y os sostenga emocionalmente. Tenéis que entender que no soy perfecta y también puedo caer». A esto, él me respondía que ya lo sabía y que no pretende que lo sea. Sin embargo, sigo pensando que él necesita que yo me sienta bien para poder sentirse bien. Es aquí cuando mi perfeccionismo se asocia con el sentimiento de culpa, y nuevamente surge en mí la idea de huir de la relación, porque no puedo soportar el estrés y la ansiedad que esa sensación me provoca.

Me molestaba mucho que todo el mundo me dijese: «Vas a llegar en plazo a la entrega del manuscrito, ¡tú puedes!», cuando me sentía montada en un tren de alta velocidad, echando espuma por la boca y con una falta de aire que acabaría por ahogarme en cualquier momento. Los altibajos eran brutales y me tenían cansada hasta la extenuación. Pasaba por crisis de llanto en las que las lágrimas caían en automático, con la fuerza de una cascada imposible de contener, y esas crisis duraban horas. Solo escuchaba el «tic, tac, tic, tac» dentro de mi cabeza, ese sonido que hacen los relojes de cuco, que tanto me desquicia y que, paradójicamente, a Juan le relaja. Qué le vamos a hacer, no podíamos congeniar en todo. Al menos tiene el detalle de apagar su «fantástico» reloj cuando yo llego a casa. ¡Jajaja!

Nunca te das un respiro, siempre estás a mil por hora y no te permites relajarte ni divertirte. Sientes que tienes que estar haciendo algo todo el tiempo, como si eso te hiciera cumplir con tus obligaciones. Como siempre tienes mil cosas en tu día a día, te cuesta un montón relajarte sin sentir que deberías estar haciendo otra cosa. Cuando finalmente te tomas un tiempo para descansar o disfrutar, te dices a ti mismo/a que te lo mereces por todo lo que haces. Y, para colmo, sientes una culpa horrible si te quedas sin hacer nada mientras alguien más está trabajando. Te parece totalmente injusto.

Este también es Juan, una persona constante en hacer cosas o ayudar en lo que sea a cada ser humano que se encuentra en los lugares a los que vamos. Cuando se le recrimina que siempre está ocupado, él responde que siempre se pone en último lugar. Si se te ocurre decirle algo mientras está absorto montando sus tentes, te hace ver que, a pesar de ser un *hobby*, parece que no pueda descansar o desconectar. Luego se da cuenta de lo injusto de su comentario, ya que nadie le ha negado la oportunidad de disfrutar de sus pasatiempos, y eso le hace sentir mal.

Incluso llegó a sentirse agobiado porque yo no tengo una afición definida; esto le generaba una presión y un sentimiento de culpa por no estar ocupándose de mí durante sus momentos de evasión. ¿Recuerdas su rol de «ambulancia»? O por disfrutar de hacer cualquier cosa juntos.

Su sentido de la responsabilidad y del deber le han jugado más de una mala pasada. Por ejemplo, se siente alicaído y vacío al reconocer que ha pasado toda una tarde jugando en el ordenador. Esto, si está tranquilo, lo hace muy de vez en cuando, y hay que decirlo, solo cuando está solo en el piso. Sí es cierto que, si entra en modo ansioso, su tendencia obsesivo-compulsiva hacia el juego se hace más evidente.

Cuando llevas la máscara de la persona rígida, te cuesta un montón reconocer tus propios límites. No te das el tiempo necesario para sentir si lo que haces realmente responde a lo que necesitas, así que terminas haciendo demasiadas cosas y solo te percatas de ello cuando ya no puedes más. Además, pedir ayuda no es lo tuyo; prefieres encargarte de todo tú mismo/a para que todo salga perfecto. Por eso, entre todas las máscaras que puedes usar, esta es la que presenta el mayor riesgo de llevarte al agotamiento.

En el agotamiento me reconozco plenamente, tanto en lo personal como en lo profesional. Ya te hablé antes de las dificultades que tuve para aprender a delegar tareas sin pasarme luego la vida revisándolas para que estuviesen perfectas. En lo personal, el agotamiento ha sido superlativo, un colapso que para sobrevivir me ha acercado a la indiferencia, buscando mi mente una forma de seguir de pie sin que los daños estructurales sean demasiados y no haya que tirar la casa abajo.

Juan acusa mucho el agotamiento emocional, sobre todo. El físico, si duerme, lo tolera bien, pero como esté en una encrucijada emocional esto le genera un agotamiento tal que parece que le haya pasado un camión por encima.

Es fácil notar que, al lidiar con esta herida que llevas, sueles pensar que la mayor injusticia es contigo mismo/a. Te culpas rápidamente, sobre todo cuando compras algo que no necesitas en realidad, especialmente si sientes que estás privando a tus seres queridos de algo importante. Para justificarte, te dices que te lo mereces, pero si no lo haces, te sientes mal por ser egoísta. Cuando tratas de ocultar tus compras, no solo te invade la culpa, sino también una sensación de vergüenza.

Es muy común recurrir a las satisfacciones inmediatas cuando te sientes ansioso/a, y las compras compulsivas son una de ellas. De esto tampoco se libra Juan. Comprar cosas por impulso suele ser recurrente en él, y es algo en lo que tiene que seguir trabajando. Sin embargo, lo que sí que no hace es darse un capricho privando de algo a los demás, y menos a las personas que quiere. Aunque se describe a sí mismo como una persona tacaña, lo que conozco de él denota todo lo contrario: da todo lo que tiene y lo hace de corazón. He podido ver su generosidad tanto dentro como fuera de nuestra relación, y no solo en lo económico, sino sobre todo en la atención y dedicación de su tiempo.

Como persona rígida, te gusta que tus amigos y conocidos estén al tanto de todo lo que haces y planeas. El controlador también tiene esa tendencia, pero su enfoque es diferente: él busca demostrar que es responsable. Tú, por otro lado, lo haces para sentir que realmente mereces una recompensa, porque no quieres sentirte culpable si te das un gusto o decides tomarte unas vacaciones. También esperas que los demás comprendan por qué te has permitido ese capricho. Sabes que el tema del mérito es muy importante para ti. No te agrada que te digan que eres afortunado/a, porque crees que eso no es justo; prefieres sentir que has trabajado para alcanzar lo que tienes, pero no lo haces desde el ego de «me lo he ganado con el sudor de mi frente».

Una particularidad que posees, y que a menudo resulta incomprensible para quienes no han experimentado el dolor de la injusticia, es que te puede parecer más complicado aceptar los beneficios que recibir desventajas. Es decir, te parece más injusto ser favorecido/a que desfavorecido/a.

No sé si esto guarda relación en el caso de Juan con su herida de la injusticia y la rigidez asociada, o con su bonhomía y lo que le llena y disfruta al ayudar a los demás, pero es muy característico en él sentirse una persona privilegiada y repercutir, de alguna manera, eso sobre una sociedad más desfavorecida. Un ejemplo de ello es que, desde muy joven, recién acabada la residencia, ha participado en muchos proyectos como cirujano voluntario en diferentes países africanos. Hoy en día, sigue queriendo volver a África a formar a otros cirujanos, y espero que lo pueda hacer muy pronto.

La persona que no es rígida a veces puede pensar que no tiene voluntad, pero hay que aclarar que «tener voluntad» no es lo mismo que «controlarse».

La persona que se controla se impone cosas que, en realidad, no siempre son necesarias; detrás de ese control suele haber miedo. En cambio, alguien con verdadera voluntad sabe lo que quiere y está decidido a conseguirlo. Se organiza para alcanzar sus metas, siempre teniendo en cuenta sus necesidades y límites. Si algo se interpone en su camino, puede adaptarse y cambiar sus planes para seguir avanzando. Por otro lado, una persona rígida no se pregunta si lo que desea realmente es necesario para ella; no se da el tiempo para reflexionar sobre cómo se siente respecto a ese deseo y a la forma en que ha decidido lograrlo.

Quizás este sea el cambio más notable de Juan dentro de la cicatrización de esta herida: trascender su rigidez e ir hacia la voluntad de ser coherente con lo que sabe que le va a aportar bienestar emocional. Ha trabajado mucho en su proceso de autoconocimiento y en la alineación entre lo que piensa, siente y hace, habiendo hecho previamente una «limpieza» de todos los hábitos y creencias que lo limitaban. Reconoce en él la magnitud de su alma, que es grande y proyecta tanta luz que te atrapa, haciéndome sentir en paz y calma conmigo misma. Aunque aún hay días en que su amiga la oscuridad se asoma a saludar y le recuerda que el amor propio es algo que se debe ir nutriendo cada día, respetando, por supuesto, la caída, ya que esta también nos ayuda a tomar conciencia de lo que queremos o no para nuestra vida.

A veces, puedes dar la impresión de ser un poco controlador/a, pero la verdad es que, cuando intervienes, no lo haces por querer llamar la atención o por mostrarte fuerte como un controlador. Solo lo haces si crees que algo que se ha dicho es injusto para alguien o simplemente no te parece correcto. Tú corriges lo que escuchaste, mientras que el controlador solo suma su opinión a lo que ya se dijo. También puedes señalarle a alguien que podría haber hecho una tarea de mejor manera, porque sabes que tiene el talento para hacerlo. En cambio, el controlador critica a alguien solo porque no hizo las cosas como a él le gusta o como él lo haría.

Aquí claramente radicaba la principal diferencia entre Juan y sus excompañeras de trabajo, aquellas que lo sometieron a un *mobbing* que le acabó costando la salud mental y le obligó a trasladar su puesto de trabajo a otro hospital, como ya vimos.

Ellas tenían un claro perfil controlador y él un perfil rígido que, junto con su Asperger, le hacía entender y expresar las cosas de forma literal. Esto convirtió la situación en un campo de batalla, donde las unas llevaban tanques, mientras que él parecía un soldado raso sin fusil. Estaba claro quién iba a ganar la guerra en esas condiciones. Ahora bien, ¿realmente fue así o simplemente nutrieron sus egos y desviaron la atención hacia otras víctimas? Sería interesante conocer la opinión de sus actuales compañeros de trabajo, pero me informan fuentes oficiales que su avance en el frente ha sido detenido y están empezando a planear la retirada sin que se les note mucho la sensación de derrota. Dicen que todo llega para quien sabe esperar.

Si continuamos estableciendo diferencias entre el perfil rígido y el controlador, podemos decir que el primero busca mantener el control para evitar perderlo, porque cree que si lo pierde sería injusto para los demás. En cambio, el controlador se controla, valga la redundancia, para manejar mejor una situación o a una persona, buscando así ser quien tiene la autoridad.

Y aquí, Otto y yo somos dicotómicas, a pesar de que Juan me comentaba el otro día que, en el fondo, ambas éramos controladoras. Y, efectivamente, lo somos, pero motivadas por diferentes intereses: yo desde un perfil rígido y ella desde el controlador.

¿Por qué crees que él tendía a equipararnos? Porque su memoria emocional reconocía el control, pero era incapaz de valorar desde dónde partía este. Esto hacía que se activara en su interior lo que llama el «modo bronca», y es en ese momento cuando se colapsaba y comenzaba a cometer «errores».

En este sentido, reconoce que el libro le ha ayudado mucho a identificar no solo cosas que yo no le he verbalizado a él y que le han servido para entender mis heridas y poder acompañarme de una manera más adaptativa, sino también a entender las suyas propias e ir liberándose de muchas de las creencias limitantes que lo estaban anclando a ese malestar emocional.

La emoción que más resalta en tu situación es la ira, especialmente la que te diriges a ti mismo/a. Cuando te enojas, tu reacción inicial es atacar, incluso si la frustración es hacia ti. En realidad, sientes enojo contigo por no haber evaluado correctamente una situación o por no haber tomado la mejor decisión.

Aquí nos reconozco a los dos; es algo en lo que estamos trabajando mucho a través del reconocimiento de nuestras emociones y la gestión de estas. Sin embargo, en épocas donde el estrés era nuestro amigo más fiel, ambos hemos acabado desbordados. Aunque proyectábamos hacia afuera el dolor, culpando al otro (en mi caso) o a la situación (en el de él), al final acabábamos culpándonos y sintiéndonos mal con nosotros mismos por la manera en que habíamos reaccionado.

Otra cosa que Juan solía hacer mucho era exclamar un «¡Joder!» cuando algo no le salía o el resultado no le parecía satisfactorio. También lo decía cuando, después de mucho esfuerzo, se venía abajo un plan debido a su mala gestión del tiempo, la pésima organización de sus horarios profesionales, la recogida de los niños o sus múltiples «compromisos» sociales.

Es un verdadero desastre para retener la información de los calendarios, a diferencia de mí, que tengo una memoria de elefante. Te puedes imaginar las discusiones que esta gran diferencia ha llegado a provocar entre nosotros durante el proceso de enamoramiento, ¿verdad? Pues eso.

Cuando alcanzas tu límite, puedes volverte muy brusco/a, sarcástico/a, obstinado/a e inflexible.

Esto es muy característico de Juan: esas explosiones son manifestaciones de la falta de control, asociadas a su máscara del rígido, como comentamos al abordar los mecanismos de defensa. Habiendo trascendido ya la brusquedad y la inflexibilidad, que eran las que más le hacían sufrir, luego se sentía fatal por su reacción; aunque considerara justa la motivación que lo llevó a ello, no así las formas. Sin embargo, el sarcasmo aún está presente cuando la tensión emocional lo supera, después de haber intentado contener durante un buen rato la ira, la cólera o el dolor que se despiertan en él en esos momentos.

Un ejemplo de ello ocurrió no hace mucho. Como ya te he comentado, me encuentro en los días previos a la entrega de este manuscrito, y la depresión, el estrés y la ansiedad están haciendo estragos en mí. Estábamos chateando y hablando de toda esta tensión acumulada, y le decía que echaba de menos unos días los dos a solas. Pero, claro, mi forma de planteárselo no fue la más asertiva del mundo: «Siento que estoy metida en una relación con una persona con la que llevo veinte años y me aburre sobremanera». A lo que él contestó: «Nunca pensé que el problema fuera el aburrimiento». Y yo continué: «Pues, hombre, si llevamos una vida de niños, trabajo y socialización de cuarenta-cincuentones, pues muy apasionante no es que me parezca nuestra vida, la verdad».

Él me dice: «Dame ideas y veré qué puedo hacer». Y yo, erre que erre, obstinada: «De nuevo, que yo proponga, si es que no escuchas». Ahí ya debí colmar su paciencia, y me soltó: «No me veo haciendo aventuras, ni pasando de los niños, ni yéndome de fiesta con veinteañeros». ¡Zasca en toda la boca! Lo tenía merecido, estaba siendo totalmente injusta con él y luego me sentí fatal... De vuelta a llorar mares. ¡Uff, qué semana más dura!

Como persona rígida, prefieres que todo esté perfectamente organizado. Te molesta tener que buscar algo, lo que puede llevarte, en ocasiones, a la obsesión.

Este es Juan. Si pudieras ver cómo tiene organizadas las piezas de sus juegos de construcción, y además eres de los que te fascinan este tipo de entretenimiento, lo disfrutarías como cuando visitas una tienda de Lego. Todo está en cajas, clasificado por códigos, temáticas o colores. Se sabe el nombre de cada pieza, y si pertenece a una época, colección o serie. Está claro que estos juegos reflejan de manera muy fiel cómo ordena su mente. Ahora bien, así como te digo esto, también puedo argumentarte lo contrario. Cuando él se encuentra mal emocionalmente, su entorno se vuelve caótico, aunque sus Tentes, montados o desmontados, permanecen en perfecto orden. Sin embargo, el resto del espacio empieza a desmoronarse. Y mira que es como Don Limpio, el Mr. Proper de toda la vida.

A veces es difícil distinguir entre ser «rígido» y ser «disciplinado». Permíteme ayudarte a diferenciarlos. Una persona rígida se aferra a un plan o una rutina sin adaptarse a lo que ocurre a su alrededor, mientras que una persona disciplinada sigue su plan, pero con la flexibilidad necesaria para ajustarse a las circunstancias.

Por ejemplo, imagina que te propones leer 30 páginas de un libro todos los días para aprender algo nuevo. Si eres rígido/a, te obligarás a leer esas 30 páginas pase lo que pase, aunque estés cansado/a, tengas mil cosas que hacer o simplemente no te concentres. Si un día no logras leer, te frustrarás y quizás termines abandonando el hábito porque no llegaste a la «perfección» que te habías impuesto.

En cambio, si eres disciplinado/a, entiendes que el objetivo es aprender más y que leer cada día es solo una herramienta para conseguirlo. Si un día no puedes leer las 30 páginas, no pasa nada, no te sentirás mal por ello. Sabes que puedes continuar al día siguiente sin perder de vista tu meta a largo plazo. Sigues siendo constante, pero con margen para adaptarte.

La rigidez suele traerte estrés y malestar porque buscas que todo salga perfecto siempre. En cambio, la disciplina te permite mantener el rumbo, pero sin agobiarte si un día no sale como lo planeaste.

Esto me hace preguntarme si soy más disciplinada que rígida, y la respuesta es que realmente soy más disciplinada. Sin embargo, cuando el estrés, la ansiedad o la depresión me hacen una visita, me vuelvo rígida.

Juan, en cambio, es más rígido que disciplinado, lo cual se refleja en frases como «pues hay que hacer las cosas», con las que justifica el mantenerse siempre ocupado. Incluso cuando se detiene, su mente sigue enfocada en todo lo que aún queda por hacer, por lo que no logra relajarse ni disfrutar del descanso. Es muy común oírle decir: «mi mente nunca para». ¡Claro, la mía tampoco! ¡Jajaja! Todo depende de dónde decidamos poner la atención, cariño.

Como persona que lleva la máscara de rígido, es poco frecuente que te enfermes. Sin embargo, cuando experimentas dolor en alguna parte, generalmente solo lo percibes cuando la situación se ha agravado, ya que eres muy exigente con tu cuerpo. Puedes golpearte, lastimarte y hacerte moretones sin sentir molestias significativas. Si experimentas un leve dolor, inmediatamente se activa tu mecanismo de control, lo que te lleva a ocultar lo que sientes.

Esto es Juan 100 %. Un ejemplo de ello es el día en que se dio tremendo golpe en las espinillas con una de las camillas de transferencia de quirófano. Fue tal el golpe que su compañero exclamó: «¡Au, me ha dolido a mí!». Sin embargo, Juan no emitió queja alguna.

Probablemente, este es uno de los motivos por los cuales ha terminado presentando el síndrome de las piernas inquietas. Esto podría interpretarse como una forma de llamar la atención sobre el hecho de que no se puede evadir del dolor; más bien, debe afrontarlo. En este caso, se trata del dolor emocional, ya que los dolores, la inquietud y la necesidad de moverse para calmarse solo comienzan cuando colapsa emocionalmente ante una situación o sentimiento que no sabe abordar.

Cuando decides pedir ayuda, es porque has estado aguantando mucho tiempo y ya no puedes más. Esa parte de ti que dice «no sentiré» se ha apagado.

Este también es él, que estira la cuerda de su salud al máximo hasta que ya no puede más y entonces busca ayuda. Y, la verdad, me reconozco en eso; soy muy mala para ir al médico, tengo que sentir que me estoy muriendo. Y ahora, encima que lo tengo en casa, ¡pues menos! ¡Jajaja!

Es fundamental reconocer que nadie puede mantener un control absoluto a lo largo de toda su vida. Todos enfrentamos límites en los aspectos físico, emocional y mental. Por esta razón, es común escuchar a personas muy rígidas expresar: «No entiendo lo que me está pasando; nunca me enfermo y ahora tengo un problema tras otro». Esto sucede cuando ya no logras controlarte.

Como suelo decirles a mis pacientes: «Si no paras a tu mente, tu mente te para».

La verdad es que a veces pienso en cómo Juan me veía, como esa persona fuerte que nunca se desmoronaba. Pero también aquella que cuando comenzó a sentirse mal, le hacía conectar con la pérdida de su control emocional. Recuerdo perfectamente el día en que me dijo que se dio cuenta de esto al compararme con Leeloo, la protagonista de «El Quinto Elemento», interpretada por Milla Jovovich: un ser perfecto creado para salvar la Tierra del mal absoluto. Con habilidades sobrehumanas, un *look* icónico de cabello naranja brillante y un corazón lleno de bondad. Sin embargo, llega un momento en que Leeloo también se sintió perdida en el mundo humano, lo que refleja la complejidad de nuestras propias emociones. Esta vulnerabilidad, mostrada casi al final de la película, es un recordatorio de que incluso los más fuertes pueden «caer».

Y es que él me veía como invencible, fuerte y segura de mí misma. Pero cuando comenzó a observar mi lado más vulnerable, se dio cuenta de que también había cosas que me afectaban, que me dolían y que, a veces, me superaban. Entonces, me dijo: «Eres mi luz, y a veces se me olvida que a la luz hay que cuidarla». Había tanto amor en sus palabras, el mismo que continúa mostrándome hoy en cada uno de nuestros diálogos, por mucho que las conversaciones puedan tornarse incómodas al tratar de construir juntos una relación sana y consciente.

Eres el tipo de persona a la que le cuesta dejarse amar y expresar su amor. A menudo, piensas en lo que debiste haber dicho o en las muestras de cariño que podrías haber dado a quien quieres, pero se te pasa. Te prometes que lo harás la próxima vez que lo/a veas, pero cuando llega el momento, lo olvidas. Esto te hace parecer frío y distante. Al actuar así, no solo eres injusto con los demás, sino también contigo mismo/a, ya que te impides mostrar lo que realmente sientes.

Y este ha sido uno de los aspectos que más nos han dificultado el equilibrio en nuestra relación, y por el que a veces seguimos debatiendo, según las emociones que se despiertan en uno u otro en determinados momentos. Yo percibo ciertas situaciones como frías, mientras que él las vive como tensas y dolorosas, sin saber cómo manejarlas mejor.

Para ilustrar esto, puedo apoyarme en un ejemplo que ya hemos comentado y que fue uno de los momentos más duros de mi vida: mi ingreso en el hospital por la ingesta de fármacos. Su actitud, caracterizada por el control, la rigidez y la resolución de problemas, me hacía verlo comportarse con una distancia emocional que no entendía y que me dolía, atrapándome aún más en esos pensamientos adversos que, sin emitir palabra alguna al aire, le gritaban: ¿dónde estás, mi amor? Te necesito. Necesito escuchar que me quieres, necesito un abrazo, necesito ver caer tus lágrimas por tus mejillas y fundirnos juntos diciéndonos que todo va a salir bien.

Cuando llegó el momento de irse, porque, como sabes, ese día estaba de guardia y no debió ausentarse de su puesto de trabajo, sentí una mezcla de soledad, rechazo, abandono, humillación, traición e injusticia; todas las heridas se manifestaron en un solo instante, haciendo que el mundo se me viniese abajo. Ahí agradecí que me obligara a ingresar, porque de no haber sido así, habría conseguido lo que me había propuesto pocas horas antes. Finalmente, me dormí, y no fue hasta anoche, muchos meses después, que me atreví a hablar del tema con él.

Su cara reflejaba tanto dolor; sus ojos empezaron a ponerse vidriosos y finalmente me preguntó: «¿Sabes lo que hice al salir de esa habitación de hospital?» Mi respuesta fue la que él me dio en su momento: «Irte nervioso al coche, fumarte un cigarro y conducir preocupado, tratando de llegar a casa y dormir unas horas para aguantar las posibles incidencias que pudiesen surgir en la guardia». Él ni siquiera recordaba la respuesta que me dio, y continuó hablando: «Pues no, me subí al coche, me pasé más de media hora llorando, y cuando sentí que estaba en condiciones de conducir, arranqué y me incorporé a la guardia». Mi reacción fue: «Esa es la reacción que me hubiese gustado ver, pero no fue la que me mostraste». Él, con un sentimiento de culpa y un malestar emocional más que evidente, me dijo: «Ciara, yo te quiero, déjame cambiar estas cosas, estoy en ello. Quiero luchar por nosotros, por estar juntos».

Y la verdad es que, afectivamente, ha cambiado tanto desde que lo conocí que no parece ni la misma persona. Ahora es alguien cariñoso y amoroso, que me dice «te quiero» constantemente, pasa a mi lado y me da un beso, me guiña el ojo, me sonríe con esa mirada de gato con botas embobado mirándome, o me coge por la cintura, apretándome fuertemente y diciéndome: «de aquí no te escapas». También es quien me arropa cuando duermo y me acaricia el pelo mientras, tumbados en la cama, nos pasamos horas hablando, haciéndome sentir la persona más amada y deseada del mundo. En uno de esos instantes tan especiales, recuerdo una de sus frases de película, de esas que tantas veces suelta y que desde fuera pueden ser percibidas como fantasmadas acompañadas de la expresión: «Sí, hombre, anda ya». La frase fue: «Este es uno de esos momentos deliciosos de la vida a los que nunca quiero renunciar».

Soy consciente de que soy quien lo conoce mejor emocionalmente y con quien se muestra a pecho abierto, como nunca hizo antes con nadie. Me siento afortunada y, a la vez, orgullosa de él por haberse permitido sentir y manifestar en palabras todo lo que ya habitaba en su corazón.

Este es un claro ejemplo de que, cuando portas la máscara del rígido, una de tus mayores preocupaciones es esa frialdad que sientes en ti mismo/a. Te cuesta mucho reconocer tanto tu propia falta de calidez como la de los demás, y por eso intentas a toda costa mostrarte amigable. De hecho, crees que eres una persona cariñosa, pero a menudo no te das cuenta de que los otros pueden verte como alguien insensible. Además, evitas conectar con tu lado más sensible porque eso te haría sentir vulnerable. Reconocer esa frialdad sería como aceptar que tienes un lado sin corazón, cruel, inhumano, malvado o indiferente, lo que podría hacerte sentir que no eres justo/a. Por eso es tan importante para ti recibir elogios sobre tu bondad, ya sea en tu trabajo o en tu forma de ser.

También te resulta complicado aceptar que otros puedan ser fríos. Cuando alguien actúa así contigo, te afecta profundamente y te preguntas de inmediato qué hiciste o dijiste mal para que te traten de esa manera.

Aquí entra cómo percibe Juan mis silencios, lo mal que los lleva y cómo le ha costado entender y aceptar que son mi forma de autorregularme emocionalmente, para luego poder abordar verbalmente lo que me pasa. A él le agobia tanto verme fría y distante que comienza a conectar con todos sus miedos.

Al ser tan sensible, cuando usas la máscara de la rigidez, proteges tu bienestar emocional de las influencias de los demás, tratando de evitar que te toquen psicológicamente.

A Juan: «Pues aquí, mi amor, tienes un problema». ¡Jajaja!

Lo cierto es que el hecho de ser psicóloga nos ha aportado más de lo que nos ha restado, porque he podido «leer» mejor su personalidad y establecer objetivos de comunicación y afectivos, respetando los tiempos de cada uno. Esto nos ha hecho sentirnos en comunión como pareja.

A él le ha venido bien, no solo para entenderse mejor, sino también para comprender mi mundo emocional. Dentro de su capacidad cognitiva, ha podido ver cómo encajar eso y tomar decisiones que lo acerquen más a mí, en coherencia con lo que sentimos el uno por el otro. Y a mí me ha venido bien para aprender a quitarme «la bata» y dejarme cuidar, aunque aún sigo ofreciendo resistencia. Paciencia, mi amor, Roma no se construyó en un día.

A veces, te enfrascas en comparaciones que no te hacen ningún favor. Sueles mirar a otros y pensar que son más brillantes o perfectos que tú. Esto no solo es injusto, sino que también te aleja de aceptar y valorar quién eres realmente.

El otro día me emocioné mucho cuando me explicó que, tras una discusión conmigo —o, para ser más justos, tras una aguantada de mis tirones de pelo (él, que no tiene)—, se puso a ver la serie *Vox Machina* y se le saltaron las lágrimas al reconocerse en el personaje de Grog Strongjaw, un gigante que, en el fondo, es bueno y tierno, pero brusco en sus formas. Me emocioné no solo por haberle provocado dolor con las palabras y comportamientos que me dominan cuando la depresión está en pie de guerra, sino por ver que estaba reconociendo algo positivo en él: esa validación de su ser, su esencia, su alma, que tanto le ha costado conseguir. Vuelven a correr lágrimas por mis mejillas mientras escribo esto, pero esta vez son de felicidad al poder apreciar cómo, por fin, se ha quitado la venda de los ojos y comienza a percibir a ese ser tan extraordinario que es.

Si te identificas con la herida de la injusticia y sueles mostrar una actitud rígida, lo primero que necesitas hacer es reconocer cuántas veces has actuado de manera injusta hacia los demás, y especialmente hacia ti mismo/a, a lo largo del día. Este reconocimiento puede ser lo más complicado de aceptar, pero es el primer paso hacia tu sanación.

Te fascina todo lo que es noble. El respeto y el honor tienen una gran relevancia para ti.

Esta es otra de las señas de identidad de Juan, el León Cobarde de *El Mago de Oz*. Un personaje que, aunque al principio se presenta como un león sin valentía, a lo largo de la historia revela su nobleza y lealtad al unirse a Dorothy en su aventura. Su búsqueda de coraje refleja un profundo deseo de ser valiente y honorable, lo que lo convierte en un personaje entrañable y noble dentro de la trama.

En el ámbito de tu vida íntima, es posible que portes contigo la herida de la injusticia, lo que a menudo te impide entregarte plenamente y disfrutar del placer. A veces, te cuesta mostrar la ternura que realmente sientes. Es común que idealices tus experiencias sexuales, creando expectativas poco realistas. Cuando decides abrirte a una conexión, a menudo te sientes frustrado/a porque la realidad no cumple con esa visión idealizada. Además, tu tendencia a ser rígido/a puede dificultar el compromiso, ya que temes tomar una mala decisión al elegir a tu pareja. Este miedo al compromiso es diferente del que sienten aquellos que cargan con la herida de la traición; ellos tratan de controlar la situación por temor a la separación y a que se deshaga el vínculo.

En nuestro caso, como ya comentamos en las heridas anteriores, no aplica.

Las personas con una mentalidad rígida pueden tener múltiples tabúes relacionados con la sexualidad, ya que su vida está guiada por una noción de bien y mal en este ámbito. Aunque esto no se limita a un género específico, es más común que las mujeres, al adoptar esta fachada, simulen disfrutar. Cuanto más profunda sea la herida emocional, mayor será la rigidez y más difícil resultará alcanzar el orgasmo. En el caso de los hombres, esta dificultad a menudo se manifiesta a través de la eyaculación precoz o la impotencia, lo cual está relacionado con su capacidad para permitirse experimentar placer en sus vidas.

Durante su relación con Otto y la tensión a la que estaba sometido, el uso de la máscara del rígido se volvió más evidente para Juan en el plano sexual, especialmente manifestándose a través de una eyaculación retardada, resultado de la desconexión emocional que ya se había producido con ella.

La eyaculación retardada o aneyaculación es comparable a la anorgasmia en el caso de las mujeres, es decir, a la ausencia de orgasmo o a la extrema dificultad para alcanzarlo, incluso si finalmente se logra.

Si bien en los hombres la eyaculación y el orgasmo no siempre ocurren simultáneamente, generalmente para la mayoría de ellos sí lo hacen. Por lo tanto, la ausencia de uno suele implicar la ausencia del otro.

El hombre con eyaculación retardada se excita normalmente y no tiene dificultades para conseguir la erección; de hecho, su nivel de excitación puede llegar a ser muy alto. Sin embargo, por muy elevado que sea este nivel, no logra desencadenar el orgasmo ni la eyaculación.

Generalmente, las mayores dificultades para alcanzar el orgasmo se presentan durante el coito, ya que durante las masturbaciones en solitario o en otras prácticas sexuales, como el sexo oral, no suelen experimentar las mismas dificultades.

Como en la mayoría de las disfunciones sexuales, las causas que provocan la eyaculación retardada suelen ser psicológicas, siendo las más comunes el exceso de control, la ansiedad, la falta de deseo o el haber realizado durante un tiempo prolongado acciones como la marcha atrás.

En el caso de Juan, el exceso de control fue lo que más le afectó. Ese sentir que tenía que estar al pendiente de todo le impedía soltarse y disfrutar de la relación sexual en sí misma. Comenzaba a acumular pensamientos negativos tan intrusivos que su mente lo transportaba a otro lugar. Aunque lograba excitarse, esto no era suficiente para alcanzar el orgasmo. Esta situación se acentuó durante la época en que ella insistía en tener un segundo hijo, convirtiendo el sexo en un medio para conseguir un fin que él no deseaba.

La máscara del controlador (herida de traición) oculta la herida de abandono, al igual que la máscara del rígido disimula la herida de rechazo. Quien se siente rechazado, por diversas razones, intenta evitarlo esforzándose en alcanzar la perfección. Sin embargo, a pesar de sus esfuerzos, puede acabar sintiendo que no es amado, lo cual considera injusto. Así, decide autoexigirse y convertirse en una persona tan perfecta que nunca más enfrentará el rechazo. En consecuencia, construye la máscara del rígido, desvinculándose de sus emociones para no experimentar nuevamente esa sensación.

Aunque una persona puede sufrir rechazo sin experimentar injusticia, todas las personas que enfrentan la injusticia ocultan una herida de rechazo. Y en esta vinculación rechazo-injusticia sí me veo claramente reflejada.

Sabes que estás en el camino de la sanación cuando eres consciente de que una herida ha sido activada, cuando eres capaz de observar el dolor de la herida y de cuánto te permites ser humano. Sabrás que has superado estas etapas cuando no sientas la necesidad de llevar la máscara asociada a la herida y cuando no tengas ninguna reacción. La aceptación lleva consigo el alivio, hace desaparecer el dolor poco a poco y te devuelve al momento presente. Entonces, ves el conjunto de la situación como una lección de vida.

Lise Bourbeau

¿Dispuesto/a a cicatrizarlas?

Cicatrices que sanan

CICATRICES QUE SANAN

Es tiempo de sanar. Y te preguntarás: ¿por qué cicatrices en lugar de curas, cuando lo que realmente quiero es dejar atrás mis heridas?

La cicatriz simboliza el camino recorrido entre el dolor y la sanación. Quizás no todas las heridas se trascienden por completo, pero tomar consciencia de ellas nos invita a mirarnos con amor y compasión, aprendiendo de lo que nos han querido enseñar y practicando el perdón, tanto hacia nosotros mismos como hacia quienes, con o sin intención, nos han hecho daño.

Reconocer el proceso (la cicatriz), más allá de la sanación en sí misma, es en lo que, como psicóloga, quiero que pongas la atención. Entiendo que estás acostumbrado/a a recurrir a «pastillas mágicas» (curas) para sentirte mejor lo antes posible, pero ¿en realidad es así o solo estás enmascarando el dolor? Lo que realmente importa, si quieres trascender tus heridas, es que te dediques un tiempo a trabajar en tu autoconocimiento y en la identificación de tus hábitos y creencias, ya que son ellos los que te ayudarán a reconectar con tu ser.

Por lo tanto, el primer paso para sanar una herida es reconocer su existencia y aceptarla, lo cual no implica estar de acuerdo con su presencia. Se trata de observarla con atención y comprender que enfrentar dificultades es parte de la vida.

Que algo te cause sufrimiento no te convierte en una mala persona. De hecho, haber creado una máscara para protegerte es un acto de amor propio. La voluntad y decisión de sobreponerte a tus heridas te ayudaron a practicar la compasión, la paciencia y la tolerancia contigo mismo/a. Esa máscara te permitió sobrevivir y adaptarte a aquello que tanto te lastimaba, convirtiéndose en una herramienta para sobrellevar el dolor. Aunque no haya sido la decisión más beneficiosa, te ayudó a no restar días a tu calendario, y solo por eso ya valió la pena.

Sueles quedarte dentro del «Triángulo de las Bermudas» emocional, formado por la culpa, la vergüenza y el miedo, en lugar de enfrentar tus heridas.

Te refugias en las máscaras que has construido para ocultarlas, pensando que eso te ayudará a sanar. Sin embargo, también debes tener en cuenta que cuanto más tiempo tardes en sanarlas, más profundas se volverán. No puedes simplemente ignorarlas. Es importante reconocerlas y comprenderlas, pero luego es necesario enfrentarlas, ya que esa es la única forma de superarlas.

Lo mejor sería que pudieras identificar rápidamente qué máscaras has utilizado para reconocer las heridas asociadas a ellas, ¿verdad? Así, dejarías de esconder esas heridas y comenzarías a liberarte del juicio y la autocrítica. Pero, seguro que debes estar pensando: ¡ni que fuera tan fácil! Ciertamente, no es un proceso sencillo, por lo que será importante que respetes tus propios tiempos.

Cuando alcances el punto en el que puedas decirte, de manera habitual, cosas como: «Me he puesto esta máscara» o «Estoy reaccionando así por esta razón», entonces tu proceso de cicatrización habrá avanzado significativamente. Incluso llegarás a agradecer a esa persona que despertó en ti el dolor de una herida punzante y te hizo tomar conciencia de su existencia, brindándote la posibilidad de sanarla. De esta manera, podrás alcanzar tu bienestar emocional y compartirlo de una forma más saludable con quien desees.

Y eso es algo que tanto Juan como yo agradecemos de lo vivido con Otto, Gandhi y otros personajes secundarios de nuestra historia. Todo el camino que recorrimos con ellos y el sufrimiento que nos causó nos hizo valorar el amor que nos tenemos y comprometernos a cuidarlo y honrarlo, sin olvidarnos de ninguno de nosotros en nuestro valor individual. Hoy en día, sigo reafirmándome en lo que le he mencionado a él en más de una ocasión: «ha valido la pena todo el sufrimiento vivido por haber llegado hasta ti».

El ego es el principal impedimento en el proceso de sanar tus heridas, ya que se esfuerza por ocultarlas. Su estrategia es hacerte creer que si las reconoces y logras superarlas, te sentirás vulnerable y experimentarás dolor. ¡Qué simpático!, ¿verdad?

Podría compararse con un asistente al que hemos dado demasiado control, y que ahora se aparece constantemente para decirnos cómo debemos gestionar cada aspecto de nuestra vida. Este asistente se siente imprescindible y sumamente importante, convencido de que no podríamos funcionar sin su guía, de que no seríamos capaces de tomar decisiones sin su ayuda. ¿Podemos reprocharle algo? No, porque está convencido de que está actuando en nuestro mejor interés.

El ego, por tanto, busca cubrir necesidades, mientras que la autoestima nos reafirma en lo que somos. Solo desde esa base podemos construir realidades y relaciones satisfactorias y plenas.

Visto de esta manera, y sin pretender establecer una verdad absoluta, Juan tiende más hacia el ego, ya que siempre está haciendo cosas y mantiene vigente su «carné de conductor de ambulancias» para cubrir las necesidades de los demás. Según su percepción, esto repercute positivamente en la satisfacción de sus propias necesidades. En cambio, yo me muevo más por lo que soy, con todo lo que eso implica. La idea que tengo de mí misma (autoestima) define cómo me siento y los pasos que voy dando, aunque no ignoro que también tengo ego, el cual se agudiza en momentos de mucho estrés, ansiedad o caídas libres, como la depresión.

Nuestro ego nunca se conforma, y cuanta más importancia le damos, más miedo tiene de perderla. Así, busca acumular aún más. Cuando esto se sale de control, llega a desarrollar orgullo, o lo que es lo mismo, una autoestima inflada. El orgullo es el ego llevado al límite.

Tener una autoestima inflada significa sentir un valor exagerado de uno/a mismo/a, al punto de creer que se está por encima de los demás. La persona orgullosa quiere siempre ganar y tener la razón a toda costa.

Quien tiene el ego inflado se siente tan importante y poderoso que se convence de que siempre tiene la verdad. Se cree superior y mejor que los demás. Trata de imponer sus creencias y quiere controlar la situación. Es experto en encontrar razones para convencer a los otros de hacer lo que él quiere. Además, cuando minimiza a los otros, siente que está por encima. Necesita tener la razón, lo que, en su mente, implica que los demás están equivocados.

El ego tiene una tendencia constante a frenar el progreso, resistiéndose al cambio a toda costa. Una de sus características más destacadas es el sufrimiento. No puede habitar en la realidad tal como es, ya que siempre la compara con su propia visión distorsionada del mundo. Está convencido de que esa realidad inventada es la verdadera.

Muchas veces he escuchado a pacientes relatar eventos de su infancia, seguros de que ocurrieron tal y como los recuerdan, pero al hablar con las otras personas involucradas, estas tienen una versión muy distinta. Esto ocurre porque el cerebro está programado para reafirmar nuestras creencias, lo que hace crucial prestar atención a cómo experimentamos las situaciones.

No se trata de que necesariamente nos estemos engañando y por eso suframos, sino de que la interpretación que hacemos de las circunstancias, aunque para nosotros sea real, puede generar emociones desagradables si parte de creencias limitantes.

Por tanto, nuestras creencias, nuestros miedos y, en definitiva, nuestro ego, ejercen una gran influencia sobre nosotros. Observa cuán importante es esto en el desarrollo de tus heridas emocionales. El ego puede perpetuarlas, llevándote a un estado de deterioro emocional tan profundo que solo te queda «amputar», cuando niegas lo que te afecta; o, por el contrario, te permite tomar conciencia del dolor, abriéndote la puerta a la sanación.

Cada vez que reaccionas, es porque una herida emocional se ha activado en ti, lo que revela la influencia del ego en esa situación. Esto drena tu energía, te debilita, y te lleva a terminar el día con cansancio, con agotamiento físico, pero sobre todo emocional, como comentamos cuando abordamos la herida de la injusticia. Este agotamiento también se manifiesta en otras heridas emocionales, en mayor o menor medida, ya que todas las máscaras están asociadas al miedo, la culpa y la vergüenza, emociones que, como ya sabes, alteran considerablemente tu estado de ánimo.

Si hay algo importante que considerar con relación al ego, es el mal manejo del elogio, especialmente cuando se trata de heridas emocionales. Considero crucial destacar esto en el proceso de cicatrización para ayudar a las personas que te acompañan a hacerlo desde el amor y la compasión, utilizando un lenguaje asertivo y evitando proyectar tus palabras sobre ellas como si fueran puñales.

Está claro que, si tendemos a colocarnos la máscara del controlador, buscamos el elogio como reconocimiento. Sin embargo, en el resto de las heridas emocionales, el elogio suele estar relacionado con la falta de reconocimiento propio y la falsa necesidad de recibir aprobación. En realidad, lo que se busca en los demás es la reacción opuesta: que continúen halagándonos porque nos sentimos tan mal emocionalmente que hemos perdido la capacidad de reafirmarnos por nosotros mismos.

Esto lo hago yo cuando entro en modo depresivo y empiezo a asfaltar el alquitrán de la carretera con mi apisonadora. «Esa no soy yo», «No es cierto», «Tú que me ves con buenos ojos», «No eres objetivo», y entonces Juan entiende perfectamente que necesito que me valide y empieza a enumerar todos los puntos por los que me quiere:

Ciara: Al menos hago algo bien.
Juan: Haces un montón de cosas bien.
Juan: Me tranquilizas cuando estoy estresado o triste.
Juan: Paras fenómeno los berrinches de nuestro hijo.
Juan: Me haces feliz como nunca antes lo hizo nadie.
Juan: Me has dado razones para seguir adelante que no sean el puro sentido del deber.
Juan: Me has dado una hija a la que quiero como si fuera mía.
Juan: ¿Sigo?

Juan: Tengo a mi lado a alguien de quien me siento orgulloso y no avergonzado.
Juan: Una persona extraordinaria y una profesional brillante.
Juan: Eres mi luz.

Cierto es que esto favorece a que mi ego se sienta nutrido, pero a la vez me ayuda a tomar conciencia de mi valor y permitirme, al menos plantearme, comenzar el proceso de cicatrización de mis heridas, que, como has podido observar, no son pocas y me han llegado a sobrepasar en muchos momentos. Aún sigo buscando que esa «costra» se cierre, tratando de respetar mis tiempos y no llevarme a nadie por delante en lo que la herida se limpia, incluida a mí misma.

Cada vez que surgen tus pensamientos, ya sean positivos o negativos, es el ego quien está hablando. Este aspecto de ti se aferra a la idea de que lo bueno es lo que ha aprendido a considerar correcto, y se siente validado cuando actúas de acuerdo con esos criterios. Sin embargo, cuando decides hacer algo que él desaprueba, siente que su valor disminuye, incluso que su propia existencia está en juego. El ego no puede imaginar que tus necesidades puedan ser diferentes a las que él cree que deberías tener, y es por eso por lo que muchas veces te sientes culpable por tus elecciones.

Cuando estás en equilibrio, no etiquetarás tus experiencias como buenas o malas. Simplemente tomas conciencia de lo que vives y de cómo te sientes al respecto. Tu ego, en cambio, no entiende que estas experiencias son parte de tu aprendizaje.

Alguien que se encuentra en su centro observa sin juzgar; simplemente se permite ver lo que hay, sin etiquetas ni valoraciones, porque lo que realmente valida es quién es, no quién es el otro ni lo que tiene o hace. Justo esto es lo que debemos procurar para facilitar a las heridas su proceso de cicatrización: estar en nosotros mismos, en nuestro hogar, refugio, casa, o, como a mí me gusta llamarlo, nido; donde habitan las personas que más amo y a quienes me gusta nutrir: mi familia.

Al escribir esto, me vuelvo a emocionar recordando los inicios de mi relación con Juan, cuando todo me daba miedo, la inseguridad estaba por las nubes y no conseguía evocar en mi cabeza el «proyecto de vida» que deseábamos construir juntos. Le dije: «Entre los dos no hacemos uno», a lo que él respondió: «Exacto, hacemos una familia maravillosa».

Es fundamental que sanes tus heridas internas, que son el resultado de las manifestaciones de tu ego, de la misma manera que cuidas tus heridas físicas.

¿Alguna vez has mirado una cicatriz en tu piel y te has sentido frustrado/a por su presencia? ¿Te has encontrado deseando que desaparezca rápidamente?

Es probable que esa cicatriz haya estado ahí durante un tiempo considerable, ¿verdad? Esto ocurre porque a menudo no confías en el proceso de sanación de tu propio cuerpo.

Para que cualquier marca desaparezca, primero es esencial aceptarla y ofrecerle amor incondicional, en lugar de desear que se esfume. Tus cicatrices, al igual que tus heridas emocionales, necesitan ser reconocidas, amadas y aceptadas.

¿Y por qué incondicional? Porque este amor implica aceptar la cicatriz, incluso si no comprendes completamente las circunstancias que llevaron a su formación. Es como el amor propio que identificamos como sano y consciente, pero que en este contexto se centra en abrazar lo que somos, con todas nuestras imperfecciones.

Amar una cicatriz significa reconocer que ha llegado a ser parte de ti por una razón específica y, sobre todo, para ayudarte a crecer. En lugar de tratar de ocultarla, debes utilizarla como una herramienta para entender un aspecto de ti que a menudo evitas. Esa cicatriz puede estar allí para recordarte que has superado una experiencia difícil, y que, en lugar de temer el recuerdo de esa situación, puedes verlo como un símbolo de fortaleza.

Si eliges adoptar esta nueva perspectiva, comenzarán a cambiar tus sentimientos hacia ella. En lugar de desear que se desvanezca, puedes llegar a agradecer su presencia, reconociendo la lección que te ha brindado. Con esta actitud, es probable que la cicatriz se desdibuje más rápidamente, ya que ha sido reconocida y honrada por su significado.

El punto clave radica, por tanto, en aceptar. Pero ¿qué implica realmente aceptar? Significa reconocer que lo que temes o criticas en los demás, tú también lo haces a otros y, sobre todo, a ti mismo/a.

Además, es esencial aceptar las máscaras que has permitido que tu ego desarrolle para ocultar tus heridas y evitar el sufrimiento. Amar y aceptar una herida implica reconocerla, entender que deseas superarla y aceptar que tu ego ha tratado de protegerte al crear esa máscara. Por lo tanto, agradece el valor que tuviste para crearla y mantenerla, ya que te ha ayudado a sobrevivir.

No obstante, es importante que comprendas que ahora la máscara te hace más daño que bien. Ha llegado la hora de decidir que puedes vivir incluso con heridas.

Ya no eres la persona que no podía sanar. Ahora eres alguien con experiencia y madurez, con una nueva perspectiva sobre la vida y la intención de amarte cada día más.

Tras su proceso de cicatrización, Juan me decía: «Si tuviese que volver al hospital del que me repudiaron, me siento preparado. Ya no soy el mismo. Elijo no hacerlo, consciente de que donde estoy es donde quiero estar, pero ya he perdido el miedo a enfrentarme a quienes en su día trataron de anularme, vencerme, aniquilarme, y no lo han conseguido».

Estoy superorgullosa de él, no solo porque se haya permitido cicatrizar sus heridas, sino porque se ha validado desde el presente, sin ego, focalizado en quién es y en lo que quiere o no en su vida. Eso le hace libre, y no hay nada que me guste más que verlo volar feliz.

¿Te acuerdas de las etapas que atraviesas cuando te haces una herida? Te hago un breve resumen:

› En la primera etapa, eres tú mismo/a, sin filtros.

› En la segunda, sientes ese dolor que llega con la sensación de que ya no puedes ser tú mismo/a, porque eso no le gusta a los demás.

› La tercera etapa es cuando te rebelas contra ese dolor. Empiezas a sentirte en crisis y a luchar contra lo que te está pasando.

› Y en la última etapa, la resignación, decides ponerte una máscara para no decepcionar a los otros y para evitar el sufrimiento de no ser aceptado/a por ser quién eres de verdad.

El proceso de cicatrización y, por lo tanto, de sanación, se completa cuando logras invertir estas etapas, comenzando por la última y regresando a la primera; de este modo, podrás volver a ser tú mismo/a.

La primera fase de este camino, y la más importante, es tomar consciencia de la máscara que llevas, algo en lo trabajamos en el capítulo anterior. Es importante porque es por donde empiezas, pero también por donde acabas: tú.

La segunda etapa es cuando sientes esa rebeldía al darte cuenta de tu herida o cuando prefieres culpar a los demás por tu sufrimiento en lugar de aceptar tu parte. Es normal que te cueste un poco cuando descubres cosas de ti que no te gustan. Cada uno vive esto a su manera; algunos sienten más resistencia que otros. La intensidad de estas emociones depende de cuánto estés dispuesto/a a aceptar lo que hay dentro de ti y de cuán profunda sea tu herida cuando te des cuenta de lo que está pasando.

En la tercera etapa, te permites sentir el dolor que has pasado y a echarle la culpa a quienes te hicieron daño. Al darte cuenta de ese sufrimiento que llevas dentro, también podrás ser más compasivo/a con esas personas. En este tiempo, te resultará más fácil aceptarlas y entender lo que ellas también han vivido.

Finalmente, en la cuarta etapa, vas a volver a ser tú mismo/a y dejarás de sentir que necesitas ponerte máscaras para protegerte. Empezarás a aceptar que la vida está llena de experiencias que te enseñan lo que realmente te conviene. Esto es lo que se llama «amor propio».

Recuerda que quererte a ti mismo es darte permiso para ser como eres, sin filtros. Amarte es aceptarte incluso si a veces haces lo mismo que criticas en los demás. Al final, el amor no se trata de lo que haces o de lo que tienes.

El amor verdadero es realmente conocerte y ser tú mismo/a. Amar es darte permiso para herir a otros, a veces sin querer. Puede que los rechaces, los dejes, los humilles, los traiciones o incluso actúes de forma injusta con ellos, y eso puede doler. Pero esta es la primera y más importante parte del proceso de sanar tus propias heridas.

Como has podido ver, la premisa principal es que, para que haya un cambio real, primero tienes que aceptar cómo están las cosas.

Pero ¿cómo sabes si realmente estás aceptando la situación? Cuando te des cuenta de que tu forma de actuar ha impactado a alguien más o a ti mismo/a, y que esa actitud es parte de ti. Aceptar eso significa estar dispuesto/a a asumir las consecuencias, sean las que sean. La responsabilidad es clave para aceptarte de verdad. Ser tú mismo/a implica que no le puedes caer bien a todo el mundo y que tienes derecho a reaccionar de ciertas maneras, incluso si a otros no les gusta. Todo esto sin ponerte a juzgarte o criticarte.

La aceptación es lo que realmente inicia el proceso de cicatrización. Curiosamente, cuando te permites traicionar, rechazar o incluso ser un poco injusto/a, ¡te darás cuenta de que lo haces menos! Suena raro, ¿verdad? Eso es lo que en psicología llamamos intención paradójica.

La *intención paradójica* se refiere a la estrategia de enfrentarte intencionalmente a las emociones o comportamientos que deseas evitar, a veces incluso de manera exagerada. La idea es que, al hacerlo, reduces la ansiedad y la resistencia que sientes respecto a la situación, lo que mejora tu bienestar emocional.

Cuando das a los demás el derecho de hacer lo que tú temes experimentar, será más fácil aceptar que ellos también pueden actuar de esa manera. A veces, eso puede hacer que salgan a la superficie las cosas que te duelen.

Un beneficio notable de cicatrizar tus heridas es que te vuelves autónomo/a, no de la clase de autónomos que estamos ahogados por los impuestos —permíteme esta pequeña reivindicación, ¡jajaja! —, sino de aquellos que dejan de ser dependientes emocionalmente.

La *autonomía afectiva* es, en pocas palabras, saber lo que quieres y actuar para conseguirlo. Y si en algún momento sientes que necesitas apoyo, no dudes en pedirlo, sin esperar a que alguien específico se ofrezca. ¡Es cuestión de ser proactivo/a!

Si me pregunto si soy emocionalmente autónoma, en cuanto a saber lo que quiero y actuar en consecuencia, mi respuesta es claramente un sí. Sin embargo, soy plenamente consciente de que mis heridas de rechazo y abandono, aún presentes, y las máscaras del huidizo y del dependiente asociadas a ellas, hacen que esa autonomía no sea del todo plena. Además, mi resistencia a dejarme ayudar, pese a que Juan, mis hijos, mis padres, mis suegros y mis maravillosos amigos se están dejando la piel para sacarme a flote, también contribuye a ello. ¡Gracias a todos por tanto amor! Sé que no os lo estoy poniendo nada fácil.

Y antes de concluir este proceso de cicatrización, te ayudaré a enfocarte concretamente en tus heridas, destacando así los aspectos positivos de cada una de ellas y las fortalezas que posees mientras tratas de sanarlas. Estas fortalezas, que la mayor parte del tiempo están ocultas en ti o que a menudo enmascaras para evitar sentir tanto dolor.

CICATRIZ DEL RECHAZO

HACIENDO MEMORIA

Cuando surge tu herida de rechazo, adoptas la «máscara del huidizo», que te hace querer escapar de la situación o de la persona que sientes te rechaza, por miedo a quedarte sin control o a sentirte vulnerable. Esta máscara también te empuja a volverte lo más invisible posible, a retraerte y a evitar cualquier acción o palabra que, según tú, podría empeorar el rechazo. Te lleva a pensar que no tienes el mismo valor o derecho a ocupar tu espacio, como si tu presencia fuera menos importante que la de los demás.

TU EGO CONTRA TI

Como alguien que tiende a evitar las cosas, te convences de que te cuidas bien a ti mismo/a y a los demás para no enfrentar los distintos tipos de rechazo que sueles sentir.

TE CONVIERTES EN TU PEOR ENEMIGO/A

Cuando te sientes rechazado/a, sigues haciéndote daño cada vez que te ves como alguien sin valor, inútil o incapaz de tener un impacto en la vida de los demás. También te lastimas cuando evitas enfrentarte a las situaciones.

EMPIEZAS A CICATRIZAR CUANDO

Te atreves a ocupar tu espacio y a expresar quién eres con más seguridad. Ya no te afecta tanto si alguien parece ignorarte, y poco a poco, te sientes menos asustado/a en situaciones que antes te daban pánico.

PERMITIÉNDOTE SER TÚ MISMO/A

Detrás de esa máscara huidiza, eres en realidad una persona capaz de asumir muchas responsabilidades, tanto en el trabajo como en lo personal, con las habilidades necesarias para hacerlo bien. Además:

- **Eres muy despierta**, con una gran capacidad para crear, inventar y pensar de manera original.
- **Tienes facilidad para trabajar por tu cuenta**, ya que te organizas muy bien y eres altamente resolutiva.
- **Eres eficiente y siempre cuidadosa en los detalles**, con una atención plena y consciente muy desarrollada.
- **Sabes actuar rápido y de forma eficaz cuando es necesario**; eres proactiva y empática, sin descuidar tus propias necesidades.
- **Disfrutas de tu autonomía emocional**. No necesitas estar siempre rodeada de otros; te sientes bien contigo misma y puedes apartarte sin problemas cuando lo necesitas.

Había sido un día superestresante. No estaba consiguiendo escribir y me quedaban tan solo 12 días para la entrega del manuscrito. Me sentía colapsada: los niños de berrinche en berrinche, Gandhi por otro lado escribiendo para hablar con nuestra hija, y ella negándose una vez más a hablar con él, el pago de impuestos... Peté. Me metí en la habitación a llorar desconsoladamente, tapándome la boca para que Juan y los niños no me escucharan desde el comedor. Me dio una crisis de angustia que me hizo desvanecerme en el suelo, después de tanto llorar, hiperventilar y, por un momento, no poder respirar por los mocos que se me acumulaban en las fosas nasales. De repente, nuestro hijo entró en la habitación porque quería comentarme algo, y se llevó un tremendo susto al verme allí. «Mamami, ¿qué te pasa?» Juan voló hasta la habitación, se sentó a mi lado con calma, sin perder los nervios. Empezó a acariciarme la cabeza, a apartarme el pelo de la cara, y a preguntarme: «¿Qué te pasa, bonita? Cuéntame, no le voy a decir a nadie». Temía que hubiera vuelto a intentar hacerme daño con las pastillas.

No conseguí articular palabra hasta muchos minutos después. Mi hijo y él me dieron espacio para que pudiera recuperar el aire, mientras Juan me tomaba el pulso y mi peque me cogía la mano y la apretaba, demostrándome que estaba allí. Tengo que recordar que mi pequeño gran héroe solo tiene 8 añitos, pero se mantuvo sereno, observándome, abrazándome, diciéndome que me quería. ¡Uf! No puedo dejar de llorar solo con recordarlo. Afortunadamente, las niñas estaban entretenidas jugando en el comedor y no se percataron de lo que estaba sucediendo. Su hermano tampoco las alertó para no asustarlas. Estoy tan orgullosa de él.

Cuando logré incorporarme, permanecí sentada con Juan a mi lado. Yo en silencio, y él hablándome con mucho amor. Con su ayuda conseguí tumbarme en la cama, y las lágrimas comenzaron a rodar nuevamente en cascada desde mi interior. Él se echó junto a mí, me abrazó, me siguió acariciando la cabeza, y le pidió al «parásito» que me posee, que liberara mi mente, diciéndole que quería hablar con Ciara. Con un hilo de voz le dije que tenía que dejarme ir, que no quería seguir con este sufrimiento, que solo quería descansar y estar en paz. Y él, con toda la templanza del mundo, me dijo: «Tienes un verdadero problema, tú no sabes dónde te has metido. Soy el hombre más fiel, constante y leal del mundo, así que no vas a poder deshacerte de mí, y eso que hoy lo has intentado todo: alejarme, apartarme, gritarme, no hablarme... pero no me voy a ir a ningún lado. No pienso dejar a una mujer que merece tanto la pena, cuando está pasando por su peor momento, una mujer a la que amo y que es lo mejor que me ha pasado en la vida. Así que vas a tener que aprender a vivir con eso. Solo tienes dos opciones: o luchas conmigo y te dejas ayudar, o lucho contra ti y te dejas ayudar. No hay más. ¿Quién me sacó a mí el enero pasado de este mismo pozo? ¿Me lo puedes decir? Tú, fuiste tú. Pues ahora me toca a mí».

¿Puede existir alguien más extraordinario? Te quiero, mi amor. Realmente, sin ti, ya no estaría aquí.

Como habrás podido leer en el relato, hablo de la posesión que un «parásito» ejerce sobre mi mente porque quiero poner en valor la manera creativa en la que Juan, en muchas ocasiones, trata de ayudarme y hacerme entender que me estoy alejando de mí misma y «no me va a permitir» caer.

Uno de los días en que estaba hundida en la más absoluta miseria emocional, me mandó una imagen de un personaje de la serie de animación «Invencible» en la que un parásito, semejante a un pulpo, comenzaba a rodear su cabeza, reduciendo su fuerza y poder mental. La acompañó con un pie de foto que decía: «así es como te veo cuando la depresión hace estragos en ti». A partir de ahí, comenzó a escribirme a ver si reaccionaba:

Juan: Está hablando la depresión por ti. Es como este parásito que te posee, pero sé que ahí dentro sigue estando la mujer que amo.
Ciara: Amas una máscara, cariño, la proyección de lo que te gustaría que fuera, no de lo que soy.
Juan: Vuelve a hablar la depresión. Quiero hablar con Ciara.
Ciara: No puedo más, de verdad que no puedo más. No quiero seguir, estoy muy cansada.
Juan: No te rindas. Estoy aquí y el viernes allí contigo.
Ciara: Quisiera dejar a la niña en un lugar seguro y desaparecer. No quiero esta vida para ella. Y ya está sufriendo mucho de verme mal.
Juan: ¡Vale ya! Estoy aquí, pero tienes que luchar.

Lo siento, necesito parar de escribir. No logro distinguir las letras del teclado entre tanta agua salada. Permíteme un pequeño kit-kat y seguimos.

Y es que Juan pasó de tener angustia por sentir que nuestra relación se podía acabar a la preocupación de verme sufrir y no saber qué más hacer para ayudarme.

Lo cierto es que cuando alguien te ama, sufre tanto o más que tú, ya que muchas veces no eres ni consciente de tu propia herida. La empatía, la compasión, el amor y el respeto hacia tu propio proceso, y también hacia el suyo, son fundamentales para alcanzar el equilibrio emocional que te permita, por fin, disfrutar y disfrutaros mutuamente.

El día en que me dijo: «Soy consciente de que tus huidas y patadas no son un berrinche, son dolor», refiriéndose al berrinche infantil, fue muy importante para mí, porque sentía que él me veía como una niña impulsiva, inmadura y maleducada —comportamiento más propio de Otto— y no como una persona que está pasando por un infierno emocional. Solo de pensar que pudiese equipararnos como iguales ya me producía un tremendo rechazo, lo que incrementaba mis ganas de salir, huyendo, de la relación.

Quizá el amor sea acariciar la fragilidad
Ser amparo donde hubo miedo.
Nahuel Roldán

Si realmente amas a tu pareja, le darás las explicaciones necesarias para que se sienta segura y refuerce así su confianza en sí misma y en la relación. Transmitirle esta seguridad, cuando ella solo piensa en huir, es fundamental.

Para enmarcar esta premisa, voy a partir de lo que Juan tituló «**Vestirse para caer**»:

Juan: ¿Por qué no entiendes que te quiero, que contigo soy más feliz que en toda mi vida? *(Lo dice con la voz entrecortada y emoción en sus ojos acuosos).*

Ciara: Porque siempre voy a esperar la caída, siempre voy a esperar la caída.

Juan: Pues yo estoy dispuesto a vestirme para caer, como cuando me pongo el mono para subirme a la moto. Asumes que en algún momento te puedes caer, pero eso no quiere decir que no disfrutes del viaje. Algunos van más lentos, otros más rápidos, y otros disfrutan de la adrenalina, pero todos vuelven a montarse en ella.

También es muy importante que, una vez que has identificado tu herida, se la expliques de la forma más asertiva posible a tu pareja. De esta manera, le ayudarás a comprender que no siempre puedes satisfacer sus peticiones, no porque no quieras, sino porque a veces no tienes la fuerza para hacerlo o porque la mente no funciona de manera lógica-matemática en el ámbito emocional. Esto os liberará a ambos del sufrimiento asociado al mantenimiento de la herida y os brindará la oportunidad de cicatrizarla juntos.

Juan: Yo, cuando tengo una dolencia física, me enfoco en ella, trato de ver qué la está pudiendo causar y busco soluciones objetivas para resolverla. Si tú eres consciente de que te haces y me haces daño cuando boicoteas la relación, ¿por qué lo haces?

Ciara: Porque cuando hay una dolencia emocional, la mente no accede a la información de la misma manera adaptativa, cariño. Los pensamientos te secuestran, te invaden; el dolor emocional es tan intenso que acaba manteniendo un sufrimiento en el tiempo que no hace más que acrecentarlo. Esa «posesión» no te deja acceder a los conocimientos que tengo para identificar y abordar la herida. Debo esperar a estar en calma. Por eso entiendo que te emociones cuando repasas conmigo los textos del libro antes de su edición y le vas dando sentido a lo que me pasa. Es uno de los motivos principales por los que he decidido hacer este proyecto contigo: para que nos ayudemos el uno al otro a sanar, a dejar cicatrizar esas heridas. Y aunque tú vas mucho más avanzado que yo, por una vez no quiero ser la que siempre sostiene al otro; dejarme caer me está ayudando también a dejarme amar, cuidar y mimar, y eso es algo que te agradeceré toda la vida.

¿Recuerdas el día que me dijiste, al verme calmarme con un abrazo o una palabra tuya: «Nunca pensé que yo podría causar ese efecto en alguien»? Pues sí, mi amor, eres la sensación de hogar, la hoguera, el calor, el fuego y la llama más placentera que he tenido nunca.

Te quiero.

Por último, que tu pareja recurra al sentido del humor en uno de tus momentos de alta intensidad emocional puede ayudarte a desviar la atención hacia cosas más agradables, aunque puedan parecer absurdas. Y esto es muy Juan.

Juan, explicándome su día en el hospital mientras yo estaba en pleno moqueo lloroso: «He tenido dos JANMLE y un SMN».

Yo: «¿Cómo? No entiendo nada».

Juan: «JANMLE, Jo Així No Me La Emporto (*yo así no me la llevo*)».

Juan: «SMN, Síndrome de la Mala Noticia: empeoramiento súbito al comunicar el alta».

Interlocutores: familiares de personas muy mayores que sienten alivio cuando su yayo o yaya se pasa unos «diítas» en el hospital. La verdad, pobres, hay que entenderlos; es duro cuidar a una persona dependiente. Seamos un poco empáticos.

Lo cierto es que este recurso humorístico no siempre le ha salido como esperaba. En más de una ocasión, más bien, se le ha ido el tiro por la culata, ya que ha provocado en mí una furia incontrolable al interpretarlo como burla o como la mayor de las absurdeces en el momento más inoportuno. Esto último también es muy Juan. Lo siento, mi amor, en honor a la verdad, no podía omitirlo. ¡Jajaja!

CICATRIZ DEL ABANDONO

HACIENDO MEMORIA

Cuando se activa tu herida de abandono, te pones la máscara de dependiente. Esta máscara te lleva a actuar como alguien que no se siente capaz de enfrentar las cosas por sí mismo y busca desesperadamente la atención o el apoyo de los demás. Te impulsa a quejarte, a ceder ante lo que sucede o incluso a asumir el rol de víctima para evitar que te dejen o para obtener más atención. A veces, puede llevarte a enfermar o a hacerte sentir indefenso/a solo para recibir el cuidado que crees necesitar.

TU EGO CONTRA TI

Te gusta proyectar la imagen de una persona independiente, destacando ante los demás lo bien que te sientes estando sola y que no necesitas a nadie, cuando en realidad eres todo lo contrario: dependiente.

TE CONVIERTES EN TU PEOR ENEMIGO/A

Cuando has sufrido abandono, sin darte cuenta, sigues alimentando esa herida cada vez que dejas a un lado un proyecto que te emocionaba, cuando te descuidas o no te das el tiempo que mereces. Es como si, en lugar de priorizarte, te fueras dejando caer. Además, al aferrarte demasiado a los demás, generas una especie de miedo o rechazo, lo que termina alejándolos y, de algún modo, volviendo a ese lugar de soledad que tanto temes. Incluso, sin quererlo, puedes hacer que tu cuerpo lo resienta, llevándote a enfermedades o malestares solo para sentir que alguien te cuida o te presta atención.

Es como si ese miedo al abandono te llevara, paradójicamente, a recrearlo una y otra vez en distintas áreas de tu vida.

EMPIEZAS A CICATRIZAR CUANDO

Te sientes a gusto contigo mismo/a, disfrutas de tu propia compañía y ya no necesitas estar constantemente buscando que otros te reconozcan. La vida se vuelve más tranquila, menos caótica. Empiezas a dedicarte a lo que realmente te apasiona, como cuidar de tu bienestar emocional o dar valor a las pequeñas cosas, que a menudo son las que realmente marcan la diferencia. Ahora, incluso si los demás no están de acuerdo o no te respaldan, sientes la confianza de seguir adelante por ti mismo/a, simplemente porque te nace del corazón.

PERMITIÉNDOTE SER TÚ MISMO/A

Detrás de tu máscara dependiente, ocultas a una persona capaz de satisfacer sus propias necesidades, distinguiéndote por:

- **Saber lo que quieres y deseas**, asumiendo una notable tenacidad y perseverancia en tus esfuerzos.

- **Ser firme en tus acciones**; actúas con determinación al tratar de alcanzar tus metas. En psicología, Angela Lee Duckworth se refiere a esto como el «coeficiente de agallas», que describe la combinación de pasión y perseverancia para alcanzar metas a largo plazo. Parte de la idea de que el éxito no se basa únicamente en el talento, sino en la capacidad de mantenerse comprometido y esforzarse a lo largo del tiempo.
- **Dominar el sentido del humor** para conectar con los demás, atrayendo así su atención de manera efectiva.
- **Tener un espíritu optimista**. Disfrutas de una alegría innata, lo que te convierte en una persona jovial y sociable que irradia bienestar.
- **Mostrar genuino interés por ayudar a otros**, ya que te importan y sabes cómo se sienten, gracias a tu gran capacidad empática.
- **Desarrollar tu intuición**, una vez libre de miedos.
- **Poseer habilidades creativas** que enriquecen tu vida personal y profesional.
- **Valorar tu introspección**, reconociendo tu necesidad de reconectar contigo mismo/a.

Ciara: La magnitud del amor es proporcional al miedo a la pérdida.
Juan: Pues yo tengo terror de perderte.

Ciara: Y yo también tengo pánico de perderte a ti

Juan: Pero estamos luchando para que no pase, ¿verdad?

Ciara: Sí, con todas nuestras fuerzas.

Cada uno de los recursos mencionados en el proceso de cicatrización de las heridas emocionales es aplicable a las demás. Así que elige aquellos que consideres útiles o con los que te sientas más alineado/a. Te iré mencionando otros más específicos para la herida que estemos ayudando a cicatrizar en ese momento; en este caso, la del abandono.

Partamos de la siguiente reflexión: ¿por qué te da miedo que se vaya alguien que nunca está?

Como persona dependiente, tiendes a fijarte en personalidades dominantes que te aportan lo que crees no poder ofrecerte a ti mismo/a. Pero ¿en realidad cubren tus necesidades o simplemente deseas que las cumplan, incurriendo en el autoengaño como mecanismo de defensa para poder sobrevivir al saberte no correspondido/a en el amor?

El miedo a que alguien se aleje para siempre, incluso si nunca está realmente presente, puede surgir de necesidades emocionales insatisfechas y de inseguridades internas. A menudo, este temor está relacionado con experiencias pasadas de abandono, rechazo o falta de apoyo emocional. La presencia, aunque sea simbólica, de esa persona puede llenar un vacío en ti, y su ausencia puede hacerte sentir más solo/a y vulnerable. Por eso, es esencial trabajar en tu autoaceptación y construir una autoestima fuerte para superar estos miedos.

Cuando conocí a Juan, era habitual escucharlo decir: «Es que me he sentido muy solo». Inconscientemente, sabía que no estaba solo, ya que no decía «Estoy muy solo», sino que lo que proyectaba era ese dolor por sentirse abandonado y vacío, a pesar de estar rodeado de gente. La soledad a la que se refería no era la que surgió de manera abrupta ante la noticia de que Otto quería separarse, sino que ya era uno de esos amigos con los que siempre viajas cuando, en realidad, no serían tu primera opción, preguntándote: «¿Por qué habré vuelto a invitarlo a venir conmigo?» La respuesta es evidente, ¿verdad? Para no sentirte solo/a.

Y es que él llegaba a evitar ir a casa cuando ninguno de los cuatro estábamos allí, porque era como si se le cayera encima. Siempre quiso sentirla como un hogar, pero ese hogar éramos los niños y yo. Por eso, las paredes no eran más que eso: algo que sostenía un techo sobre el que cobijarse, pero que no proporcionaban calor si no estaban pululando en su interior esas maravillosas luciérnagas con sus risas, sus gritos de euforia, sus correteos y toda la vitamina A, B y C que tomábamos siempre que teníamos oportunidad: Abrazos, Besos y Caricias.

Como ser social que eres, necesitas a los demás para crecer y sobrevivir. Pero eso no significa que tengas que estar rodeado/a de gente todo el tiempo. Es igual de importante que aprendas a construir relaciones sanas y que dediques tiempo a estar solo/a y conectar con tu yo interior.

A menudo, se le da una connotación negativa a estar solo, así que hablemos de la diferencia entre la **soledad** y la **desolación**.

La **soledad** deseada es esa intimidad que buscas para relajarte y sentirte bien contigo mismo/a. Piensa en esos momentos en los que tienes una discusión con tu pareja o sientes que necesitas un espacio para aclarar tus pensamientos. Tomarte un tiempo para estar a solas y reflexionar puede ser muy beneficioso. En esos instantes, no hay lugar para la tristeza o el desánimo, sino más bien para el entendimiento y el autoconocimiento, lo que, a su vez, puede fortalecer tu relación. Es algo que, por ejemplo, yo hago con frecuencia: la *autorregulación*, a través del recogimiento y la conexión con mi introspección.

Por otro lado, la **desolación** o la soledad no deseada proviene de una dependencia hacia los demás. Es la sensación de querer estar con tu pareja y no poder. Se trata de buscar que esta llene un vacío que tú mismo/a no has logrado llenar. Este fenómeno se relaciona más con emociones desagradables, como la tristeza, la nostalgia o la desesperanza, que pueden afectar tanto tu bienestar emocional como tu relación. Aunque Juan ya no se encuentra en este punto, sigue necesitando la *corregulación* para sentir que vuelve a recuperar el control emocional. Esto no es ni bueno ni malo; simplemente es.

En el último capítulo, abordaremos juntos la diferencia entre autorregulación y corregulación, para que puedas ver lo importante que es identificar las necesidades del otro, respetando al mismo tiempo las propias.

El maestro budista **Gueshe Kelsang Gyatso** dice que cuando tu paz interior es frágil, te cuesta mucho estar solo/a, aunque sea un ratito, y mucho más mantener esa soledad. Por el contrario, las cosas que te hacen sentir abandono o te causan rechazo y sufrimiento—como el ego, los apegos, la competitividad y las exigencias—son un montón, muy variadas y fuertes. Estas te dan oportunidades constantes para sentir dolor y frustración, lo que llamamos desolación.

¿Estás realmente listo/a para aceptar que eres libre de elegir cómo vivir tu vida?

Lo más importante en tu camino es que hay cosas que debes hacer solo/a: nacer, morir, madurar y lidiar con el dolor. Curioso, ¿verdad? Al final, vivir es algo que nadie más puede hacer por ti.

No se trata de encerrarte en una cueva, sino de conectarte contigo mismo/a: sentir, respirar, disfrutar del silencio y dejar de lado, por un instante, las responsabilidades y preocupaciones. Es una oportunidad para ser «tú».

Cuántas veces le habré escuchado a Juan decirme: «Para. Respira», cuando empiezo a echar por mi boca hasta las papillas que comí de bebé.

¿Has oído hablar del término **Masturdating**? Podemos traducirlo como «una cita contigo mismo/a». Disfrutar de tu propia compañía.

A pesar de lo ajetreada que puede ser la vida, no es tan difícil encontrar un ratito para estar contigo a solas. Puedes empezar a hacer cosas como ir a comer solo/a de vez en cuando, dedicarte una tarde a lo que te gusta o simplemente disfrutar de un baño relajante. Pregúntate cosas, conócete, descúbrete y quiérete... «¡MASTÚRDATE!» Te sentirás genial, porque solo tú puedes encontrar el equilibrio emocional que buscas. La respuesta está dentro de ti.

Entonces, ¿es saludable la soledad? ¡Sí, definitivamente! Aquí tienes algunos beneficios:

› La calma que trae la soledad ayuda a fijar tus recuerdos, haciéndolos más duraderos y precisos.

- Te ayuda a desarrollar la empatía, porque todos necesitamos momentos de introspección para encontrarnos.
- Estimula tu creatividad.
- Te da una sensación de libertad al tener control sobre ti mismo/a.
- Mejora tus relaciones sociales. Al conocerte mejor, te relacionas mejor con los demás, incluida tu pareja.
- Fortalece tu carácter e identidad.

Juan, en su camino para sanar la herida del abandono, lo más importante que ha logrado es transitar de un apego ansioso a uno seguro. Ha pasado de ser Peter Pan a Samwise Gamgee, el amigo leal de *El Señor de los Anillos*.

Peter Pan es representado como un personaje que tiene miedo a la intimidad y siempre busca atención. Evita crecer y comprometerse, lo que refleja esa inseguridad típica de quien tiene un apego ansioso. Dependiendo de los demás para sentirse bien, se pone celoso y ansioso si cree que puede perder a sus amigos.

Por otro lado, Samwise es fiel, confiable y siempre está listo para ayudar a su amigo Frodo en los momentos difíciles. Su capacidad de dar amor y apoyo incondicional, además de su confianza en sí mismo y en los demás, lo convierten en el ejemplo perfecto de un apego seguro:

- Seguro de sí mismo.
- Encuentra el equilibrio entre su autonomía y el mantener cubiertas sus necesidades afectivas. Es decir, da valor a la autoafirmación dentro de la unión, pero confía en que cuando se presenten dificultades en esta, se resolverán de manera positiva.
- Resulta fácil de conocer, dada su apertura.
- Es asertivo con su pareja, *oséase* yo, lo que le hace tener una buena comunicación al ser coherente con lo que piensa y siente, sin caer en conductas sumisas y/o agresivas.
- Muestra sus sentimientos sin problema.

Y créeme que no ha sido un camino fácil, más bien algo parecido a escalar el Everest sin haberte preparado previamente. ¡Jajaja!

El no haberle escuchado emitir queja alguna durante el proceso de toma de consciencia de este transitar, mientras trabajábamos juntos en la elaboración del libro, en definitiva, de nuestras vidas, me ha ayudado a dejar de presentar resistencia ante mi propia herida de abandono. Al igual que en el cuento de *El caballero de la armadura oxidada*, dejo que mis lágrimas oxiden mi armadura, la que yo misma he construido, permitiéndome así conectar con mi dolor a través de la exposición y el reconocimiento de mi vulnerabilidad.

Me emociona cuando me dice: «Es algo muy valioso para mí y me ha ayudado mucho porque veo cosas que estaba entendiendo de otra manera o directamente al revés», refiriéndose a este manuscrito. Esto nos reafirma en que, a pesar de la exposición pública a la que nos hemos sometido voluntariamente, fue una de las mejores decisiones que hemos tomado como pareja y ha valido mucho la pena.

Dicen que cuando el alumno está preparado, el maestro aparece; no sabría decirte en nuestro caso quién es quién, ya que seguramente ambos somos uno y otro en diferentes momentos del relato.

¿Te animas a empezar tu propia escalada? Comenzar por comprarte el equipo y calzarte las botas puede ser un buen punto de partida. No mires la cima, sino los pasos firmes que das, y procura disfrutar del camino, porque la libertad se encuentra al otro lado del miedo.

Por último, y no por ello menos importante, está cómo manifiesto yo mi herida de abandono: proyectando mi futuro con miedo, alejándome así de cubrir mis necesidades y de la persona que amo.

Juan: Y no es proyectar la culpa sobre ti, pero ya sabías lo que estabas comprando
Juan: Un R12 ranchera con un porrazo frontal.
Ciara: Muy bien, pues tendré que pensar si lo vendo, lo regalo o me lo quedo.
Juan: Tiene sus características, sus ventajas y sus inconvenientes.
Juan: Yo no lo tenía tan claro, pero me lo quedo.
Ciara: Claro, es cuestión de prioridades, está claro, depende de a qué le dé valor cada uno.
Juan: Creo que te he demostrado el valor que te doy, de palabra y de obra.
Juan: Aunque no lo haga tan bien como te gustaría.
Ciara: Sí, como generador de contenidos para el libro, en eso eres un 10.
Ciara: Gracias, cariño.
Juan: El día que entiendas lo mucho que te amo y que no me voy a ir a ningún sitio, dejarás de boicotear nuestra relación tratando de echarme. Y mira que cuando salga el libro me van a salir muchas fans, jajaja.

Ya lo sé, tiene más paciencia que un santo, hay que reconocérselo. Aguanta como un jabato, el pobre, y encima termina todo con amor y humor, una combinación perfecta.

Y es que, cuando tu pareja te deja claro que no se va a ninguna parte, es esencial para que la herida del abandono deje de escocer. Puede que te canses de que esa herida se infecte, pero si la otra persona está dispuesta a ayudarte a curarla, el proceso se hace más llevadero. Ante un: «¿qué pasa si la herida se vuelve a abrir?», una respuesta como: «te la volveré a cerrar» es el mayor gesto de amor que se puede hacer por alguien. ¡Qué suerte tener un médico en casa!

Eso sí, aviso a navegantes: mujeres de este planeta y del universo entero (lo siento, chicos, no es por excluirlos, es cuestión de gustos), este maravilloso ejemplar pertenece a mi coto privado de caza, así que no tenéis nada que hacer. ¡Jajaja!

Bromas aparte, sin pretenderlo, le infundo temor con la amenaza de irme o de no estar bien en la relación, cuando en realidad soy yo la que tiene pánico a ser abandonada, a no ser suficiente, a que nada de lo que me diga me valga, a... la lista puede ser interminable cuando entro en modo «voz de ultratumba». No hay espíritu maligno que pueda conmigo, porque soy la Reina del Mal y proyecto mis poderes principalmente sobre mí misma. ¿Masoca? También, ya lo vimos en la herida de la humillación.

Es duro reconocerlo, pero mirar hacia otro lado no hará que cambie la percepción que tengo de mí misma, de la relación, del mundo en general. Como él me dice, no es la realidad, al menos no la que él ve con sus ojos. Y sé que es cierto; una de sus mayores virtudes es que no miente, ni siquiera en lo más nimio. La forma de pillarle en un renuncio es hacerle una pregunta y que se quede en silencio. Nunca te dirá lo que quieres oír solo por agradarte, aunque a veces a una le gusta que le regalen los oídos, y otras veces pienso que hubiese sido mejor que hubiese mantenido su bocota cerrada con tanta sinceridad ¡Jajaja!

Así que voy a dedicarme a mí misma, como cierre de este proceso de cicatrización, la canción «Solo para ti» de La Otra, en colaboración con María Ruiz y Eva Sierra. Espero que te guste y te la cantes en voz alta.

Todo en la vida se acaba,
lo bueno y lo malo son días que pasan.
Confía en tu fuerza,
recuerda los mares
que ya aprendiste a navegar.

Tú sabes, tú puedes, tú vales,
lo canta la tierra que pisan tus pies

Dejar que se muera lo viejo
es dar la mano
a tu miedo a caer.

Deja que te duela
lo que tenga que doler,
que eso que te inunda el pecho
no se puede retener.
No encierres la vida que corre
por debajo de tu piel,
deja que pase el invierno
y mírate reverdecer.

Y el coraje que siempre derramas
ojalá te lo dedicaras,
ojalá verte como una niña
cosiéndole plumas de viento
a sus alas,
solo para ti.
Solo para ti.

[...]
Te quiero si dices que no,
te quiero si dices que sí,
te quiero si vienes conmigo
y te quiero si vuelves a ti.

Te quiero, aunque a ratos te olvides,
te quiero aunque vuelvas a huir
Ya casi te veo ofreciéndote el hogar
que regalas
por ahí.

Y que en él haya un cuarto
de mar y de sol, de perfumes
de selvas, raíces y bailes,
de luna y caricias,
solo para ti.
Solo para ti.

CICATRIZ DE LA HUMILLACIÓN

HACIENDO MEMORIA

Cuando la herida de humillación se activa, te pones la máscara del masoquista. Esta máscara te hace ignorar tus propias necesidades y te lleva a centrarte en las de los demás, intentando ser esa persona generosa y servicial que siempre está lista para ayudar, incluso a costa de tus propios límites. Terminas asumiendo las responsabilidades de quienes no pueden cumplir con lo que les toca, a menudo antes de que te lo pidan. Te esfuerzas por ser útil, porque eso te ayuda a evitar la sensación de humillación.

A pesar de que la libertad es algo que valoras, encuentras la manera de no experimentar esa libertad. Cada vez que tus acciones están impulsadas por el miedo a sentir vergüenza o humillación, estás portando la máscara.

TU EGO CONTRA TI

Te cuentas a ti mismo/a que todo lo que haces por los demás te hace sentir genial y que, en el fondo, estás cuidando tus propias necesidades. Eres experto/a en decir y pensar que todo está bien, incluso cuando las cosas no son así. También te las ingenias para justificar a las personas o situaciones que te hacen sentir menos.

TE CONVIERTES EN TU PEOR ENEMIGO/A

Cuando sientes humillación, te haces daño cada vez que te menosprecias, te comparas con los demás y te echas la culpa de todo, como si no fueras lo suficientemente bueno/a o si no tuvieras fuerza de voluntad. A veces, hasta te humillas usando ropa que no te queda bien o que no te hace sentir cómodo/a. También le haces un flaco favor a tu cuerpo dándole más comida de la que realmente necesita, y eso solo te genera molestias. Además, asumes las responsabilidades de los demás, lo que te roba tiempo y espacio para cuidar de ti mismo/a y ser libre.

EMPIEZAS A CICATRIZAR CUANDO

Te das un tiempo para entender lo que realmente necesitas antes de pensar en los demás. Te quitas peso de encima y te sientes más libre. Dejas de ponerle límites a tu propio bienestar. Ahora puedes hacer preguntas y afirmarte sin sentir que estás molestando a nadie.

PERMITIÉNDOTE SER TÚ MISMO/A

Detrás de tu máscara masoquista se esconde una persona valiente y aventurera, con un montón de habilidades para moverte en diferentes situaciones. Estas son algunas de las cosas que te hacen destacar:

- **Sabes lo que necesitas** y te aseguras de respetarlo.
- **Te importa lo que necesitan otros** y también respetas su libertad.

- **Eres un/a excelente mediador/a y conciliador/a**, y te esfuerzas por ser imparcial.
- **Tienes un espíritu alegre**, disfrutas de la vida y haces que la gente se sienta a gusto.
- **Eres generoso/a**, siempre dispuesto/a a ayudar y a pensar en los demás.
- **Eres un buen organizador/a** y sabes reconocer los talentos de quienes te rodean.
- **Te permites sentir placer** y disfrutas de tu sensualidad.
- **Tienes mucha dignidad** y no sientes miedo de mostrar tu nobleza.

Ciara: Llevo desde ayer llorando, respirando y hablándome a mí misma frente al espejo para poder seguir: «tranquila», «esto pasará», « tú puedes», «tu hija te necesita».
Juan: ¿Y por qué no quieres hablar conmigo?
Ciara: Para no hacerte más daño.
Juan: A veces soy torpe y digo tonterías, pero habitualmente soy útil.
Juan: Me hace más daño el silencio.
Ciara: El silencio te protege de los ataques.
Ciara: Aunque efectivamente a veces dices tonterías, yo debería reaccionar como lo que son, tonterías.

Reconocer que te haces daño a ti mismo/a o que no has gestionado una situación de la manera más adaptativa posible es lo que te liberará de llevar la máscara del masoquista, permitiendo así que tu pareja no personalice tus ataques y pueda ver la herida con cierta distancia. Esto le permitirá centrarse en lo que necesitas para empezar a cerrarla, y aquí Juan cose de maravilla, como el excelente cirujano que es.

La clave que te ayudará a conseguir una preciosa cicatriz tras la herida de la humillación será aprender a establecer límites saludables. Esa que, al mirarla, digas: «No quiero borrarla, porque me recuerda la fortaleza que he encontrado en mi camino hacia la sanación». Una mirada al pasado que, lejos de condenarte, te muestra que esa persona también eres tú y que tienes que aprender a validarte y amarte en toda tu esencia.

Eres un ser social y necesitas relacionarte con los demás para desarrollarte y sobrevivir. Mantener relaciones personales sanas te permitirá disfrutar de una vida emocionalmente estable. La mejor manera de lograrlo es permitiéndote expresar lo que piensas y sientes, amar sin imposiciones, estableciendo acuerdos comunes con tu pareja que fortalezcan vuestra unión.

También resulta fundamental respetar las opiniones, valores y creencias de los otros, sin perder tu propia identidad.

El problema surge cuando eres demasiado permisivo/a y comienzas a priorizar las necesidades de los demás sobre las tuyas propias. Esto indica que no sabes establecer límites en tus relaciones y puede convertirse en un gran «¡Sálvese quien pueda!» cuando ocurre dentro de la relación de pareja.

¿Prefieres estar solo/a? ¿Sientes que las personas se aprovechan de ti? ¿Nadie te escucha? ¿No sabes decir que no cuando te piden algo? ¿Consideras que nadie te quiere ni te valora? Si tu respuesta es sí, ha llegado el momento de cambiar.

Quizás no sepas hacia dónde ir, pero el malestar te deja claro dónde no volver, ¿verdad? Así que empieza por ahí: di que no a algunas cosas para poder decir sí a aquellas que vayas descubriendo que se alinean con lo que eres, quieres y disfrutas.

Si has leído *Si aprieta, no es de tu talla*, conocerás el **Test syllabus horrorum o Catálogo de horrores**, una prueba diseñada por el **Doctor Piñuel** con el objetivo de identificar los horrores que has vivido en las relaciones de pareja, aprender de ellos y no permitir que nadie más te trate así. Consiste en 37 ítems que te indican el nivel de insalubridad de la relación: por cada «sí», un punto. A mayor puntuación, mayor nivel de insalubridad y mayores secuelas psicológicas tendrás que enfrentar. Para no enumerar todos los ítems, algunos de los más significativos de nuestras respectivas relaciones con Otto y Gandhi son:

Juan (Otto):

- No está a tu lado en los momentos difíciles personales, de crisis u otros, incluyendo cuando pueda estar enfadado/a.
- Piensa que quien se preocupa por el otro es alguien débil, o dependiente, o blando o despreciable.
- Simula y llora lágrimas de cocodrilo sin presentar emociones genuinas.
- No respeta tus espacios, tu intimidad, tus pertenencias personales.
- Se agobia o molesta cuando le pides el menor favor.
- Le gusta presumir de su capacidad de leer gestos, dominar la comunicación no verbal, la mirada, y de manipular a la gente gracias a todo ello.
- Tiende a crear el caos desde el momento que le aburre la rutina y la vida de todos los días.

- Nunca te apoya en lo que haces, y parece menospreciar todos tus puntos de vista por sistema.
- Te bombardea de amor al principio para pasar después a darte caña, desvalorarte, triangular con otros y traicionarte.
- Nunca juega en equipo como compañero leal a tu lado y siempre tiene su agenda encubierta con fines egoístas e intereses particulares.

Ciara (Gandhi):

- No asume la más mínima responsabilidad respecto a la vida de pareja (gastos, limpieza, consumos, facturas).
- No se preocupa por cosas que te atañen, fechas de aniversarios, cumpleaños, etc.; no te obsequia o corresponde con reciprocidad a lo que tú haces por él/ella.
- Nunca se siente culpable por nada, ni responsable por nadie.
- Se alinea con otros en tu contra y te menosprecia o habla mal a tus espaldas.
- Intenta envenenar a otras personas contra ti cuando eso le conviene.
- Invade tus límites personales sin respetarlos a pesar de tus protestas.
- Crea dolorosas situaciones de ansiedad recurrentemente.
- Vive parasitariamente de ti, aprovechándose de tu trabajo, tu esfuerzo, tu dinero, tu apoyo social o profesional. No solo no lo agradece, sino que te desprecia por ello. Siente que todo eso se le debe porque sí, y no siente ninguna gratitud o reconocimiento a lo que haces por él/ella.

¿A que te gustan nuestras piedras preciosas? Tenemos para montar una joyería de lujo en la milla de oro de cualquier gran ciudad que se precie.

Pero, lo dicho, empezar por decir NO a repetir estas experiencias ya es un gran paso a tener en cuenta.

¿Y para cuándo un SÍ? Conozcamos cómo se forja un límite saludable:

- Explica lo que te molesta de manera tranquila y reflexiva, entendiendo que tu pareja puede no pensar lo mismo que tú.
- Mantén un balance sano entre lo que das y lo que recibes, sin sentirte obligado/a o culpable por ello.

- Aprende a diferenciar tus propias emociones y sentimientos de los ajenos, estableciendo así una prioridad sobre lo que piensas y no sobre lo que esperas de tu pareja.
- Di «no» cuando consideres que tu pareja está siendo abusiva o irrespetuosa contigo.
- Aprende a negociar, recordando que la flexibilidad debe estar presente en todo proceso de negociación.
- Ni el bueno es tan bueno, ni el malo es tan malo. Reconoce las conductas propias y ajenas, sean aceptables o no.
- No seas rígido/a en el trato, ya que podrías estar cometiendo un error. El diálogo siempre será la mejor vía hacia el entendimiento.
- Sé respetuoso/a con los pensamientos, valores, creencias, opiniones, emociones y sentimientos, tanto propios como ajenos.

¿Quiere decir esto que siempre que pongamos límites el resultado obtenido será el esperado? La respuesta es NO. Sin embargo, la actitud con la que enfrentes esos límites sí tendrá un peso importante en tu proceso de bienestar y en la salud emocional de tu relación de pareja.

Dado que el tema de la alimentación aparece en todas las heridas, y cuando te pones las máscaras a menudo recurres al **hambre emocional** —como hablamos al identificar los mecanismos de defensa—, ahora quiero centrarme en cómo superarlo. Esto es especialmente importante en la herida de la humillación, donde se nota más, y es clave que lo atiendas para que tu proceso de cicatrización se complete. Pero antes, un pequeño recordatorio:

El hambre emocional es aquella que te lleva a comer cuando, en realidad, lo que necesitas es un abrazo, llorar o explicarle a tu pareja por qué te ha dolido algo que ha hecho. En definitiva, ocurre cuando la comida es la única salida que conoces para aliviar la ansiedad o disipar el sentimiento de malestar, dolor o vacío.

Es esencial que abordes este tema desde una perspectiva multidisciplinaria, ya que existe una relación disfuncional de origen psicoemocional con la alimentación. Para trabajar este aspecto de manera eficaz, es necesario prestar atención a tu **esfera emocional**: identificar las raíces de tu sufrimiento y carencias, y desarrollar estrategias más efectivas que recurrir a la ingesta para gestionar la ansiedad o los sentimientos dolorosos cuando surgen. También es importante centrarte en el **ámbito nutricional**, reconectando con tus señales de hambre y saciedad mediante la adquisición de conocimientos sobre nutrición y su aplicación práctica. Una alimentación adecuada y la **reeducación de hábitos** pueden tener un impacto positivo significativo en tu salud en todos los niveles.

Tener en cuenta las hormonas es fundamental, ya que juegan un papel crucial en nuestras emociones y comportamientos. Esto es especialmente relevante en mujeres a partir de los 40 años, como es mi caso, cuando la disminución de estrógenos puede estar relacionada con estados depresivos, apatía o ansiedad, que a veces se compensan con la comida. Por ello, es vital darle a este aspecto la importancia que merece.

Nuestros intestinos no solo se encargan de la digestión, también están llenos de pequeños «inquilinos» como bacterias, hongos y parásitos, que juegan un papel clave en nuestra salud. A este conjunto de organismos se le llama la microbiota intestinal, y prestarle atención es esencial para sentirnos bien. No todos esos bichitos son malos; de hecho, muchos nos ayudan a que todo funcione correctamente en el sistema digestivo.

Por tanto, la cantidad, tipo y variedad de bacterias que tengamos en nuestro intestino influye directamente en nuestra salud física (como el sistema inmunológico, digestivo y nervioso), en cómo metabolizamos los alimentos y hasta en cómo nos sentimos emocionalmente. Dependiendo de las bacterias que predominen, absorberemos los nutrientes de manera diferente, nos sentiremos llenos más rápido o tendremos más o menos antojo de dulces. Además, estos microorganismos están en constante comunicación con nuestro cerebro, un vínculo que los científicos llaman el **eje intestino-cerebro**, que también afecta nuestra salud mental.

Sorprendentemente, el 90 % de la serotonina, esa sustancia que nos hace sentir bien, se produce en el intestino, no en el cerebro como muchos piensan. Además, el 50 % de la dopamina, otro químico clave para el bienestar, también se libera a través de células en el intestino, las mismas que ayudan a producir GABA, un neurotransmisor que influye en cómo nos comportamos y en nuestro estado de ánimo.

Estos neurotransmisores están directamente relacionados con sensaciones de bienestar, calma y relajación. Por eso, cuidar de tu salud intestinal no solo te ayudará a digerir mejor los alimentos, sino que también puede ser un gran aliado en el manejo de la depresión y la ansiedad.

Para cuidar tu salud intestinal y mental, lo primero es reducir los alimentos ultraprocesados, como la bollería industrial, los azúcares refinados y las grasas trans, que dañan tu microbiota. Luego, apuesta por una dieta equilibrada, rica en fibra, agua, vitaminas, grasas saludables y proteínas de calidad, que te ayude a sentirte saciado/a y nutrido/a.

Incluye alimentos que favorezcan la producción de dopamina y serotonina, como frutos secos, semillas, legumbres, frutos rojos, avena, té verde y chocolate puro. Además, cuida a tu microbiota con prebióticos (fibra), polifenoles (antioxidantes) y probióticos (fermentados).

Por último, algunos aspectos importantes para tener en cuenta para cuidar tu salud mental y física son:

› **Moverse**. Hacer ejercicio no solo mejora tu cuerpo, sino que también eleva el ánimo, ya que libera las «hormonas de la felicidad» y reduce el estrés.

› **Descansar bien.** Dormir lo suficiente es clave para que tu cuerpo funcione bien y te sientas mejor.

› **Conectarse con la naturaleza.** Pasar tiempo al aire libre ayuda a reducir el estrés y a sentirte más en paz.

› **Rodearse de gente positiva.** Las relaciones sociales saludables son vitales para tu bienestar emocional.

Si has llegado hasta aquí sin haber repasado el resto de los procesos de cicatrización, te invito a leerlos. En ellos encontrarás recursos que te resultarán de gran utilidad, y como masoquista, ya sabemos que sentirte útil es una de las cosas que más te gustan, ¿verdad? Permíteme la ironía; trato de rebajar la tensión recurriendo al sentido del humor (guiño de ojo).

CICATRIZ DE LA TRAICIÓN

HACIENDO MEMORIA

Cuando experimentas la herida de traición, sueles adoptar la máscara del controlador, una forma de protegerte que te lleva a desconfiar de los demás y a ser más escéptico/a y defensivo/a. Te vuelves más autoritario/a, pero a la vez mantienes una apariencia de tolerancia, impulsado/a por las expectativas que pones en los otros. Tratas de mostrar fortaleza a toda costa, proyectando la imagen de alguien que no se deja influenciar fácilmente y que siempre toma sus propias decisiones.

Esta máscara de control puede llevarte a hacer lo necesario para preservar tu imagen, incluso si eso implica mentir o distorsionar la realidad. Con tal de que los demás te perciban como una persona de fiar, es fácil que dejes de lado tus propias necesidades, centrándote más en cómo los otros te ven que en lo que realmente sientes o necesitas. Así, te presentas como una persona segura y firme, aunque en el fondo puedas dudar de tus propias decisiones o acciones. La paradoja es que mientras tratas de mantener esa fachada de control, puedes perder de vista tu verdadero bienestar.

TU EGO CONTRA TI

Como controlador/a, estás completamente seguro/a de que siempre dices la verdad, de que cumples con lo que prometes sin excepción, y de que no le temes a nadie.

TE CONVIERTES EN TU PEOR ENEMIGO/A

Alimentas tu herida engañándote a ti mismo/a, convenciéndote de creer cosas que no son ciertas y dejando de cumplir los compromisos que tienes contigo. Te castigas asumiendo todas las responsabilidades, ya que no confías en los demás y evitas delegar. Y si llegas a delegar, te involucras tanto en asegurarte de que los otros hagan exactamente lo que esperas, que al final no disfrutas ni te relajas en el proceso. Este control constante refuerza el ciclo de desconfianza y autoexigencia, alejándote de tu propio bienestar.

EMPIEZAS A CICATRIZAR CUANDO

Tu herida de traición empieza a sanar cuando ya no te afectan tanto las emociones del momento o cuando algo altera tus planes y eres capaz de adaptarte con más facilidad. Ceder deja de ser una lucha, porque poco a poco aprendes a soltar la necesidad de que todo salga exactamente como lo habías previsto. Ya no te sientes obligado/a a ser el centro de atención y, cuando logras algo importante, te sientes bien contigo mismo/a, incluso si no recibes reconocimiento externo. Disfrutas más del proceso, sin estar tan atado/a a los resultados.

PERMITIÉNDOTE SER TÚ MISMO/A

Debajo de tu máscara de controlador/a, se ocultan cualidades propias de un verdadero líder. Destacas por:

- Transmitir fuerza, brindando seguridad y protección a quienes te rodean.
- Ser talentoso/a, sociable y con una capacidad innata para conectar con las personas.
- Tener habilidad para hablar en público con confianza y claridad.
- Reconocer y valorar el potencial en los demás, ayudándolos a ganar confianza en sí mismos.
- Saber delegar, lo que fomenta que otros se sientan valorados y responsables.
- Percibir rápidamente el estado emocional de quienes te rodean y hacer que las situaciones sean más llevaderas.
- Adaptarte con facilidad a diferentes escenarios, manejando varias tareas al mismo tiempo sin perder el control.
- Tomar decisiones con rapidez y seguridad, rodeándote de las personas adecuadas para avanzar hacia tus metas.
- Lograr grandes hazañas en distintos ámbitos, gracias a tu enfoque y determinación.
- Confiar en tu fuerza interior, lo que te permite ser flexible y adaptarte a lo que el momento requiere.

Justo hace unos minutos, me ha llegado un correo de la editora con cuatro propuestas de portada para este libro. Queda poco para la entrega, y la maquinaria se ha puesto en marcha, por lo que debemos empezar a tomar decisiones. Aprovechando esta circunstancia, he podido observar en mí que, a pesar de que estas semanas han sido muy duras y el proceso de diseño y redacción ha sacado a flor de piel heridas conocidas y por conocer, la seguridad, confianza y claridad con la que he defendido la opción escogida me ha sorprendido. Esto es señal de que mis heridas están comenzando a desinflamarse y permitiendo que el proceso de cicatrización siga su curso.

Aquí, mi perfeccionismo y autoexigencia me juegan a favor, ya que en lo profesional siempre me he sentido más fuerte. Aunque he hecho un sondeo familiar para conocer la opinión de los demás, incluida la de Juan, solo he coincidido con una persona, que por cierto no ha sido él (cualquiera diría que se ha leído el libro, ¡jajaja!). Pero eso no me ha hecho dudar; más bien, he defendido con liderazgo el porqué de la portada que hoy tienes en tus manos, y espero que te haya gustado. Que mi decisión algo haya tenido que ver con que hoy lo estés leyendo.

La emoción que más predomina en la herida de la traición es la **ira**. Esta se manifiesta cuando sientes que algo se interpone entre tú y tus objetivos, o cuando consideras que se ha cometido una injusticia. Como puedes ver, la intensidad de esta emoción alberga otras heridas, pero nos centraremos en la traición. Recuerda que cualquier recurso de las heridas anteriores puede aplicarse a tu herida en particular.

La ira en sí, como cualquier otra emoción, no es ni positiva ni negativa, sino adaptativa, ya que te avisa de que algo debe cambiar y te motiva a trascender aquello que te produce malestar. Disminuye el miedo y te aporta la energía necesaria para actuar. Por tanto, en sí misma no es un problema, pero mal gestionada puede ser peligrosa, ya que puede llevarte a actuar de manera hostil y agresiva.

Lo mejor siempre será prevenirla, por lo que, antes de perder los nervios, es mejor no dejar acumular lo que te molesta. Si no lo haces, serás como una olla exprés que va acumulando presión y corre el riesgo de explotar. Cuando la situación ya te ha desbordado y te sientes invadido/a por la ira, poco puedes hacer, ya que la emoción es tan intensa que pierdes el control.

También es muy importante cuidar el descanso y las demás necesidades básicas. Cuando tienes sueño o estás hambriento/a, es mucho más fácil que te saquen de tus casillas. Procura bajar tu nivel de activación en algún momento a lo largo del día. Puedes ayudarte de técnicas de respiración, meditación o cualquier actividad que te relaje, como un buen baño.

En cuanto notes las primeras señales de que puedes perder el control, por ejemplo, durante una conversación con tu pareja, lo mejor será alejarte de lo que te está alterando, antes de que digas o hagas algo de lo que luego puedas arrepentirte. Esto no debe confundirse con la herida del rechazo y su máscara de huida, sino que es una respuesta condicionada en pro de encontrar un momento mejor para abordar esa conversación de un modo más saludable. Eso sí, debemos asumir la responsabilidad afectiva de decirle a nuestra pareja lo que nos está pasando y por qué hemos tomado la decisión de aparcar el tema hasta habernos regulado. Así evitaremos que esta empiece a distorsionar la realidad y que la tensión entre ambos aumente.

Juan: Todo eso lo entiendo.

Juan: Ya sé que es difícil.

Juan: Pero intenta dejar ese tema de momento.

Tampoco es conveniente darle vueltas a lo que te ha enfadado, porque te enfadarás aún más. Entrarás en una especie de bucle negativo del que te costará mucho salir. Deja de «rumiar»; es mucho mejor para la salud.

Después de cada episodio de ira, es útil hacerse preguntas como: ¿estoy ante una situación injusta? Si es así, busca el momento idóneo para comunicar tu malestar con asertividad, sin recurrir a la violencia. También puedes preguntarte: ¿algo o alguien me impide conseguir mis objetivos? En este caso, plantea: ¿son mis objetivos realistas? ¿Son realmente lo que quiero? ¿Tengo alguna manera alternativa de conseguirlos?

A esta herramienta se le llama **debate del pensamiento**. Antes de explicarte en qué consiste, debes tener en cuenta algo: no resulta tan efectiva cuando estás metido/a de lleno en aquello que te produce malestar; es decir, cuando los pensamientos están disparados y el corazón va a mil por hora, no disponemos de la suficiente claridad mental para sacarle provecho. Por ello, debes empezar a practicarla en momentos donde no sientas tanto dolor. Verás que, a través de la práctica, la constancia y la perseverancia, los pensamientos irán haciéndose cada vez menos pesados, liberándote de aquellos que te resultan limitantes e interpretando la realidad de manera más satisfactoria, lo que te hará sentir mejor.

Ahora sí, el debate del pensamiento te enseñará cómo cambiar las interpretaciones que te producen esas consecuencias emocionales adversas y cómo te afectan a la hora de actuar ante el malestar. Es decir, te enseña a tener control sobre ellas y a modificarlas para sentirte mejor, pensando de un modo más constructivo, sano y realista.

Consta de tres pasos:

1. Aprender a identificar tus pensamientos automáticos negativos (creencias limitantes y distorsiones cognitivas).
2. Cuestionar tu pensamiento.
3. Cambiar tu pensamiento irracional por otro más adaptativo.

La finalidad de este cuestionamiento es encontrar la razón real de por qué la situación que estás viviendo ha activado tu herida emocional. Es decir, qué hay más allá de la emoción de la ira, que generalmente suele ser el miedo. Pero ¿miedo a qué? Eso es lo que tienes que averiguar, para así poder abordar la herida y dejarla cicatrizar.

Por tanto, como puedes ver, el manejo de la ira implica cambiar la manera de ver las cosas. Adoptar el punto de vista del otro te permitirá comprenderlo mejor y reducir la probabilidad de que ambos os enfadéis. Lo que de toda la vida se llama empatizar.

También puede ayudarte dejar de interpretar las relaciones humanas en términos de ganar o perder, evitando así entrar en una lucha de egos, ya que, en la mayoría de las situaciones, todos ganamos o perdemos. ¿Recuerdas que tus heridas son tu ego haciendo «toc toc» en la puerta?

Te enseño un pequeño ejercicio que puede resultarte útil: ponte de pie con los ojos cerrados y la cabeza inclinada hacia el suelo. En esta posición, visualiza mentalmente una situación que te haya generado ira. Dedica un momento a concentrarte en lo que sucedía en esa situación y en cómo te hacía sentir. Presta atención a las sensaciones que experimentas; por lo general, la respiración se acelera o se vuelve irregular, y sientes un malestar que te invade, haciéndote sentir incómodo/a.

Ahora, manteniendo los ojos cerrados, levanta la cabeza y mira hacia el techo, con el torso erguido. ¿Qué ha sucedido? Seguramente esa sensación de malestar se ha disipado, ¿verdad? Observa lo fácil que es corregir el malestar con solo un cambio de postura corporal.

Para completar el proceso de cicatrización, necesitarás trabajar en el **perdón y sus siete etapas**. ¿Las descubrimos juntos?

Primera etapa: tomar consciencia de tus emociones y de las acusaciones que pueden surgir

Lo primero que tienes que hacer es identificar qué herida se ha activado. Darte cuenta de que esta herida es parte de ti te abre la posibilidad de encontrar la solución más rápidamente.

Será clave que reconozcas cuándo tu ego está tomando el control. Si no estás seguro/a de si tu ego es quien está a la cabeza, pregúntate: «¿Estoy sintiéndome en paz, feliz y satisfecho/a ahora? ¿O hay algo que me genera incomodidad?». Continúa reflexionando: «¿Qué emociones están surgiendo en este momento? ¿Dónde las percibo en mi cuerpo? ¿Qué es lo que me causa temor? ¿Qué es lo que realmente me inquieta en esta situación?». Aquí es donde entra el debate del pensamiento que te mencioné antes.

Ver hacia quién van tus juicios o críticas también puede darte pistas sobre qué herida se está activando, y no te olvides de incluirte en la búsqueda. Después, la forma en que reacciones para proteger esa herida te ayudará a descubrir la máscara que estás usando.

Por ejemplo, en el caso que nos ocupa, si acusas a alguien de estar enfadado, puede ser una señal de que estás lidiando con la herida de traición; aquí, tu máscara de controlador está en juego. Esa ira o rebeldía puede salir a la superficie o quedarse dentro de ti. Pero, aunque decidas guardarla y planear una venganza o posponer una charla difícil, el dolor seguirá ahí. Reprimir esos sentimientos solo genera más sufrimiento interior y puede hacer que el problema crezca si tardas demasiado en expresarlo.

Segunda etapa: asumir la responsabilidad

Superar esta etapa es un gran paso. En el momento en que logras identificar qué miedos están ligados a tu ego y te das cuenta de que esos mismos miedos han distorsionado tu percepción de la realidad, comienzas a avanzar. También tienes que reconocer que es tu ego el que ha creado esas expectativas poco realistas sobre tu pareja, ya que estamos trabajando sobre el de la relación afectiva.

Ser responsable implica aceptar que nadie está en tu vida para cumplir tus expectativas, que en realidad provienen de tu falta de amor propio.

Asumir la responsabilidad puede llevar tiempo y requiere que te muestres respetuoso/a contigo mismo/a y con tu proceso. Esto es un signo de madurez emocional. Así que no te desanimes; tienes el potencial para lograrlo. Cuanto más profunda es la herida, más influencia ejerce el ego y más esfuerzo necesitarás para ver la situación desde una perspectiva más compasiva.

Tercera etapa: buscar la reconciliación con el otro

Ahora que has logrado sentir ese miedo que llevas dentro y has identificado tus expectativas, la próxima fase, que es la reconciliación, será mucho más fácil de afrontar. Una buena estrategia es mirar a tu pareja como si fuera un espejo que refleja tus propios sentimientos.

El concepto del espejo implica que puedes observar cómo las acciones de esta te revelan cosas sobre ti mismo/a. No tienes por qué compartir tus reflexiones con ella si no te apetece; es un proceso personal. Se trata de ser sincero/a contigo mismo/a y explorar quién eres realmente.

Voy a tomar como ejemplo mi comportamiento en relación con mi herida del rechazo. Como sabes, la herida de la traición no está presente en la historia de vida de mi relación con Juan, y considero que siempre será más adecuado partir de algo vivido en primera persona, porque así se entenderá mejor el proceso del perdón, que, en definitiva, es lo que te interesa, ¿verdad?

Cuando se activa mi herida del rechazo, le acuso de no valorar el enorme sacrificio que hago al dejar mi vida atrás. Siento que es injusto, egoísta, desconsiderado y poco empático, especialmente teniendo en cuenta todos mis esfuerzos por integrarme en su vida, su círculo social y su situación familiar y laboral.

Me siento rechazada, poco apreciada y no amada. Al mismo tiempo, tengo miedo de que me vea como egoísta por enfocarme solo en mis necesidades, ignorando las suyas, y lo que está pasando a su alrededor. Me asusta pensar que podría pensar que soy una mala persona por no considerar sus sentimientos, o que soy cero empática, a pesar de ser psicóloga.

Admito que necesito que me muestre su amor, a menudo porque estoy aterrada con el cambio, y la posibilidad de volver a estrellarme con una relación se repite una y otra vez en mi cabeza.

Al tomar responsabilidad por mis acciones, empiezo a darme cuenta de que muchas veces Juan pudo acusarme de lo mismo o algo parecido. Es posible que él también haya sentido lo mismo que yo y que, aunque nos ha costado, ambos hemos admitido que tenemos miedos similares. Además, me doy cuenta de que Juan también tiene sus propias expectativas, y en su momento reaccionó de una forma poco efectiva porque no sabía cómo enfrentarlas ni cómo hacer para ayudarme. Afortunadamente, hablo de su proceso de cicatrización en pasado porque ha podido completarlo y se encuentra en paz consigo mismo. Esto me ayuda mucho a seguir transitando el mío sin tanta presión.

Cuarta etapa: concederse el propio perdón

Esta es la etapa clave y la que me asegura, en principio, que no voy a pasar por lo mismo con mi pareja; de algo me tiene que servir la toma de consciencia.

Para lograrlo, necesito darme el permiso de haber culpado a Juan, entendiendo que todo ese comportamiento complicado al inicio de la relación venía de sus propias expectativas y miedos. También tengo que reconocer que, como mis heridas aún no sanan, quizás estoy actuando un poco como el Juan de aquellos primeros días, el mismo al que tanto he criticado.

Ambos llevábamos el peso de nuestras heridas de rechazo e injusticia y hemos portado sus máscaras asociadas de huidizos y rígidos, en un momento u otro. La gran diferencia es que ahora él ha dejado atrás esas actitudes y yo todavía no, por eso seguramente me entiende y me apoya lo mejor que puede, pero ya no se toma mis ataques de forma personal como antes.

Tengo que aceptar que soy humana y que, por tanto, mis heridas se pueden despertar fácilmente. Reconozco que busco el amor de Juan porque en el fondo no me quiero lo suficiente. Cuanto más aprenda a amarme y a aceptar que no siempre voy a ser la mejor pareja, menos expectativas tendré sobre nuestra relación y sobre él.

Siendo honesta conmigo misma, aceptar quién soy no siempre me resulta sencillo. La verdad es que cuando empiezo a darme cuenta de que Juan también sufre como yo, esa herida del rechazo se activa y me quedo atrapada en un bucle, como Phil, protagonista de *El Día de la Marmota*, viviendo el mismo día una y otra vez. Al principio, Phil lo aprovecha y disfruta de todo sin pensar en las consecuencias. Pero, con el tiempo, esa repetición se vuelve un verdadero embrollo, y empieza a reflexionar sobre su vida y sobre cómo trata a los demás.

Si sigo llevando la máscara de huidiza, me sentiré cada vez peor. No podré llegar al final de las etapas ni hablar con Juan, sin miedo, o con «Juan sin miedo», haciendo una analogía con la obra de teatro infantil del mismo nombre. Esa que narra la vida de un niño llamado Juan que, a pesar de experimentar miedo como cualquier persona, enfrenta sus temores de una manera única y valiente, al igual que el protagonista de mi historia de amor.

Mi ego siempre encontrará formas de hacerme dudar y evitar seguir adelante con el perdón. Por eso, es esencial que reconozca que soy humana, con mis propias heridas y miedos. Necesito darme el tiempo que requiero para procesar todo esto, sin prisas. Con el tiempo, podré sentir compasión por esa niña que llevo dentro y que teme no ser querida. Al darme cuenta de que este miedo ha estado con ella durante tanto tiempo, comprendo que no tiene que justificarse por cómo actúo con Juan. En el fondo, ella sabía que no podía comportarse de otra manera porque no tenía idea del gran miedo que la controlaba.

Y es que, antes de mi relación con él, sabía que estaba tocada emocionalmente, pero esas emociones estaban como en letargo. Al volver a enamorarme, comenzaron a salir de manera descontrolada, y la toma de consciencia de ello llegó a colapsarme. Sigo aún en proceso de cicatrización.

Quinta etapa: reconstruir el vínculo con la persona que causó la herida

El vínculo de sanación debe comenzar con la persona que causó la herida, es decir, con la fuente de esta, y no con Juan, ya que la herida existía antes de que él llegara; solo se activó cuando volví a sentir amor.

Debo averiguar el origen de todo, qué provocó la herida inicial, y eso va mucho más allá de las relaciones afectivo-sexuales que he tenido antes de mi relación con él.

Soy consciente de que parte de mis heridas provienen de la infancia, cuando tomé consciencia de manera abrupta de que el mundo no era tan inocente ni tan ideal como lo veía a través de mis ojos de niña. Esto derivó en dificultades en mis vínculos con mis padres, sintiendo de manera más aguda lo que consideraba la ausencia afectiva de mi madre, cuya conexión nunca fue como yo hubiese deseado. Afortunadamente, en la actualidad, estoy logrando cicatrizar esa herida con ella, aunque aún requiera cuidados para que no se infecte nuevamente. Aquí tengo mucho que agradecerle por querer coser conmigo esta red.

Sexta etapa: el anhelo de compartir nuestras reflexiones

Expresar lo que he ido descubriendo de mí misma con Juan me ha ayudado a comprobar si, de verdad, me he perdonado o no; y en este proceso, el libro nos ha ayudado mucho a ambos.

Al hablar abiertamente con él sobre mis heridas, pudimos identificar que compartíamos el dolor del rechazo, el abandono, la humillación y la injusticia. Cada uno a su nivel de intensidad, y por motivos distintos, pero ese reconocimiento nos ayudó a ver al otro con compasión y empatía, tratando de entender lo que le pasaba, porque lo habíamos vivido en primera persona, y dejando de acusarlo por el dolor que la situación nos provocaba, al reconocer el sufrimiento en el otro.

Juan pasó de ponerse nervioso ante mis silencios y perder el control —ya sea huyendo o mostrando una frialdad que no correspondía con lo que su corazón sentía— a angustiarse y desesperarse, interpretando mis silencios como un castigo, como una ley del hielo que le dejaba constancia de mi enfado y lo hacía sentir mal, «porque se lo merecía». Pero nada más lejos de la realidad. Como ya mencioné, mis silencios venían de la mano de un cierre de garganta, al sentir tanto dolor al ver que él y yo no interpretábamos o vivíamos las cosas de la misma manera; las palabras simplemente no me salían.

Aún siguen apareciendo esos silencios en mí, pero su forma de gestionarlos ha cambiado. Primero los sostiene, aunque pasen minutos y minutos; ya no sale huyendo, aguanta, me mira con amor y, de vez en cuando, me pregunta si quiero hablar. Si sigo sin ceder, vuelve a intentarlo unos minutos más tarde. Normalmente, esto acaba en que yo no puedo sostener la tensión, rompo a llorar o me retiro de la conversación, con un «buenas noches», seco y frío, y sin ningún «te quiero» o muestra de cariño. Sin embargo, él, pasados unos minutos y dejándome espacio para autorregularme, suele escribirme:

Juan: Esos silencios tuyos me duelen como cuchillos.
Juan: No sabes cuánto me gustaría estar a tu lado abrazándote.
Juan: Te quiero.

Reconoce y valida su dolor, me ofrece el apoyo que más me reconforta: el abrazo, y me demuestra su amor y lealtad con un «te quiero» que significa: «estoy aquí, seguimos luchando, no me voy a ninguna parte».

Mientras sienta alguna resistencia, que normalmente indica que aún hay un miedo oculto, sabré que el perdón no está del todo logrado. Antes de llegar a la última etapa, es importante que me asegure de haber pasado bien por todas las anteriores.

Siendo lo más honesta posible conmigo misma, reconozco que parte de mis miedos siguen ahí, por lo que aún no he completado esta etapa y tengo que seguir trabajando en ella. Sin embargo, Juan la ha trascendido.

«En casa de herrero, cuchillo de palo», como se dice, se han invertido los roles; ahora él es mi «psicólogo» y yo primero debo reconocerme como paciente y después dejarme ayudar.

Séptima etapa: reunirse con la persona involucrada para comunicarse

Así que, volviendo a ti, que eres el/la protagonista de tu propia historia, recuerda que, si aplicas lo que has aprendido con el método del espejo para expresarte, puedes hablar sobre la conexión que tienes con tu pareja.

Cuando estés en esas etapas, te sugiero que verifiques si tu pareja siente algo parecido. Si notas que está abierta a la conversación, pídele que comparta lo que ha sentido y si, por casualidad, te ha juzgado o ha pasado por lo mismo.

Pero ojo, si no quiere hablar de lo que está sintiendo, no fuerces la situación.

Compartir lo que sientes es un paso fundamental solo para ti. Es la etapa final que te permitirá sentir en lo más profundo de tu ser que realmente te has perdonado.

Afortunadamente, Juan siempre quiso compartir lo que sentía, aun temiendo ser abandonado o rechazado por mi parte. La dificultad, al principio, radicaba en que no sabía ponerlo en palabras; sus acciones hablaban por él. Yo las interpretaba y luego él las validaba o no, dependiendo de si se sentía reconocido. Ahora eso ya no pasa: las transmite tal cual las vive, y el miedo al abandono no es el mismo, ya que ha entendido mi herida del rechazo y mi máscara de huida.

Es importante que tengas en cuenta que es normal sentirse bien al pensar que tu pareja puede aprender algo de ti y que, al compartir, podrías ayudarla a encontrar un poco de paz interior. Sin embargo, no deberías hacer de eso el objetivo de la conversación. Si tu pareja no se siente lista para abrirse, puede que esté demasiado conmovida o que no sepa cómo expresar lo que siente.

Y aquí radica la gran diferencia entre él y yo cuando conectamos con un dolor profundo. Yo me siento demasiado conmovida, lo que me lleva al silencio, mientras que él no sabe cómo expresarse. Comprender y respetar esa diferencia será esencial para encontrar el momento adecuado en el que podamos abordar la situación juntos y permitir que nuestras heridas cicatricen.

CICATRIZ DE LA INJUSTICIA

HACIENDO MEMORIA

Cuando la herida de injusticia se activa, te pones la máscara del rígido. Esto te convierte en una persona fría y brusca, tanto en tu forma de ser como en tu cuerpo, que se vuelve tenso. Esta máscara te empuja a ser perfeccionista y a cargar con una montaña de emociones y reacciones desagradables: ira, impaciencia y autocrítica, por mencionar algunas de las más destacadas. Te vuelves exigente y te cuesta aceptar tus límites. Cada vez que te esfuerzas por controlar tus sentimientos o te tratas con dureza, estás usando esta máscara.

No solo la llevas porque temes sentir la herida, sino también porque, a veces, te asusta reconocer que puedes herir a otros para sentirte querido/a o por miedo a perder su amor. Así, actúas de una manera que no coincide con quien realmente eres. Además, como esa actitud requiere esfuerzo, terminas creando expectativas en los demás, esperando que se comporten como tú esperas.

TU EGO CONTRA TI

Como alguien que lleva la máscara del rígido, te enorgulleces de ser justa y de no tener problemas en la vida. Además, prefieres convencerte de que tienes muchos amigos que te quieren tal como eres.

TE CONVIERTES EN TU PEOR ENEMIGO/A

Te haces daño alimentando tu herida al ser extremadamente exigente contigo mismo/a. No respetas tus límites y vives en constante tensión. Te tratas de manera injusta: te criticas y no logras reconocer tus cualidades ni lo que haces bien. Te duele centrarte solo en lo que no has logrado o en los errores que has cometido, y sufres por tu propia incapacidad para permitirte disfrutar.

EMPIEZAS A CICATRIZAR CUANDO

Te das el permiso de ser menos perfeccionista y de cometer errores sin enojarte o criticarte. Te permites mostrar tu sensibilidad y llorar frente a los demás, sin perder el control ni preocuparte por lo que puedan pensar.

PERMITIÉNDOTE SER TÚ MISMO/A

Detrás de tu herida de injusticia y la máscara del rígido que portas, hay una persona creativa y llena de energía, con una notable capacidad de trabajo. Además:

- Tienes una gran habilidad para organizarte y producir trabajos que requieren un alto nivel de precisión.
- Eres meticulosa y pones atención en los detalles.
- Posees un talento especial para simplificar conceptos y explicarlos de manera clara.

- Eres muy perceptiva, lo que te permite entender las emociones de los demás sin ignorar las tuyas.
- Sabes lo que necesitas en el momento adecuado.
- Encuentras a la persona adecuada para cada tarea y expresas lo que necesitas con la palabra justa.
- Tu entusiasmo y dinamismo son contagiosos.
- Tienes la fortaleza de disfrutar tu propia compañía sin depender de otros.
- Al igual que el huidizo, en situaciones de emergencia sabes actuar con determinación.
- Tienes la capacidad de enfrentar y resolver situaciones difíciles con confianza.

Desde aquel fatídico día de verano en que mis suegros supieron de mi existencia a través de lo que ellos calificaron como un ataque de «histeria dependiente» por mi parte, y que yo viví como un brutal ataque de angustia acompañado de la intención de agredir físicamente al padre de mi hija mayor, tras una intensa discusión porque él no quería abandonar mi domicilio después de haber estado mareándome con fechas de salida durante los meses previos, Juan, los niños y sus padres no se habían vuelto a ver. Por ello, me pareció una buena idea proponer que nos encontráramos todos estas Navidades en su ciudad natal, que es también la residencia actual de los abuelos paternos de mis hijos.

Me hacía ilusión conocer sus orígenes y conectar directamente con su familia, con la que mantengo una excelente relación, a excepción de aquel día, que entendí perfectamente como una reacción de miedo a lo desconocido y que nunca les tendré en cuenta.

Hablé con su madre al respecto, y ella se mostró muy feliz, diciendo que sería el mejor regalo de Navidad que les podríamos hacer. Así que empezamos a buscar fechas y casas para alquilar, hasta que encontramos una muy cerca de todo, lo que nos daría autonomía y nos permitiría disfrutar en familia.

Proyectarme en esa imagen dibujaba una enorme sonrisa en mi cara; realmente me apetecía mucho ese viaje. Me parecía un bonito cierre para un año difícil, aunque también el mejor de nuestras vidas en cuanto al amor entre nosotros.

Cuál fue mi sorpresa cuando, al día siguiente, mi suegra me escribió muy nerviosa y angustiada, con la idea en la cabeza de que yo iba a dejar a Juan. No entendía qué había podido suceder, si la noche anterior nos habíamos estado riendo juntas y comentando ideas para las fiestas.

Resultó que Juan se había olvidado de mencionarme un pequeño detalle, relacionado, cómo no, con su agobio y su pésima organización con los calendarios laborales, como ya comenté en otra ocasión.

Al vernos tan ilusionadas, empezó a preocuparse por la posibilidad de que en el hospital no le concedieran esos días de permiso. Como es lógico, todos sus compañeros quieren pasarlos con sus familias. Temía que el viaje se cancelara, que Otto empezara a poner problemas si veía que queríamos viajar, como finalmente ocurrió... En fin, que entró en un bucle, y dentro de ese bucle, habló con su madre. Pero, claro, en lugar de contarle sobre su agobio, proyectó, sin pretenderlo, la responsabilidad sobre mí.

No se le ocurrió otra brillante idea que comentarle que yo no entendería si me decía que finalmente no podríamos ir, que había un convenio que cumplir (algo que, como comprenderás, con mi perfeccionismo ya tenía más que presente, pero que parece que él no tenía tan claro).

Conclusión: una llamada de su madre, taquicárdica perdida, pidiéndome por favor que lo comprendiera, que ser médico tiene estas cosas, que, si no nos vemos en Navidad, pues ya nos veremos... Y yo me iba encendiendo por momentos. Eso sí, ante ella actué con todo el amor, la empatía y la comprensión del mundo; la calmé y le dije que no se preocupara, que habría tiempo para todo y que eso no afectaría a mi relación con él.

Ahora bien, nada más teclear la última palabra de mi conversación con ella, mis dedos volaron al chat de él como si estuviera en una carrera de velocidad. Creo que superé cualquier marca registrada de tecleo rápido. Traté de empezar la conversación muy zen, pero el espíritu de Buda me duró poco.

Ciara: Me ha escrito tu madre muy nerviosa y con miedo a que nos separemos.
Ciara: He conseguido calmarla con amor. Le dije que está todo bien, porque me doy cuenta de que a veces le cuentas las cosas de manera alarmista y ella se tensa mucho.
Ciara: No sé qué le dijiste ayer para que hoy estuviera tan nerviosa.
Ciara: También me he dado cuenta de que te preocupa que no te den días de vacaciones en el trabajo para las fiestas, algo que no me habías dicho, cariño.
Juan: Para no estresarte más.
Ciara: ¿Pero no ves que así me estresas más? Teniendo que apagar fuegos, sin saber de dónde me vienen.
Ciara: Me duele tener que estar justificándome.
Juan: Soy yo quien tiene que justificarse.
Ciara: Es que cuando hablo contigo, cariño, con tu madre o te escucho hablar con la psicóloga... Siempre tengo la sensación de que parece que soy yo la intolerante, la que no acepta las cosas, y me parece injusto.

Ciara: Me parece todo superinjusto, cuando yo no he hecho más que cuidarte. Pero bueno, no pasa nada. Voy a salirme de esa guerra.
Ciara: Gestiona tus cosas como desees y yo, pues, me sumaré o no a esa decisión, pero no me voy a desgastar más tratando de cuidar a quien no quiere ser cuidado, y yo quedando como una intolerante.
Juan: Me cuidas fenomenal, pero en planificaciones como esta hay variables que no controlo. Solo os pido paciencia.
Ciara: Nadie te ha metido prisa, que yo sepa. Te la metes tú solo con tus agobios.
Ciara: No puedo más con estas cosas, sentir constantemente como si presionara, como si no entendiera nada, como si me tomara las cosas a la tremenda. ¡YO NO SOY ESA PERSONA!
Juan: Eres genial y estás aguantando mucho con todo lo que tienes. Y yo, en vez de ayudar, a veces la lío más, aunque sea sin querer.
Ciara: Pues no es lo que le comunicas a tu familia y a tu psicóloga. Me duele muchísimo y me parece superinjusto, porque yo trato de sostener esta familia desde un ambiente lo más sano posible, como para luego recibir esos dardos.
Juan: Es culpa mía y solo mía.
Ciara: Estoy cansada de que la gente me juzgue, de ser siempre la que recibe las hostias de manera injusta.
Ciara: Cansada.

Aquí ya se me empezó a ir la perola. Cierto es que él lo gestionó fatal, pero lo hizo desde su herida del abandono y el deseo de no querer decepcionar a nadie. Pero no me negarás que hay que reconocerle el don de liar la troca tanto que, al final, entre las inseguridades de uno y del otro, acabamos como el rosario de la aurora.

Es entonces cuando empezamos a calmarnos y dejamos paso a que el proceso de cicatrización siga su curso.

Juan: A veces, cuando hablamos, sobre todo de calendarios, tengo la sensación de que te enfadas y me riñes. Pero es mi percepción, mis heridas previas.
Ciara: Ya me he desgastado explicándotelo mil veces.
Juan: Por eso te pido perdón.
Ciara: Ser una vez más la que tiene carácter, la que no aguanta nada, la que no entiende tu situación... Es que es muy injusto. Muy injusto.
Juan: Lo sé, yo no quería decir eso. Lo gestiono muy mal, lo tengo que mejorar, y lo voy a hacer.
Juan: Menudo trasto te has echado a la espalda.

Ciara: Pues sí, así la tengo de jodida.
Juan: Se vende R18 reconstruido tras choque frontal (me manda foto).
Juan: Y tú, siendo el mecánico que lo llevaba, vas y te lo quedas.
Ciara: Quizás sea una ilusa romántica o una tonta, quién sabe.
Juan: Es un reto también.
Ciara: No eres mi paciente ya, así que, de reto, nada.
Juan: Pero el chasis enderezado está ahí.
Juan: Te quiero. Eso nunca lo olvides.
Ciara: Lo sé, pero a veces querer no es suficiente.
Ciara: Quiero una relación sana.
Juan: Y yo.

Como vimos en el abordaje de cada una de las heridas, la de la injusticia guarda una relación estrecha con la del rechazo; yo las llamo mi combinación letal. Digamos que, a medida que sientes la herida del rechazo de manera cada vez más aguda, lo que antes tratabas de resolver con la ausencia de ruido, buscando ser amado/a o valorado/a, pasa a convertirse en una explosión de rabia y rebeldía.

Dos claves serán fundamentales en el proceso de cicatrización de esta herida: aprovechar la neuroplasticidad de tu cerebro y permitirte recibir ayuda.

¿Se pueden cambiar los patrones de pensamiento en cualquier etapa de la vida? Aunque ya sabemos que no existen fórmulas mágicas en cuanto a la gestión emocional, no nos vendría mal una ayudita para sortear la sensación de injusticia, ira y rigidez asociadas a esta herida, ¿verdad?

La respuesta nos llega de la mano de la neurociencia, la rama de la ciencia que estudia la estructura y función del sistema nervioso, y, en concreto, del cerebro. Tras numerosas investigaciones, la neurociencia ha realizado un descubrimiento tan maravilloso como esperanzador: nuestro cerebro es un órgano diseñado para cambiar en respuesta a la experiencia y al aprendizaje a lo largo de toda su vida. Estos cambios implican tanto el nacimiento de nuevas neuronas (neurogénesis) como la formación de nuevas sinapsis o conexiones entre ellas (sinaptogénesis), además del aumento de la eficacia en la transmisión de neurotransmisores. Estas sustancias químicas, que se liberan en la sinapsis, están relacionadas con las emociones que sentimos. Por ejemplo, la dopamina está asociada con el placer, mientras que la serotonina, cuyos bajos niveles se relacionan con emociones de tristeza y depresión, provoca una sensación de bienestar cuando está en niveles altos.

A esta capacidad de cambio del cerebro se la conoce como **plasticidad cerebral o neuroplasticidad**. Su principal beneficio es que podemos entrenar la mente a través del aprendizaje y la consciencia emocional para hacer lo que queramos con ella.

Voy a intentar explicártelo de la manera más sencilla posible:

Tu cerebro no es una máquina fija; en realidad, está en constante cambio y se puede moldear, ¡como si fuera plástico! Por eso, los científicos lo llaman neuroplasticidad.

¿Te gustaría saber cómo funciona? Imagina que tu cerebro es como una gran red eléctrica llena de caminos. Cada vez que piensas, sientes o haces algo, miles de conexiones se iluminan. Cuando repites un pensamiento, practicas una actividad o experimentas una emoción, estás fortaleciendo esas rutas neuronales. Cuanto más las usas, más fácil se hace seguir por ellas.

Ahora, si decides pensar de manera diferente, aprender algo nuevo o adoptar una emoción distinta, empiezas a construir nuevas rutas en esa red. Si sigues explorando por esos nuevos caminos, tu cerebro comenzará a utilizarlos cada vez más. Este proceso de cambiar y crear conexiones nuevas, mientras dejas de usar las viejas, es lo que llamamos neuroplasticidad en acción.

La buena noticia es que todos tenemos el poder de aprender y cambiar, para poder así programar nuestro cerebro.

Ciara: Me llegaste a decir que estaba siendo injusta contigo.
Juan: Te intento cuidar lo mejor que puedo.
Ciara: Y lo sé.
Juan: Y debería cuidar más lo que digo a veces.
Ciara: Pero que me llames injusta por expresarte lo que siento y pienso no me parece.
Juan: Si voy a ser la roca a la que te agarras, debo ser más prudente.
Juan: Porque quiero ser eso, tu apoyo.
Ciara: Sé que lo quieres, pero no es lo que siento y eso me duele, créeme, porque nada me gustaría más que sentirme una contigo.
Juan: Déjame mejorar.
Juan: Para mí esto es nuevo y parto de no ser yo mismo, de no comunicarme, de sentir solo miedo.

Con la neuroplasticidad, se nos abren prácticamente infinitas posibilidades para construir nuevos patrones en nuestro cerebro. Esto no depende de la edad, el género o la cultura recibida, sino únicamente de mantener la atención dirigida y repetida hacia el cambio que deseamos hacer.

Reflexionemos un momento sobre cómo podemos utilizar la plasticidad cerebral en nuestro beneficio.

Pensemos, por ejemplo, en aquellos pensamientos negativos relacionados con la herida de la injusticia que muchas veces afectan nuestras relaciones de pareja. Frases como: «No puedo confiar en nadie porque siempre me han fallado», «Las relaciones no son para mí, solo traen sufrimiento», «Siempre me eligen para ser el segundo plato», «No merezco amor porque nunca me han tratado bien», «¿Para qué abrirme a alguien si al final voy a salir herido/a?»... ¿Te resultan familiares?

Estos pensamientos están vinculados a experiencias pasadas que han dejado una huella emocional profunda. Comparten el gran malestar que nos generan, manifestándose frecuentemente en forma de preocupación y ansiedad, lo que provoca un desequilibrio en nuestro comportamiento que puede incluir la dificultad para abrirse a la intimidad, la creación de barreras emocionales o la repetición de patrones de relación disfuncionales. Además, pueden surgir síntomas físicos como tensión muscular, insomnio o problemas digestivos, recordándonos que la somatización es la aparición de trastornos en el cuerpo debido a una mala gestión emocional.

¿Qué puedes hacer cuando estos pensamientos negativos aparecen? Te propongo dos opciones:

1- Ignorar el descubrimiento que acabamos de hacer acerca de la neuroplasticidad y «rumiar» estos pensamientos, es decir, darles vueltas y más vueltas, enredándonos cada vez más en su tela de araña.

2- Poner en práctica este nuevo aprendizaje y crear nuevos patrones mentales destinados a cambiar tus pensamientos negativos por otros positivos con los que, implícitamente, te autogeneres emociones agradables.

¿La tienes clara? Efectivamente, la dos será nuestra ganadora. ¿Qué lograremos con ella? A nivel físico, notaremos los beneficios en nuestro ritmo cardíaco y en el nivel de azúcar en sangre, ya que ambos se normalizarán, así como en nuestra tensión arterial, que disminuirá. A nivel psicológico y emocional, redundará en la mejora de nuestra autoestima y optimismo, favorecerá nuestra paz interior, activará nuestra voluntad y creatividad, y pondrá ambas en práctica mediante acciones encaminadas a la resolución de problemas. Además, mejorará nuestra memoria y atención al eliminar los «ruidos mentales» que los pensamientos negativos nos provocan, aumentará la secreción de endorfinas —las hormonas de la felicidad— y reducirá las hormonas del estrés —adrenalina y cortisol— favoreciendo, por lo tanto, nuestra relajación.

Volviendo al vínculo entre la herida del rechazo y la de la injusticia, estas heridas emocionales dificultan que aceptemos la ayuda de los demás y, sobre todo, que la pidamos. Las personas que llevan la máscara del rígido suelen rechazar la ayuda por dos motivos principales. Primero, porque no quieren estar en deuda con nadie, prefiriendo no aceptar ayuda. Por ejemplo, piensa en alguien que se niega a permitir que sus colegas lo ayuden con un proyecto en el trabajo. Aunque esté abrumado y necesite apoyo, prefiere enfrentarse a la carga solo, convencido de que así no se verá obligado a corresponder en el futuro. En segundo lugar, están convencidos de que, si aceptan ayuda, la otra persona no lo hará como ellos lo harían, lo que les obligaría a rehacer todo. A menudo se repiten a sí mismos: «Es más fácil que lo haga yo; así saldrá como yo quiero, y además, explicarle a alguien lo que quiero sería un verdadero lío».

Por otro lado, la persona que lleva la máscara del huidizo tiende a rechazar la ayuda porque cree que no quiere ser una molestia y que puede apañárselas sola. Tiene la percepción de que, si acepta ayuda, será vista como incapaz. A veces, si alguien insiste y finalmente acepta, lo hace porque considera que sería más problemático rechazar la ayuda que aceptarla. No quiere ser una carga para los demás y siente que no merece recibir apoyo.

En el fondo, aunque muchas veces ni siquiera lo reconozca, piensa: «Me ofrecen ayuda porque creen que no puedo hacerlo yo sola». No logra imaginar que la persona que le está ofreciendo ayuda lo hace por generosidad y porque realmente quiere ayudar.

Si el/la portador/a de la máscara del huidizo finalmente acepta la ayuda, es probable que su herida de injusticia se active. Se prometerá recordar bien la ayuda recibida, para poder devolverla y así sentirse justo/a.

Y de nuevo me reconozco en la combinación letal. De entrada, mi motivación para no aceptar la ayuda viene de la mano de la máscara del huidizo; no quiero ser una carga para nadie. Pero si finalmente la acepto porque me siento asfixiada y he contemplado mil opciones que no han resultado plausibles, entonces me pongo la máscara del rígido y, antes de decir que sí, calculo cuándo podré devolverla.

En este sentido, me ha pasado con Juan. Tras la decisión de parar la consulta y el gimnasio emocional, porque mi estado mental no los podía sostener, decidí priorizar pasar más tiempo en familia y tratar de encontrar un equilibrio. El descalabro económico fue importante. Aceptar su ayuda me costó meses, y perdí la cuenta de cuántas veces le dije que no. Finalmente, había que enfrentar los pagos; Hacienda no espera, y como dice el dicho popular, «Hacienda somos todos». Así que no me quedó más remedio que dejarme ayudar.

Eso sí, le puse una fecha concreta de devolución; sin esa condición, no la hubiera aceptado. No le quedó más remedio que claudicar. Veremos qué pasa cuando llegue el día de la fecha límite que yo misma me he establecido.

A Juan: cariño, recuerda tu lealtad, compromiso y palabra. No me toques lo que no hay que tocar al no aceptar la devolución. Queda usted avisado.

Como ves, me dejo ayudar, pero de aquella manera. ¡Ains, aún me queda mucho camino por recorrer en este aspecto!

Para curar tus heridas, deseas que todo sea justo y equitativo. Para ello, te resulta fundamental actuar de la manera que consideras correcta y así lograr ser aceptado/a. Y es que, si no estuvieras afectado/a por ninguna herida, tu respuesta instintiva sería: «Te agradezco mucho por ofrecerme tu ayuda. ¡La acepto encantado/a!». Es decir, no sentirías que tienes una deuda con la otra persona, lo que demostraría que el proceso de cicatrización ha finalizado.

Así que, si te ves en una situación en la que decides rechazar la ayuda de alguien, pregúntate si esta decisión responde a una necesidad real o si es fruto del miedo. Tu ego puede ser muy sutil en su influencia, por lo que es importante que estés alerta para identificarlo.

Si consideramos que el ego hace todo lo posible por reafirmar su existencia ante los demás, la herida del rechazo es, para él, la más dolorosa. Esta herida refuerza la sensación de no tener derecho a existir y de ser irrelevante.

Cuantas más heridas se activan al mismo tiempo, más sufrimos, y el ego se siente esencial para protegernos. Por eso, adopta una variedad de comportamientos defensivos, convencido de que no podremos soportar tanto sufrimiento. No se da cuenta de que, cuanto más se resista y trate de protegernos, más tiempo durará el dolor.

Yo tengo cuatro de las cinco heridas, y la más notable es la del rechazo. ¡Vamos, que me llevo lo mejor de cada casa! ¿Se puede ser más ambiciosa y acaparadora? (Entiéndase como ironía).

Todo lo que hemos comentado resalta lo importante que es hacer que los pensamientos relacionados con este ego pasen por el filtro de la neuroplasticidad. Al hacerlo, este se vuelve más flexible, lo que nos libera de esa rigidez que a veces sentimos y nos ayuda a cicatrizar la herida de la injusticia.

Recuerda: ¡DÉJATE AYUDAR! Yo estoy en ello.

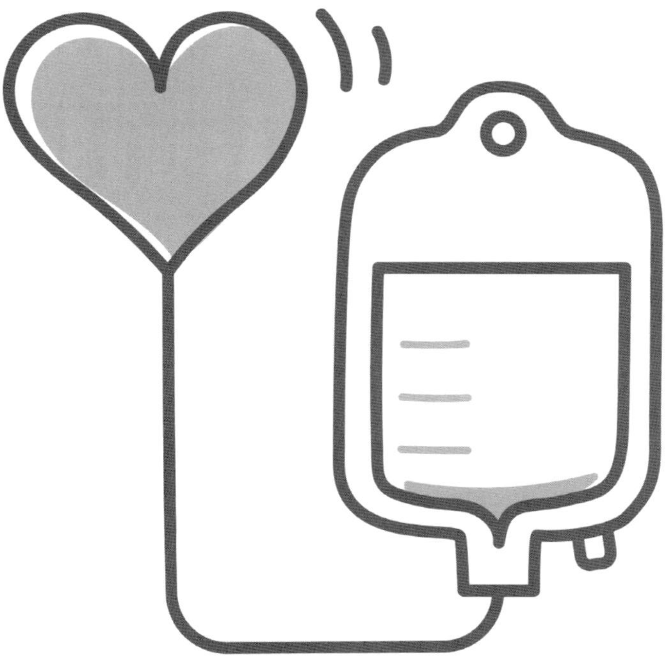

Reconstrucción y renacimiento: un nuevo comienzo emocional

RECONSTRUCCIÓN Y RENACIMIENTO: UN NUEVO COMIENZO EMOCIONAL

El amor no dura para siempre; hay que nutrirlo día a día para que siga vivo. Si lo das por sentado, comienzas a descuidarlo. Cuando comprendes que tu pareja, teniendo la libertad de elegir, decide estar contigo sin ninguna obligación, te vuelves consciente de que ese amor puede transformarse, desgastarse o incluso terminar.

Las relaciones sanas se construyen, no se encuentran.

El amor maduro busca ser VERDADERO, no ideal.
El amor maduro busca COLABORAR, no a alguien a quien proteger.
El amor maduro valora la PERSEVERANCIA, no solo la atracción.
El amor maduro prioriza la PRESENCIA, no el interés propio.
El amor maduro busca VÍNCULO, no distracción.
El amor maduro fomenta el BIENESTAR, no la redención.

Yo sí quiero vivir esa etapa en la que los dos mejoran para no perderse, ¿y tú?

+

EL ARTE DE REGULAR LAS EMOCIONES: ENTRE LO PROPIO Y LO COMPARTIDO

En este apartado, hablaremos sobre cómo enfrentar el **estancamiento emocional** de manera efectiva, para que puedas alcanzar tu bienestar emocional e influir positivamente en la mejora de tu relación de pareja. Para ello, exploraremos juntos dos conceptos clave en el manejo de tus emociones, aunque se refieren a procesos bastante diferentes: la **autorregulación** y la **corregulación**. Junto con el tema de la responsabilidad afectiva, que abordaremos en el siguiente apartado, serán fundamentales para que puedas construir una relación estable, sana y consciente, tanto con la persona que amas como contigo mismo/a.

El estancamiento emocional es un término que usamos en psicología para describir la situación en la que te sientes atrapado/a en emociones desagradables, experiencias pasadas o patrones de conducta que te impiden avanzar. Es como estar en un ciclo del que no puedes salir y no sabes cómo manejar lo que sientes. Este tipo de bloqueo emocional puede presentarse de diferentes maneras:

› **Problemas para manejar emociones**: te atrapan esas emociones intensas como la tristeza, la ira o la ansiedad, y no sabes cómo lidiar con ellas o expresarlas de una forma adaptativa y que te favorezca.

› **Sientes que no avanzas**: te miras al espejo y piensas que no estás haciendo ningún progreso en tu vida, ya sea en lo personal o en el trabajo. Eso te deja frustrado/a y sin ganas de seguir.

› **Círculos viciosos**: te das cuenta de que a menudo repites los mismos errores o te rodeas de personas que no te aportan nada bueno. Es como si estuvieras en un bucle del que no puedes escapar.

› **Evitando lo inevitable**: en lugar de enfrentar tus problemas y emociones, prefieres huir de situaciones que podrían ayudarte a solucionarlos, como tener esa conversación complicada o hacer cambios necesarios en tu vida.

› **Desconexión emocional**: a veces pierdes la conexión con tu pareja, lo que te hace sentir solo/a o incomprendido/a. Te cuesta formar lazos de verdad con la gente, y eso puede ser muy frustrante.

¿Te reconoces en alguna de ellas? Yo podría decirte que he hecho un pleno, dependiendo del momento de mi vida en el que ponga la atención, porque me reconozco en todas y cada una.

Y es que el estancamiento emocional puede surgir de experiencias traumáticas, del estrés crónico, de problemas de salud mental como la depresión o la ansiedad, o de patrones de pensamiento negativos. ¡Vamos, es la joya de la corona!

En un principio, Juan y yo éramos diametralmente opuestos en la forma de abordarlo. Yo estaba enfocada en la autorregulación, mientras que él optaba por la corregulación. Se me viene a la mente un símil que utilizó en nuestros comienzos, el cual define muy bien su forma de experimentar este proceso: «En un barco hay muchas funciones; yo soy quien arregla las averías para mantenerlo a flote, pero tú eres la capitana, la que lleva el rumbo, y sin eso no se va a ningún sitio». En la actualidad, yo estoy necesitando más la corregulación, ya que él ha aprendido a autorregularse mejor.

¿Qué te parece si pasamos a profundizar más en ellos?

Autorregulación emocional

Es la habilidad que tienes para manejar y controlar lo que sientes. Se trata de darte cuenta de tus emociones, entender por qué las tienes y actuar de manera consciente, en lugar de dejarte llevar por un impulso.

Esta, de entrada, y si me pillas de buenas, soy yo.

Como habilidades a destacar:

› Reconocer lo que sientes.

› Aprender a manejar la intensidad de tus emociones, como cuando logras tranquilizarte si estás enfadado/a.

› Usar herramientas para lidiar con momentos difíciles emocionalmente.

Identificar mis emociones nunca ha sido un problema para mí; mi alta sensibilidad y empatía siempre me han facilitado ese camino, y la verdad es que lo agradezco. Sea cual sea la emoción, ya sea agradable o no, me ha ayudado a entenderme mejor y a tomar decisiones lo más adaptativas posible y en coherencia con mi sentir.

Sin embargo, la habilidad de aprender a manejar la intensidad de estas emociones, en mi caso, ha dependido mucho del momento en que me encuentre. Si estoy en posición de Loto —aunque me parece la postura más incómoda del mundo, que me perdonen los yoguis—, lo gestiono de una manera óptima. Ahora bien, si me agarras en plena efervescencia, reivindico mi derecho a estar enfadada. Sí, a estar enfadada.

Me cansa escuchar frases como «te lo tomas demasiado personal» o «no es para tanto». Y ni hablar de los que sueltan cosas como: «con esa actitud, no es raro que las cosas te salgan mal». ¡Ya basta! Es crucial dejar que la gente se enfade. Emociones como el enfado, la frustración o la rabia son totalmente normales y necesarias. Nos ayudan a liberar la tensión emocional ya que, si no lo hacemos, termina afectando tanto a nuestra mente como a nuestro cuerpo. Al reconocer que estamos enfadados, podemos dar un paso hacia emociones más tranquilas, como la calma o la serenidad.

Así que dejemos que los demás se enfaden.

Eso sí, asumir nuestra responsabilidad afectiva es importante. Debemos poner atención a cómo manejamos ese enfado. No se trata de descargarlo en los demás, sino de aprender a gestionarlo.

Si tu pareja está enfadada, dale espacio. Puedes decir algo como: «Si quieres, hablamos cuando estés más tranquilo/a» o «Aquí estoy si necesitas desahogarte». Anímala a soltar lo que siente: «Te escucho, ¿qué te preocupa?» o «¿Te gustaría hablar de lo que pasó?». Ayudar a alguien a desahogarse es clave para su bienestar emocional.

Y, por favor, dejemos de decir cosas como «¡Qué exagerado/a!» o «Es imposible hablar contigo». Si tu pareja se enfada, por ejemplo, porque no cumpliste con algo que prometiste, déjala expresar su frustración. Así, se sentirá mejor y podrá relacionarse de forma más sana contigo, siendo auténtica en la relación.

Como psicóloga, tengo la ventaja de acceder fácilmente a todo tipo de recursos y herramientas que me ayuden a lidiar con mis estados emocionales. Otra cosa es llevarlos a la práctica. ¡Jajaja! Antes que psicóloga, soy persona, y no sé cuántas veces he repetido esta frase a lo largo de mi vida.

Lo más importante que debes tener en cuenta al optar por la autorregulación emocional es que será clave para tu bienestar. Te ayudará a lidiar con el estrés, la ansiedad y otras emociones complicadas. Además, será fundamental para tomar decisiones acertadas y mantener relaciones saludables, ya sea con tu pareja o con quien desees. Eso sí, practica el amor y la compasión contigo mismo/a, y ten mucha paciencia. Tu actitud determinará la forma en que vivas estas experiencias e influirá en tu estado emocional. Te dejo esta bonita reflexión que lo ilustra muy bien:

La Catedral de Burgos

Cuentan que, a mediados del siglo XIII, un joven se encontraba de peregrinaje en dirección a Santiago de Compostela e hizo una parada de unos días en la ciudad de Burgos con la intención de descansar. En su jornada de relajación, mientras paseaba por el centro de la ciudad, divisó a un grupo de albañiles que estaban trabajando en la construcción de un edificio. Sintiendo curiosidad por saber qué edificio estaban construyendo, se acercó a uno de ellos y le preguntó: «¿Qué estás haciendo?», a lo que el albañil respondió:
—Pues nada, ya ves... estoy aquí todo el día poniendo piedras, una encima de otra. Con el calor que hace, este trabajo se me hace insoportable y aburrido.

El peregrino se acercó a otro albañil y le formuló la misma pregunta: «¿Qué estás haciendo?». Con una sonrisa dibujada en su rostro, respondió:
—Estoy construyendo una pared lateral y, la verdad, estoy muy contento porque hacía tiempo que no tenía trabajo y lo tengo asegurado para muchos años. A mí y a mi familia nos vendrá estupendamente.

No del todo satisfecho con las respuestas recibidas, el peregrino siguió empeñado en buscar alguna más. Al cabo de pocos minutos, le llamó la atención otro albañil que se encontraba agachado moldeando una piedra. Presentaba una mirada de orgullo, ilusión y convicción en el rostro mientras realizaba su trabajo. Se acercó a él y le preguntó: «¿Qué estás haciendo?».
El albañil se puso en pie, levantó la mirada al cielo y luego la fijó en el horizonte. Con un suspiro y una sonrisa de ensoñación, respondió:
—Estamos construyendo lo que será la catedral más grande y bonita del mundo.

Corregulación emocional

Habla sobre cómo influyes en las emociones de los demás y ellos en las tuyas. Es como un intercambio social en el que las personas se apoyan mutuamente para manejar sus sentimientos. Esto resulta especialmente importante en una relación de pareja, ya que aprendéis a regular las emociones juntos y fortalecéis así la conexión.

Como habilidades a destacar:

- Proporcionar apoyo emocional a tu pareja cuando esta está pasando por un momento difícil.
- Compartir experiencias y sentimientos para ayudarla a procesar sus emociones.
- Crear un ambiente seguro donde las emociones pueden ser expresadas y comprendidas.

La corregulación ha sido la opción recurrente de Juan, pero no siempre desde la salud relacional. Me explico: al principio, él necesitaba de mí para regularse, así que no se trataba realmente de una corregulación, sino más bien de apoyarse en mi fortaleza emocional de aquel momento. Esto facilitó que se aprendiese a conocer mejor y manejase sus emociones de una forma más adaptativa. Lo cual no me importaba, ya que nos conocimos siendo psicóloga y paciente, ¿recuerdas?, por lo que nos salía casi de manera automática. Sin embargo, cuando decidimos ser pareja, debíamos salirnos de esos roles, algo que al principio nos costó bastante, sobre todo cuando coincidíamos en que ambos nos sentíamos emocionalmente mal. *Mamma mia!*

A medida que fue descubriéndose a sí mismo, validándose y permitiéndose la autorregulación, comenzó, ahora sí, a emplear la corregulación de manera óptima, la cual sigue siendo su mejor opción. Esto me ha ayudado mucho, a mí, a navegar toda esta marejada emocional que me tiene mareada y echando la papilla por la borda, como si no hubiese un mañana. Tenerle ahí, sosteniendo el cubo y aguantándome la cabeza para que no me ahogue en mi propio vómito, me aporta una base en la que refugiarme para no seguir cayendo, y nunca podré agradecerle este enorme gesto de amor a través de su atención y su presencia.

Lo más importante que debes tener en cuenta al optar por la corregulación emocional es que esta resulta crucial para el desarrollo de la empatía y la comprensión en las relaciones interpersonales. Fomenta la conexión social y ayuda a las personas a sentirse menos solas en sus experiencias emocionales; ya solo por eso merece la pena ponerla en práctica, ¿no crees?

Desde nuestra experiencia, podemos decir que este compartir nos ha ayudado mucho a complementarnos, a abordar nuestras crisis de una forma adaptativa y a crecer juntos como pareja, lo cual ha valido mucho la pena.

RESPONSABILIDAD AFECTIVA: EL COMPROMISO DE AMAR CONSCIENTEMENTE

La responsabilidad afectiva es, sin duda, uno de los compromisos más importantes que asumirás en tu relación si buscas que esta crezca, se fortalezca, perdure y, sobre todo, que sea una experiencia saludable y placentera. Pero ¿qué implica exactamente? Veámoslo.

Se refiere al compromiso de cuidar tanto tus propias emociones como las de tu pareja. Implica ser consciente del impacto que tus palabras y acciones pueden tener en la otra persona y esforzarte por comunicarte de manera honesta y empática. Además, supone la disposición a construir una relación saludable, prestando atención a los sentimientos de cada uno y creando un espacio donde ambos os sintáis valorados, escuchados y comprendidos.

Y aquí me siento muy orgullosa de nosotros, porque, a pesar de nuestras anteriores relaciones complejas y de los malestares emocionales asociados a ellas—que ya conoces si has llegado hasta aquí—, hemos tenido el coraje y la valentía de enfrentarlos, desde el primer día, desde la responsabilidad afectiva, tratando, con ello, de no repercutirlos en el otro de manera consciente.

Ambos teníamos claro que, si quedábamos para conocernos cara a cara, sin la distancia que marcaba la pantalla del ordenador, era porque estábamos dispuestos a intentar una relación. Sufrimos y sufríamos demasiado con nuestras exparejas como para darnos un viaje sin rumbo; ni nos apetecía, ni va con nuestra forma de ser. Lo que no quiere decir que nos ofreciésemos garantías. De hecho, recuerdo que cuando yo conectaba con mis miedos y él me decía que a ver cuándo «puñetas» entendía que me quería, yo le preguntaba: «¿Hasta cuándo?», a lo que él respondía: «Si quiere garantías, señora, cómprese una tostadora».

Lo que sí teníamos claro es que, si no funcionaba, íbamos a ser honestos el uno con el otro y dejaríamos estar la relación, buscando así nuestro equilibrio y bienestar emocional.

Como le dijo un día su nueva psicóloga, una de las mejores cosas que tenemos como pareja es la comunicación. Esto no quiere decir que sea perfecta, pero la intención de que sea efectiva y el compromiso de llevarla desde el amor y el respeto hacia nosotros mismos y hacia el otro siempre ha sido nuestra premisa.

Quién nos lo iba a decir, ¿verdad, cariño? Cuando nuestros diálogos se limitaban a contestaciones monosilábicas de tu parte o incluso a la ausencia de respuestas en nuestros comienzos.

Ciara: ¿Nos vemos esta semana?
Juan: Jueves, 18:00 h. [Si en ese momento lo hubiese estado escuchando decir de voz, habría sonado como «Jueves, dieciocho, cero, cero, corto y cambio», ¡jajaja!]

Lo que ha llovido desde entonces. Ayer lo recordaba mientras sostenía en mis manos el elefante de madera que nos regalaron el día de nuestra primera cita.

Podrías estar considerando que el concepto de responsabilidad afectiva se asemeja al de corregulación emocional, y no estás del todo equivocado/a. Aunque no son idénticos, están interconectados. Sin embargo, abordan la gestión emocional y las relaciones interpersonales desde perspectivas distintas:

› La **responsabilidad afectiva** se centra en cómo cuidas y respetas las emociones en tu relación de pareja. Esto implica que te comprometes a ser empático/a y a comunicarte de manera abierta y respetuosa. Es fundamental que te preocupes por lo que ella siente, pero también es importante que reconozcas y expreses tus propias emociones y necesidades. Al hacer esto, fomentas una relación sana y satisfactoria, donde ambos os sentís valorados y comprendidos. De esta manera, creas un ambiente emocional saludable que beneficia a los dos.

› La **corregulación emocional** trata sobre cómo podéis apoyaros mutuamente para manejar las emociones en el instante en que surgen. Por ejemplo, cuando tu pareja está ahí para ti en un momento difícil. Esto significa que tienes la capacidad de ayudar y calmar sus emociones, especialmente en situaciones de crisis o estrés. Así, juntos podéis encontrar el equilibrio que necesitáis.

Practiquemos ahora la psicología inversa, ¿te parece? ¿En qué sentido? Te ayudaré a conocer mejor la responsabilidad afectiva hablándote de su contrapunto: la **irresponsabilidad afectiva**. Si no sabes por dónde empezar, comienza a sacar de tu vida lo que sabes que no quieres, ¿te suena?

Partiremos de la siguiente reflexión:

› Estar enfadado/a está bien. Tratarme mal por ello, no lo está.

› Sentirse frustrado/a está bien. Insultarme y gritarme por ello, no lo está.

› Ser inseguro/a está bien. Humillarme y despreciarme por ello, no lo está.

› Querer dejar una relación está bien. Utilizar el *ghosting* para hacerlo, no lo está.

› Sentirse mal está bien. Culpabilizarme y dañarme por ello, no lo está.

Recuerda: TUS EMOCIONES NO JUSTIFICAN TUS ACCIONES.

Si eres un/a **irresponsable emocional**, tenderás a romper la relación jugando al juego del silencio o a aplicar la ley del hielo. Es decir, no reconoces tus emociones y funcionas como un mando a distancia, encendiendo y apagando tu conexión emocional. Te acercas cuando quieres y te alejas cuando te place, generando en tu pareja angustia, ansiedad e incertidumbre.

Recientemente, ante uno de mis silencios y la angustia que provocan en Juan, me dijo: «Fíjate en la noticia que me acaba de saltar en el navegador, justo lo que estás haciendo en este momento: la ley del hielo».

Como me encontraba tan bloqueada y mal, no se me salieron los ojos de las órbitas; al escuchárselo decir, también porque sabía que su intención era encontrarle un sentido a mi dolor y, por ende, el suyo.

Así que me dispuse a explicarle que eso no era así, que, como ya le había argumentado otras veces, mis silencios se debían a mi conmoción. Esta conmoción me imposibilita expresar con palabras los pensamientos y emociones que estaba experimentando en ese momento, dada su intensidad. En la mayoría de las ocasiones, mi mente y mi garganta silenciada gritaban: «No sabes cuánto te quiero y el miedo que tengo a perderte».

Le aclaré que la ley del hielo es una técnica de manipulación propia de la personalidad narcisista, que tiende a desaparecer sin más, dejándote desprovisto de información, con el único objetivo de alterarte, hasta que decide que va a dirigirte la palabra de nuevo.

Entiendo que su memoria emocional lo llevó a confundir ambos comportamientos: los silencios de Otto y los míos. Pese a que las heridas abiertas con ella estaban culminando su proceso de cicatrización, el fantasma que simboliza la ruptura de nuestra relación seguía revoloteando, haciendo de las suyas. Claro que Juan tenía razones objetivas para ello; mi depresión ha sido una losa que nos ha pesado mucho.

También podemos ver esta irresponsabilidad en el *ghosting*, donde recurres a irte sin siquiera decirle adiós a la otra persona, generando en ella sentimientos de culpa y una manifestación de una autoestima muy baja: «Valgo tan poco que ni siquiera se despide».

Y, como última estrategia a destacar dentro del universo de esta irresponsabilidad, tenemos, como ya mencionamos tantas veces a lo largo del texto, **el gaslighting o luz de gas**, uno de los favoritos de la majestuosa e inigualable Otto. Se trata de un maltrato psicológico sutil en el que no se validan las emociones del otro. Una gota malaya que solo percibe la persona que está dentro de la relación. Además, como rey o reina de las sutilezas sibilinas, no estableces límites ni respetas los de la otra persona. ¿Verdad, carinyet? (Expresión sarcástica dirigida a Otto, quien resulta «tan cariñosa» cuando se pone la máscara del controlador, que deja entrever su «amor» por todos los poros de su piel).

Tampoco es que Juan y yo seamos perfectos e ideales en cuanto a responsabilidad afectiva se refiere; créeme que sacamos nuestra vena irresponsable cuando nos sentimos desbordados, superados, colapsados o agotados emocionalmente por la situación que se esté dando en ese momento. Algunas de las frases que reflejan tal irresponsabilidad serían:

Juan: Es lo que hay.

Juan: Así me compraste cuando me conociste.

Ciara: Me voy a Barcelona.

Ciara: No sabes amar.

Por consiguiente, la responsabilidad afectiva también es:

› Tener en cuenta que tu pareja es un ser humano que siente y que, por tanto, tus acciones (o la ausencia de ellas) tienen un impacto en ella.

› No vomitar tus emociones esperando que las gestione tu pareja por ti.

› Establecer límites cuando algo no te gusta, o acuerdos entre ambas partes, con el fin de respetaros y no heriros. Es decir, con tacto y cariño, sin dañar al otro.

› No confundirla con «ahora sí, ahora no», afectando así a su salud mental.

› Entender que necesitas que tu pareja se comunique contigo para comprender cómo se siente, siendo esta comunicación responsabilidad exclusivamente suya. Aquí no valen los «es que no me has preguntado» o los «si te lo tengo que pedir ya no me vale». Pues mira, de momento, pitonisos no somos.

› No ilusionar a la persona que te ama con la idea de un futuro compartido que, en realidad, no se quiere tener.

› Aprender a tener en cuenta los sentimientos de esta, aun cuando no son iguales a los tuyos.

› No huir y dar la cara cuando algo te molesta.

› Conocer tu «basura emocional» y no volcarla en la relación o en la persona.

› Saber que eres la debilidad de tu pareja y no aprovecharte de eso.

› Pero también... Irse de relaciones en las que ya no puedes aportar lo que el otro necesita.

Y en este último punto quiero hacer un inciso. A veces, la forma más compasiva de ayudar a alguien es permitirle enfrentar sus propias dificultades. Esto no implica que estés eligiendo el camino fácil o que no te importe la persona; de hecho, esta clase de compasión suele ser la más desafiante. Esto es especialmente cierto cuando se trata de alguien a quien amas. Simplemente indica que has alcanzado el límite de lo que puedes ofrecer y que quizás sea el momento de dejar que esa persona siga su propio camino.

Para tener en cuenta: si tu pareja te comenta que le has causado dolor, no puedes decidir si realmente le has hecho daño o no. Las emociones son personales y están influenciadas por las creencias y hábitos de cada uno. Por lo tanto, si tiene la valentía de compartir que algo le ha lastimado, es para que seas consciente de su sufrimiento y asumas la responsabilidad emocional de actuar para evitar seguir hiriéndola.

Al inicio de nuestra relación, Juan me decía: «No entiendo qué es lo que he hecho mal» o «¿Es tan grave lo que he hecho?». La entonación que empleaba al decirlo me parecía que proyectaba la culpa en mí, ya que centraba la atención en mi reacción, como si fuera algo que le incomodaba a él, y no en el dolor que me causaban sus palabras o lo que había ocurrido. Ejemplos similares incluyen no entender lo que significaba para mí la entrada de Otto al jardín de casa, decirme que no le diera importancia a sus palabras y que la viera como una enferma mental, así como no comprender mis agobios sociales e interpretar que no sabía socializar, porque para él, socializar había sido lo que le ayudó a afrontar su malestar. Sin embargo, siempre he tenido claro que ninguna de estas irresponsabilidades afectivas fue intencionada para herirme; más bien, eran mecanismos de defensa a los que él recurría para protegerse. Esto ahora no supone un problema ni lo llevamos a la personalización, porque sabemos que es la herida hablando a través de nosotros.

Como último apunte sobre la irresponsabilidad afectiva, debes plantearte si, al decirle a tu pareja que trabaje en sus inseguridades —lo que implicaría una responsabilidad afectiva, procurando el bienestar de ambos y la salud relacional— estás siendo justo/a. Quizás seas tú quien provoca esas inseguridades, ¿te lo has planteado? Por ejemplo, si permites que alguien flirtee contigo y no tomas distancia cuando esto sucede de manera habitual, le estarías pidiendo a tu pareja que solucione una incomodidad que tiene más que ver con tu comportamiento que con su autoestima. Si este es tu caso, te invito a reflexionar sobre por qué te gusta provocar esa sensación de incertidumbre e inseguridad en ella. ¿Qué obtienes con eso? Sé honesto/a con la respuesta; eso también es practicar la responsabilidad afectiva contigo mismo/a.

Claramente, esto es lo que sucedía con Otto: no tenía responsabilidad afectiva alguna en relación con Juan y recurría a la seducción como recurso dentro de la máscara de controladora que portaba debido a su herida de traición. Hoy en día, sigue sin aprender la lección: le da igual ridiculizar y humillar públicamente al padre de sus hijos. La última vez, ayer, a la salida del colegio, cuando cogió un peluche de la niña y se lo lanzó al suelo para que lo recogiera.

Está claro que no hay más ciego que el que no quiere ver. Me dan pena mis niños, que tengan que vivir todo esto, pero aquí estamos su padre y yo para ofrecerles todo el amor del mundo y procurar cuidar su salud emocional para que no arrastren esas heridas. En caso de que estas se manifiesten, estaremos ahí para ayudarles a cicatrizarlas: su padre desde los puntos de sutura y yo desde la escucha activa y la reparación. Este tren lo tomamos y lo dejaremos los cinco juntos.

Ninguna relación funciona solo con amor.
Hay que desatar nudos, cruzar puentes, buscar caminos
y soluciones, compartir tiempo de calidad,
ponerse en el lugar de la otra persona y cuidar,
porque lo que no cuidas lo pierdes.

Rafael Cabaliere

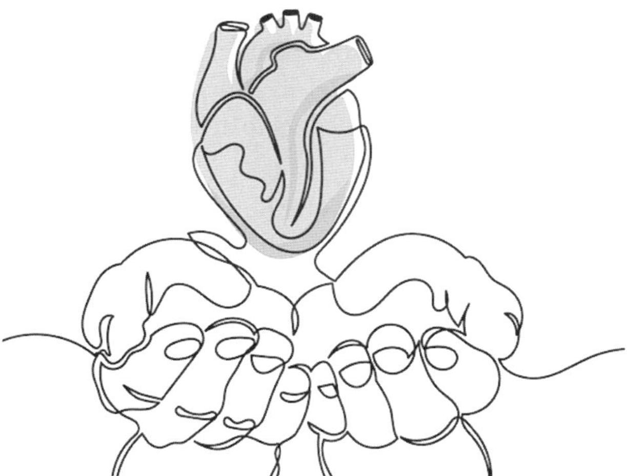

EL EFECTO CURATIVO DEL AMOR

«Que te ayuden a no rendirte, eso es un ***te amo*** *enorme». (Ciara)*
«Si me va a suponer perderte, incumplo el convenio». (Juan)
«Eres el alma más bonita con la que he tenido que lidiar». (Ciara)
«Me gustaba más mi psicóloga de antes, pero prefiero tenerla en casa». (Juan)

Estas son algunas de las frases que Juan y yo nos hemos dedicado, expresando el amor que sentimos el uno por el otro, un amor que, sin duda, ha tenido un profundo efecto curativo en ambos, transformándonos en la mejor versión afectiva de nosotros mismos y que esperamos seguir disfrutando juntos.

Es indudable que la conexión entre las personas tiene un poder curativo, algo que, en el ejercicio de mi profesión, he podido constatar con el paso del tiempo. El vínculo que se establece entre psicóloga y paciente es tan importante para la recuperación emocional, como el proceso de abordaje terapéutico en sí mismo. La seguridad, la empatía, el respeto, la escucha activa y el establecimiento de límites saludables... no dejan de ser demostraciones de amor.

Siempre he rechazado la imagen del psicólogo de bata blanca, sentado tras el escritorio mientras toma notas en un bloc o escribe en el teclado de su ordenador, sin levantar apenas la cabeza ni establecer contacto visual con su paciente. Como psicóloga, nunca me ha incomodado la autorrevelación como técnica. Al compartir aspectos de mi vida personal o experiencias con mis pacientes, mi objetivo es fomentar la empatía y reducir la distancia emocional, sin perder de vista que el fin principal de la terapia es el bienestar de ellos. Esto es algo que seguramente ya habrás deducido al leer este libro, porque te estoy contando «mi vida en verso». ¡Jajaja!

Como decía el pianista y cómico Víctor Borge, «La distancia más corta entre dos personas es una sonrisa».

Uno de los gestos más bonitos y característicos de Juan, que me conecta automáticamente con el gran amor que siento por él, es su sonrisa. Siempre aparece de manera espontánea en el momento en que más la necesito, ya sea acompañada de su sentido del humor, tratando de captar mi atención para que riamos juntos, o cuando me encuentro sumida en lo que San Juan de la Cruz llamó la «noche oscura del alma», un periodo de soledad y desolación que Juan es capaz de sobrellevar, sosteniendo mis silencios sin perder la compostura, mientras me ve llorar. En esos breves segundos en los que le comparto una mirada, él me regala esa preciosa sonrisa suya que derretiría al más duro. Como dice nuestro amigo José Luis: «No tiene ni idea del poder que tiene», lo cual lo hace aún más entrañable.

Como médico, es innegable que la relación que establece con sus pacientes tiene un impacto directo en ellos, incluso a nivel genético. Aunque lo que más disfruta es entrar en el quirófano, también valora profundamente la relación empática que establece durante la consulta y la convalecencia de estos. Este aspecto de su trabajo es algo que le encanta cuidar, y que tanto ellos como sus familiares agradecen mucho.

Nos sentimos privilegiados por poder ayudar a sanar, tanto en cuerpo como en alma, a las personas que lo necesitan. Es un gran honor.

Así que, como puedes apreciar, el amor es capaz de transformar muchas dolencias, tanto físicas como emocionales, si no todas, por las que atraviesa el ser humano.

Hoy sabemos, como señala el **Dr. Mario Alonso Puig**, que una persona que ha sufrido un infarto cerebral y que está rodeada de personas amorosas—que no necesariamente tienen que ser familiares, sino también el personal de la UVI—presenta una menor incidencia de infecciones. Es decir, la microglía, que es el sistema inmune del cerebro, actúa devorando las bacterias que intentan aprovecharse del tejido dañado. Por lo tanto, no cabe duda de que debemos darle el lugar que merece al amor como el gran agente sanador que es.

Pero, como decía Antonio Machado en su poema «Cantares»: «Caminante, no hay camino, se hace camino al andar». No basta con la manifestación espontánea del amor; este es un sentimiento que se nutre y del que aprendemos en el trato que nos damos y le damos a los demás. Como acabamos de ver, el trato es más importante que el tratamiento.

Al amor hay que ejercitarlo, pero también puedes llegar a él visualizándolo como una parte integradora de tu vida. Ayudarte de prácticas de meditación, como la Meditación de la Bondad Amorosa (*Loving Kindness Meditation*) o Metta, en la que visualizas a diferentes personas y te propones desearles felicidad, salud y que encuentren su propósito en la vida, aumentará tu capacidad para irradiar esos buenos deseos y crear un ambiente de amor y compasión hacia ellos. Esto, a su vez, te ayudará a reducir el miedo y la ira que puedas sentir.

Cuando descubres y aceptas el poder transformador del amor, el miedo desaparece.

Recurriendo, una vez más, a los conocimientos y la sabiduría del Dr. Mario Alonso Puig, se puede afirmar que los actos de amor —los verdaderos actos de amor: un abrazo, una sonrisa, el «estoy aquí para cuidarte», el «todo va a ir bien»— disminuyen la zona de necrosis del infarto. Según las investigaciones, cuando una persona es dada de alta del hospital y regresa a casa, si no la esperan personas a las que quiere y aprecia, o incluso una mascota que le brinde el cariño que necesita, la posibilidad de reinfartarse puede multiplicarse hasta por seis. Es decir, no cabe duda de que esas arterias coronarias y ese músculo cardíaco son sensibles al amor.

Por otro lado, destaca un dato curioso: cuando una persona está estresada, aumenta la posibilidad de generar coágulos, ya que la sangre, para entendernos, se vuelve más espesa y aumenta la cantidad de fibrinógeno. Esto hace que se formen coágulos con mayor facilidad. El amor, el cariño y la oxitocina ayudan a romper el ciclo del estrés crónico, favoreciendo que la sangre sea más fluida.

Debemos tener en cuenta que el estrés crónico, e incluso el estrés agudo, puede provocar espasmos coronarios. Esto significa que se contrae la arteria coronaria, lo cual puede llevar a un infarto, no porque se haya producido una trombosis, sino porque la arteria se ha cerrado. ¿Qué ocurre? Que, a través del cariño y el afecto, favorecemos la dilatación de esa arteria.

Los psicólogos siempre decimos que el enemigo público de los trastornos y enfermedades mentales es el estrés, así que fíjate cuán importante es mantenerlo a raya a través de actos de amor.

Por tanto, démosle al amor, la ternura, el cariño y el afecto sincero la relevancia e importancia que tienen. Liberémonos del miedo, ese que nos atrapa al soltar un «te quiero» que no sabemos si será correspondido. Si resulta serlo, la amenaza mental de que ese cariño desaparezca nos aturde; y si realmente se esfuma, entramos en depresión al lamentar que se haya acabado. Vamos, que nuestra mente, cuando está dispuesta a fastidiarnos, se lo toma muy en serio. Tener enfilado al miedo hará que la expresión del amor fluya.

El amor, además de ser propio, debe ser sincero y honesto, y no condicionado a la respuesta afectiva que se manifiesta por parte de la otra persona. Algo que plasma muy bien esta idea es la metáfora del río: el río no se pregunta a quién da agua, ni si su cauce merece ser nutrido. Fluye generoso, sin importar si aquellos que se benefician de él lo agradecen o no. Su esencia es dar; simplemente es así.

Descubrirás su poder curativo y transformador al sentirte amado/a de manera profunda y sincera, sin miedos, o si estos se manifiestan, con la disposición de enfrentarlos hasta verlos partir. Porque el amor llama al amor. Un amor sin condiciones, desinteresado, que no impone exigencias ni castigos por no cumplir con tus expectativas. Cuando tienes la suerte de experimentar, aunque sea por un breve momento, esta forma de amar, te das cuenta de que su fuerza trasciende cualquier comprensión racional o emocional que tengas sobre tus relaciones afectivas.

Y así es el amor entre Juan y yo: un amor que trasciende nuestros sentidos y que nunca habíamos experimentado con nadie más. No está exento de miedos, como has visto en el desarrollo de nuestras heridas, las cuales nos han hecho tambalear en más de una ocasión. Sin embargo, hoy, una vez que hemos dejado atrás la mayoría de ellos, lo sentimos como el mejor amor del mundo. Sin olvidar que lo importante es que sea real; lo demás se irá abordando conforme vaya apareciendo.

EL PODER SANADOR DEL LENGUAJE

El lenguaje del amor se muestra cuando decides de verdad trabajar en ti mismo/a, sanar tus heridas y dejar atrás esos patrones que ya no te sirven. Un amor donde no tratas de ser perfecto/a, sino de estar dispuesto/a a crecer y aprender junto a tu pareja. Es en este camino de sanación donde encontráis el amor más puro, sincero, auténtico, pleno, saludable y verdadero.

«¿Podemos hablar? No quiero perderte. Nunca quise discutir, solo quería que entendieras lo que sentía».

Utilizar mensajes como este te ayudará a reflejar el profundo deseo que tienes de mantener tu relación y tu voluntad de resolver los conflictos a través del diálogo. Mostrar abiertamente tu vulnerabilidad y tu intención directa de reconciliación ayudará a tu pareja a conectar con lo que realmente siente por ti, brindándote con ello la posibilidad de escucharte.

Expresar, con claridad y honestidad, que tu propósito es que ella comprenda cómo te sientes, aleja la personalización del dolor que le producen tus palabras y acciones, acercándola así a comprender tu genuina necesidad de ser comprendido/a.

Esta reflexión nos recuerda lo clave que es la comunicación en nuestras relaciones. Muchas veces, las peleas y las discusiones no vienen de la falta de amor, sino de no entendernos bien. Si nos esforzamos por escucharnos y buscar un entendimiento mutuo, podemos construir puentes en lugar de muros, lo que fortalece nuestras conexiones. También resalta lo valiente que es reconocer nuestras propias debilidades y estar abiertos a escuchar y ser escuchados, cosas que son fundamentales para resolver conflictos de manera saludable y duradera.

Será fundamental que aprendas a validar a tu pareja. ¿Cómo puedes lograrlo? Considera estos cuatro pasos:

Reconócela: toma conciencia de sus sentimientos y experiencias.

- Eres una mujer y una profesional increíble. (Juan)
- Siento el dolor que te producen mis silencios. (Ciara)
- Me equivoqué, déjame repararlo. (Juan)
- Tienes razón, tengo que dejarme ayudar. (Ciara)

Agradécele: expresa gratitud por lo que hace y por su presencia en tu vida.

- Soy consciente de que estás haciendo un esfuerzo titánico y lo valoro mucho. (Juan)

- Gracias por tu atención y tu presencia. (Ciara)
- Soy el hombre más afortunado del mundo al tenerte como pareja. (Juan)
- Agradezco todo el esfuerzo que has hecho por cambiar, por ti y por nuestra familia. (Ciara)

Dale un lugar especial: crea un espacio donde se sienta valorada y respetada.

- Te quiero. Quiero estar contigo. Quiero esta familia. (Juan)
- Junto con los niños, para mí, eres lo primero. (Ciara)
- Quiero que tengas un cumpleaños especial y compartirlo contigo. (Juan)
- Tienes que ser feliz por ti mismo y luego, si quieres, puedes compartirlo con nosotros. (Ciara)

Apóyala y celebra junto a ella: estate presente en sus logros y acompáñala en sus desafíos.

- Estoy orgulloso de ti. (Juan)
- ¡Te lo mereces, mi amor! (Ciara)
- No te rindas, ¡tú puedes! (Juan)
- Enhorabuena, cariño. (Ciara)

Las mejores relaciones, las más sanas y auténticas, se basan en el amor y el respeto. Generalmente surgen entre personas que se quieren a sí mismas. Es decir, para cuidar, respetar y valorar a alguien más, primero debes empezar por ti mismo/a. Cultivar tu amor propio será la clave para conectar de verdad, no solo con tu pareja, sino también con cualquier persona en tu vida.

Hay días en los que quiero desconectarme
y no tener ninguna responsabilidad.
Me lo merezco.
Mi cuerpo lo merece.
Mi mente lo merece.
No puedo cambiar el mundo en un minuto.
También está bien no estar bien.
Basta de presionarme con cosas que no me tocan.
Basta de ayudar a todo el mundo antes que a mí.
Basta de estar para todos sin estar para mí.
Basta de querer solucionar la vida de los demás mientras la mía flota sin rumbo por los aires.

Hoy es un buen día para soltar lo que he sido incapaz de soltar en años,
lo que me impide seguir caminando.
Hoy es un día para mí, no para los demás.
Me libero,
me suelto, para encontrarme.
Como debe ser y como necesito que sea.

Glory Miranda

Recuerda alguna de las cosas más valiosas que te pueden decir o que puedes decir a la persona que amas:

- Me das paz.
- Contigo soy feliz.
- Me haces mejor persona.
- Contigo estoy a gusto.
- Haces las cosas más fáciles.
- Te echo de menos.
- Esta canción me recuerda a ti.
- Mereces cosas bonitas y yo te voy a ayudar a conseguirlas.
- ¿Tú lo quieres? Yo te apoyo.
- Tengo ganas de verte.
- Ten un buen día.
- Te quiero, gracias y perdón.
- Eres una buena persona.
- Siempre sumas.
- No lo comparto, pero te respeto.
- Tu tiempo para mí es importante.
- En las buenas y en las malas.
- Tu paz mental me importa.

Practícalas siempre que puedas; nunca sabes cuándo puedes tocar el corazón de alguien y cambiarle la vida. Juan cambió la mía. Te quiero, mi amor.

LA IMPORTANCIA DE LA RED DE APOYO

Y, como se trata de decir cosas bonitas que salen del corazón, no quiero despedirme sin antes agradecer a todas y cada una de las personas que nos han acompañado en este camino. Un camino que, en algunos momentos, nos pareció la pared más vertical del mundo, pero que, al superarla, nos ha revelado el paisaje más precioso.

A nuestros hijos, porque nos han demostrado que cuando el amor es genuino, se ofrece con manos abiertas, sin esperar nada a cambio.

A mis padres, en especial a mi madre, por brindarme el amor que siempre existió entre nosotras, pero que hasta ahora no supimos expresar.

A mis suegros, en particular a mi suegra, por ayudarme a comprender mejor a Juan y a mí misma, y por quererme, respetarme y aceptarme como a una hija.

A nuestros amigos: José Luis, la Tata, Miquel... nuestra gran red de apoyo en los momentos más difíciles.

Y, por supuesto, a ti, mi amor, por tu generosidad al aceptar compartir nuestra historia con el mundo, brindando así la oportunidad de sanar las heridas de quienes puedan reconocerse en nuestro dolor.

Sumar y que te sumen.
Cuidar y que te cuiden.
Querer y que te quieran.
Abrazar y que te abracen.
Acariciar y que te acaricien.
Impulsar y que te impulsen.
Escuchar y que te escuchen.
Lo mutuo, cuando se suma a lo propio,
es una absoluta pasada.

Cristian Llorens

TU REGALO

«TU REGALO»

Y así termino este libro, con la misma transparencia y honestidad con la que lo empecé, mostrándote mi escrito más especial: aquel que diseñé para Juan en nuestro primer Sant Jordi. Un texto cargado de emoción, narrado desde el corazón, que representa un compromiso con la relación que queremos forjar y mantener. Él lo llama *TU REGALO*; yo lo llamo *MI PAREJA CONSCIENTE.*

Soy responsable de mi propio bienestar y desarrollo,
no de los tuyos. Sin embargo, al comprometerme contigo,
nuestras experiencias se enriquecen mutuamente.
Te elijo de forma consciente, sin idealizarte, pero con admiración.
No busco persuadirte, sino inspirarte.
Me alejo de las expectativas por cumplir y te invito a abrazar conmigo un
universo por descubrir. A través de nuestra relación nos conocemos
y aceptamos. Te veo, me ves. No buscamos completarnos,
sino complementarnos. Somos individuos que se apoyan y enriquecen.
Vemos en los momentos difíciles una oportunidad de crecimiento,
alejándonos con ello del caos. Priorizamos el amor sobre el ego,
cuidando así nuestra relación. Nuestro punto de unión supone una conexión
mágica donde encontrarnos y apoyarnos en el presente,
sin atarnos al pasado o al futuro.
Gracias por ser mi compañero consciente,
cómplice y equipo en esta travesía.

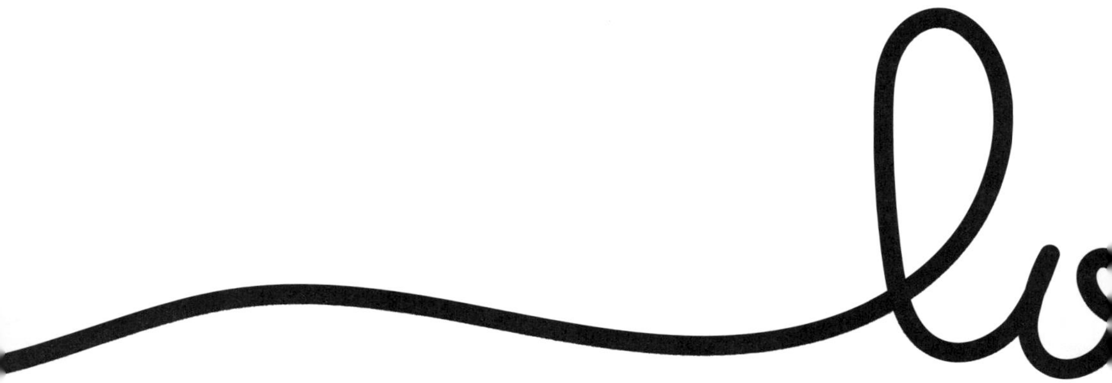

ve